在歐洲呼喚世界

呼喚世界

三十位歐華作家的
生命記事

高關中——著

代序
歐華文學的繁榮

　　我旅居德國漢堡，寫作以列國風土、人物傳記和新聞報導為主。近年來參加過多次歐華作家組織的年會、論壇，進行了報導，並採訪過好幾十位歐華作家，由此對歐華文壇的現狀有一定的瞭解，總的來看，隨著歐洲華人的不斷增加，文化層次的不斷提高，歐華文壇出現了前所未有的繁榮。本文主要介紹歐洲華文作家的相關組織、主要成員、活動和出書、辦網站的情況，重點放在歐華作協、歐華文學會和中歐跨文化作家協會。

歐華作協

　　早期歐華作家們都是單兵獨馬，沒有組織起來。1981年在關愚謙（長篇小說《浪》的作者）、黃祖瑜（瑞典漢學家）、李治華（法文《紅樓夢》譯者）等人推動下，成立了「歐洲華人學會」，其中有不少作家參加。但歐華學會主要是一個學者組織，出版過4期《歐華學報》，基本上都是學術論文，包括文學評論，如趙淑俠的《淺談中國當代文學》和朱文輝的《華文文學在海外的傳薪和發揚》，而幾乎沒有純文學作品。

　　歐洲真正的第一個華文作家組織，是歐洲華文作家協會，簡稱歐華作協，誕生於1991年。那個年代，西歐有一批客居異鄉的華人知識份子，在一方面擁著思鄉情懷、一方面為事業打拼之餘，用母語華文寫下去國離鄉的心頭感懷和異國他鄉的所見所聞。當時的

條件很差，沒有先進的個人電腦，歐洲華文報刊也極少，如中歐80年代初只有一份手刻油印的月刊《西德僑報》（德國統一後改名為《德國僑報》）。但文友們還是鍥而不捨地堅持寫作，不少出色的文章進而發表在兩岸三地（大陸、臺灣、港澳）的報章刊物，頻頻獲獎，有的還出了書。其中成就最突出的就是當時旅居瑞士的趙淑俠。到八十年代中期，已出版了20多本小說和散文。這時她開始考慮如何把旅歐文友們組織起來繁榮歐洲華文創作的問題，萌生了組織華人文學會社的念頭。經她和散文作家呂大明、推理小說家朱文輝等一些熱心文友的廣泛聯絡，積極籌備，終於在1991年3月16日，於巴黎舉行了隆重的成立大會，也就是歐華作協的第一屆年會。歐華作協是歐洲有華僑史以來，第一個全歐性的華文文學組織。創會會員共64人，來自12個國家。

歐華作協成立以來，恪守「增強旅歐各國華文文友之聯繫，以筆會友，相互切磋，提攜後進，培養新秀，發揚中華文化，進而協助旅歐華文作家融入世界華文寫作社會」的創會宗旨，在培養新人，擴大歐華作家作品影響諸方面，都取得很大成績。如今會員已擴展到17個國家，掌握14種語言。人數最多時約80位。

歐華作協主要有兩大任務，一是定期舉行年會，二是鼓勵個人出書，組織集體出書。

歐華作協每兩三年選擇歐洲各大城市舉辦年會，以增強各國文友間的聯繫，藉以發揚中華文化，促進文化交流，並邀請海峽兩岸的名家學者參會講演傳經，成果豐碩。歷屆年會在瑞士伯恩（1993）、漢堡（1996）、維也納（1999）、蘇黎世（2002）、布達佩斯（2004）、布拉格（2007）、維也納（2009）、雅典（2011）、柏林（2013）、巴賽隆納（2015）和華沙（2017）舉行。在海外，沒有政府的財力支持，沒有專職人員，創辦歐華作協並堅持26年，完美地組織過12屆年會（基本上每兩年舉辦一次），

近幾屆每次約五六十人參加，這本身就是一件奇跡。

　　既然是作協，活動的重心就要放在寫作上。協會鼓勵會員出書，不少人是在加入協會後，才出版了自己的作品集。集體出書更是歐華作協的亮點。與北美、東南亞等地的大協會相比，歐華作協人數不算多。但在寫作出書方面，歐華作協的確出手不凡，成就驕人。這群身負中華文化，也受到僑居國文化特色薰陶的文友，已創作出很多富有特色的作品。其中一部分收入會員文集。第一本《歐羅巴的編鐘協奏》1998年出版。2004年的《歐洲華人作家文選》為第2本。2008年，第三本會員文集《在歐洲的天空下》也已問世。最近幾年更是快馬加鞭，又組織會員撰寫、出版了《迤邐文林二十年——歐華作協成立紀念文集》、《東張西望——看歐洲家庭教育》、《對窗六百八十格——歐洲華文作家微型小說選》上下集、旅遊文集《歐洲不再是傳說》、關於環境保護問題的文集《歐洲綠生活》和美食文集《餐桌上的歐遊食光》等7本集子。這些文集，涉及歐洲文化、歐洲教育、歐洲旅遊、歐洲環保，都是海內外讀者感興趣的內容，因此頗受讀者歡迎。秀威公司已經把歐華作為出版品牌，主動向歐華作協約稿！有的書還出了幾個版本。如旅遊文集《歐洲不再是傳說》既出了臺灣版，還出了大陸版。前不久我到四川廣安參觀鄧小平故居途中，就在當地新華書店的顯著位置看到了《歐洲不再是傳說》，真是又驚又喜，想不到歐華作協的書籍會在這樣偏遠的小縣市流傳。迄今，歐華作協已集體出版了11本書。

　　歐華作協創辦20多年來，很重視傳承。早在2013年創會會長趙淑俠就提出編纂協會歷史的問題，在會員們的熱情支持和積極參與下，由我執筆，出版了《寫在旅居歐洲時——30位歐華作家的生命歷程》，共介紹了30位作家。其他作家小傳還在陸續撰寫。

　　小結一下，歐華作協成立26年來，開過12屆年會，出版了11本文集。平時會員們通過一個集體郵箱聯繫，也使用微信群。並在網

上建有歐華作協專欄。

歐華文學會

　　近年來，歐華文壇又有新的組織湧現，其中歐華文學會是引人注目的一個。其前身為荷比盧華人寫作會，1991年由荷華女作家林湄發起。以後又擴展到其他國家，2013年2月12日歐華文學會宣告誕生。這是緣於中國改革開放30多年來移居歐洲華人日益增多的事實，加之機緣巧合，令一群散居在歐洲各國、操不同職業仍喜歡文學的同胞或相識於各種活動現場，或神交於文學往來之中，由相識到相知，由彼此欣賞到相互唱和，進而組織到一起。會員求質不求量，目前約有會員40多人。

　　這是一個純文學社團，會員除了歐洲國家的華人作家、翻譯家、文學研究學者、外籍漢學家外，還聘請了中國4位著名學者葉廷芳、陳美蘭、楊匡漢和楊恒達作為顧問。

　　2016年5月7日至9日在捷克首都布拉格舉行了「歐華文學會首屆國際高端論壇」，有來自歐洲、中國乃至北美十幾個國家的近50位文友、教授和專家與會，包括世界華文文學研究會會長王列耀教授。海內外群賢畢至，暢談華文文學，在歐華文壇產生了很大的影響。

　　創始人、會長林湄，出生泉州，華僑世家，13歲開始發表作品，1973年移居香港，曾任新聞記者，並從事文學創作。1989年移居比利時，1990年定居荷蘭，從事專欄和專業作家創作。她的成名作《淚灑苦行路》被譽為「女性的輝煌」。近年來她還創作了長篇小說《天望》和《天外》。

　　荷蘭華文作家林冬漪來自福建，在河南醫科大學畢業，內科醫生，從80年代開始寫作，發表過報告文學《歐洲有這樣一群文人》和不少中短篇小說，如今主管歐華文學網。

法華作家黃育順老先生原籍馬來西亞，在國學大師錢穆所辦的香港新亞書院畢業，又在法國獲比較文學博士學位，現為法國「華報」社長兼總編，在歐華僑界大名鼎鼎。

　　法華作家施文英，來自臺灣，擔任「華報」副總編，不僅文筆清麗，而且富美術素養，她出版的親子系列散文集，文章和封面以及內文插圖全都是自己一手包辦。

　　說到文學美術，來自巴黎的林鳴崗，更是畫壇文壇的大家。出版有厚重的隨筆集《巴黎短笛》。

　　來自比利時的謝凌潔，魯迅文學院2000年作家班學員，中國作協會員。憑藉中篇小說《一枚長滿海苔的懷錶》在第三屆「中山杯」《中國作家》華僑華人文學獎中一鳴驚人，榮獲新人獎。

　　匈牙利華文作家余澤民，出版過10本著作，翻譯了20部匈牙利小說，為中匈兩國的文化交流付出了全副精力。

　　參加高端論壇的還有法華學者黃曉敏教授，國際策展人宋新郁等。

　　未到會的會員有德華學者黃鳳祝，以「文革」小說著稱的比利時華人作家章平，和法華作家劉秉文等等，這裡不再一一敘述。

　　歐華文學會辦有自己的文學網站——歐華文學會網站。這是該會的一個特色。

中歐跨文化作家協會

　　中歐跨文化作家協會（原名中歐跨文化交流協會），是主要由歐華文學愛好者組成的社團，以德國華文作家占多數。2012年2月11日該會在德國杜塞爾多夫市舉行了成立大會，正式宣告成立。協會宗旨是促進德國和中國之間的文化交流；促進在德國乃至歐洲的中文作家創作和推出更多更好的精品，豐富德國和歐洲華人華僑的華

語創作活動。

　　成立協會的背景在於下列事實，根據近年來中國相關機構對海外文學創作活動的研究，北美的中文文學創作活動勢頭強勁，形成氣候，成果顯著。歐洲相對來說比較分散，聲音較弱，在德國乃至歐洲的許多文學愛好者希望建立一個網路和平臺，以便能夠改善這一局面，擴大歐洲華文文學的創作活動，更多地促進中國文學和藝術作品在歐洲的傳播，為相互之間的交流與合作做出應有的貢獻。

　　2013年5月協會舉辦了林道年會，會議地點選在德國南部博登湖畔，是中歐跨文化作家協會成立以來的第二屆年會。2015年9月舉辦了第三屆年會。在德國西部杜塞爾多夫附近的美麗小城維利希（Willich）舉行。2017年5月在索斯特舉行了第四屆年會。每次到會均有30人左右。會議上，會員們就各自的文學創作進行交流，而且還請專家學者作報告。如第三屆年會的專題報告會上，由全美中國作家聯誼會會長、紐約商務傳媒集團董事長、香港《華人》月刊總編輯冰凌先生，江蘇常熟理工學院人文學院中文系教授、海外文學研究學者計紅芳博士，美國《紅杉林》雜誌陳綺屏副總編做了報告。最近《紅杉林》專門作了一期歐洲專輯，反映歐洲華文文壇的興盛。

　　協會主席劉瑛，筆名劉瑛依舊，發表過多篇膾炙人口的中短篇小說，刊登在中國最有影響的文學刊物如《中國作家》、《青年作家》和《十月》等。她的多篇中篇小說結集為《不一樣的太陽》，入選「新世紀海外華文女作家文叢」，現已正式出版。由小說改編的電影也已拍攝放映。此外她還有大量散文隨記發表於海內外中文報刊。

　　中歐跨文化作家協會把重點放在促進會員的文學創作方面。截至目前，已在德國華文報紙開闢「走近德國」和「留歐視界」兩大散文系列專欄，由丁恩麗（老來天真）等會友輪流主持。會員們

踴躍投稿，迄今共發表了近百篇文章，在德國華媒和華語文學界產生了很好的反響，也引起了中國海外華文文學研究者的關注。目前正在聯繫出版協會的第一個文集。這些散文，點點滴滴、方方面面的記錄，猶如大大小小、形色各異的馬賽克，一塊一塊地「拼湊」起來，那便是一個大概的德國——至少是我們旅德華人眼中的德國——這也是不少德國人感興趣、想瞭解的事情，因而德國主流社會也開始關注「走近德國」這樣的欄目。目前，多篇文章已翻譯為德文，將與德國出版部門合作出版。2014年在廣州舉行的首屆世界華文文學大會上，中歐跨文化作家協會正式成為世界華文文學聯盟的社團成員。

中歐跨文化作家協會的會員相對來說，比較年輕，新人輩出，寫作方面成績斐然。如會員葉瑩出版了長篇紀實小說《德國婆婆中國媽》，楊悅曾翻譯《格林童話》，何德惠（筆名海嬈）出版過長篇《遠嫁》，丁恩麗（筆名老來天真）在報章上發佈連載長篇小說《永遠的漂泊》。童話作家朱奎新近出版《約克先生系列》5本，在大陸引起轟動。

協會注重新媒體，建有「中歐跨文化作家交流——微頭條」公眾號（ceviagermany），由葉瑩等會友主管。會員們平時主要靠微信群聯繫，討論共同關心的問題，非常活躍。

其他文學組織和活動

在歐華文壇也可以看到幾個世界性華文作家組織的身影。

海外華文女作家協會由美華女作家陳若曦和於梨華等發起籌備，1989年成立。會員中有不少歐華女作家。2004年該會在德國巴鴻堡（Bad Homburg，又譯巴特洪堡）舉行第八屆雙年會，有上百人參加。

2012年5月在荷蘭代爾夫特舉行了首次中西文化文學國際交流研討會，這次文會是由荷蘭彩虹中西文化交流中心（池蓮子女士為主任）發起並負責，由世界華文作家交流協會等組織一起聯辦的。世界華文作家交流協會是秘書長心水先生2011年發起創辦的。現有會員100多位，一部分在歐洲。該會並開辦了世界華文作家交流網站。

　　為了給新移民作家建立一個交流和切磋發展的平臺，亦為了進一步促進國內學術界對海外新移民文學深入廣泛地研究，2004年，由中國南昌大學、江西省當代文學學會、《文藝報》聯合主辦的「首屆國際新移民作家筆會」在南昌隆重舉行。60多位來自世界各地的著名新移民作家和大陸研究華文文學的知名學者聚首在贛江水畔，回顧成長歷程，交流創作經驗，展望新移民華文文學的發展前景。第一屆筆會會長為少君，副會長為陳瑞琳。此後2006年在成都、2009年在西安、2011年在福州、2014年在南昌、2017年在徐州舉行了年會，每屆都有歐華作家參加。

　　這裡還要說一下文心社。文心社成立於2000年11月，由美華作家施雨創辦，是一個以海外華人為主的文學社團。文心社創辦的文心網，是世界上最早的華文文學網站之一，辦得紅紅火火，有聲有色，為海內外華文文學研究者所關注。文心社社員涵蓋五大洲，現有成員2100多人，其中在歐洲有78位。文心社已舉辦過8次年會，2016年7月第一次在歐洲舉行，地點選在捷克布拉格。

　　海外文軒作協是2011年由美華作家海雲創辦的，辦有海外文軒網，其中也有不少歐洲會員，如葉瑩，劉瑛，丁恩麗，岩子和夢娜。海外文軒名家薈萃，作品很有水準。2017年海外文軒在上海舉行研討會，也有6位歐華作家參加。

　　至於歐洲單一國家內的華文作家社團，還有不少。如捷克華文作家協會，是由「捷克華文寫作沙龍」演化而來的寫作團體，最初的幾個成員如李永華（老木）、翁錫鴻（歐非子）和汪永（筆名

溫妮）等人早在2006年就開始了互動與交流。近年來，成員不斷增加，活動也越來越成熟，具體成果之一就是出版了文集《布拉格花園》。這是協會集體創作的結晶。再如匈牙利也建有華文作家協會，同樣出版過文集，張執任為會長。

歐華作家們還成立了歐洲華文詩歌會。這是在德國作家兼詩人穆紫荊和捷克作家兼詩人老木的共同宣導下，於2016年1月5日誕生的。目前已經擁有了來自捷克、德國、法國、義大利、奧地利、瑞士、荷蘭以及西班牙的詩人共22位。

從以上介紹看來，歐洲華文作家已形成多個組織，都很活躍，為文友們提供了眾多的交流平臺。這些組織互相也有促進，有些文友甚至參加了多個組織，也踴躍參加在國內舉行的文學活動。如2014年在廣州舉辦的首屆世界華文文學大會，就有17位歐華作家參加。2016年在北京舉行的第二屆大會上，增加到30人，由此可見歐華文壇興起的勢頭。

值得一提的是，很多華文作家沒有參加組織，但埋頭寫作，同樣取得了突出的成就。如關愚謙的長篇小說《浪》和《情》、海珮春的《德國媳婦中國家》、虹影的幾部小說，都風靡海內外。還有諾貝爾文學獎得主高行健，他現在主要從事繪畫。一些新作家也嶄露頭角，如德華作家嚴丁新近出版了紀實文學作品《窮則思變》（四川人民出版社）。

隨著華人的增多，華媒日益壯大。如今在德國就有三大華媒報紙，即《歐洲新報》、德國《華商報》和《歐華導報》。其他國家，如法國、西班牙、義大利、英國、捷克、匈牙利也都有華媒報紙，為文學愛好者提供了廣闊的發表園地。這些華媒都很注重與作者們的聯繫，如德國三大華報都舉辦過讀者·作者·編者聯誼會，其中德國《華商報》舉辦過5屆，這對與促使寫作的繁榮，文友間的聯繫起到了良好的作用。

綜上所述，歐洲華文文學經過幾十年的發展，呈現出一片欣欣向榮的景象。著名海外文學評論家、海外新移民華文作家國際筆會會長陳瑞琳評價說：「進入二十一世紀，歐洲的華文文學明顯在崛起，從上世紀的『散兵游勇』進入到『騎兵縱隊』的方陣。生活在人類文明的源頭，歐華作家善於用他們的靈性之眼看世界、感知世界及表達世界。他們在寫作的題材上進行了大顛覆和大開拓，常常給人以驚艷之感。」

陳瑞琳認為，特別值得關注的是，自冷戰結束後，統一後的德國逐漸取代了英、法，而成為歐洲文學的心臟，德華文學也隨之興盛起來，如麥勝梅女士筆下的德國風景，復旦才女穆紫荊的創作，新移民作家劉瑛的小說，文壇快手高關中走百國寫世界的文化隨筆，記者作家一肩挑的傳媒作家倪娜（呢喃）的紀實小說《一步之遙》等非虛構創作，以及漢堡藝術家譚綠屏的紀實報導等，都有其特別的貢獻。

陳瑞琳鼓勵說，歐洲的華文文學正在踏入一個開花結果的成熟階段，他們已經告別了以往那多愁善感的文學情懷，在精神之海暢遊，他們的努力需要加油的掌聲。

那麼歐華文壇的前景如何呢？筆者在歐洲生活30多年，觀察到華裔第一代是寫作的主力，到第二代，寫作的人就少了，更多的是融入了當地社會，用所在國語言寫作，這種情況只能通過各地中文學校的努力，得到一些改善。但是，歐洲是一個開放的社會。近幾十年來，華人通過留學、經商、婚嫁源源不斷進入歐洲，人數還在增加，這些新移民是歐華文壇的主力，在可見的未來，會仍然保持這一趨勢，這是歐華文壇與東南亞華文文壇不一樣的地方，但與北美和澳洲的情況相類似。

（2016年9月5日發表於在韓國外國語大學龍仁校區舉行的第三屆韓國世華文學研討會，略有修訂）

Contents

　在歐洲呼喚世界──三十位歐華作家的生命記事

荷華著名作家，詮釋生活藝術

第一次見到丘彥明，是2012年在代爾夫特舉行的首屆荷蘭中西文化國際交流研討會上。她遞交了《從荷蘭人生活看中西文化的比較》的論文，並做了演講，從荷蘭人的「生、老、病、死、衣、食、住、行、育、樂」乃至婚姻、文學、繪畫、性格等各個方面進行了全方位的梳理，具有深度的觀察，對與會者頗有啟發。但是丘彥明本人很低調，直到2013年參加柏林年會，才知道她是歐華作協的副會長，歐華文壇的散文大家，在臺灣做過記者和總編，出版過好多書呢！

從臺灣到荷蘭

丘彥明，籍貫福建上杭。據家譜記載：丘姓為周朝姜太公後裔（《史記‧周本紀》云「封尚父於營丘，曰齊」），五胡亂華南遷，最後安定在福建上杭藍溪。父親名丘瓊華，福建音專畢業。母親唐振中，福建師專畢業。他們是上世紀40年代去臺灣的。

丘彥明出生於臺南縣新營鎮（現改制為新營市）。從小喜愛文學，小學時代作文就經常刊登在《國語日報》上，這是一份給學生們看的報紙。其實並非她自己投稿，而是父親見她寫得不錯代寄去的，編輯就採用了。但有一回丘彥明是心甘情願投稿，她記得小學五年級，一夜做夢參加國語日報徵文得了第三名，醒來之後，立刻跟父母要了稿紙寫好文章寄出，不久報上公佈得獎名單，果然獲第

三名。父母覺得神奇，她自己則很高興。

　　丘彥明小學以全校第三名畢業，保送初中，一直名列前茅，三年中代表學校多次參加全臺南縣、南部七縣市、全省國語演講比賽，英語演講比賽，作文競賽，繪畫、書法、鋼琴比賽，獲冠軍或得獎，並擔任合唱團伴奏。

　　高中念的是北一女（臺北市第一女子高級中學），這是臺灣最好的女中之一。當時的校長江學珠女士（1901-1988，浙江人，從1949年起擔任校長22年），是一位非常嚴格的教育家，她覺得學生做好筆記是一項非常必要的訓練。在她看來，做筆記會讓人對事情有更深刻的記憶，而且回頭看筆記時，也可以有更進一步的思考。所以學校每個星期一都有一次周會，或是專題演講或是主題發言，學生要針對演講的內容做筆記，儘量把自己聽到的內容記下來，有點像速記但又有總結，而且不只是寫，還要字跡清晰，頁面清清爽爽。「就這樣，三年的時間每週做一次筆記，我想這是起步吧，」丘彥明說。後來從事新聞工作做採訪也需要做筆記，記筆記的習慣就一直跟隨她。這樣事無巨細的記錄，豐富了丘彥明的生活密度，也讓她筆下的生活更有層次。

　　高中畢業後，丘彥明考入位於臺北陽明山上的中國文化大學，攻讀新聞系。經常寫採訪稿，系上出版週報，丘彥明被安排主編副刊。她以第一名畢業後又到政治大學新聞研究所就讀，獲碩士學位。

　　70年代，丘彥明進入社會，先在臺北美商格蘭廣告公司寫文案，代編企業刊物，1976年考入《中國時報》，這是該報成為臺灣兩大報後，首次大規模對外公開招考記者、編輯，數千人報考，只錄取十多人，由此可見丘彥明的功力。她在《中國時報》任新聞編輯、採訪記者一年。幾經考慮改變志向，轉往學界發展，返回文化大學任新聞系助教，帶學生實習編報，這些都與寫作脫離不了關

係。1978年她又在《聯合報》任副刊編輯。這個職務來自不易，聯合報系成立總管理處後，這是第二次為報系所屬的各報對外大規模招考記者、編輯，亦是千里挑一。那年丘彥明同時考取了政大新聞研究所，為兼顧學業和興趣，遂辭去助教職務，申請分發《聯合報》副刊工作，之後協助創辦《聯合文學》雜誌，兼任執行主編，後專任總編輯，直到1987年12月底離職。

丘彥明是臺灣文壇最豐富、競爭變化最大的年代裡的一員驍將。1987年曾獲新聞局金鼎獎最佳雜誌編輯獎。她回憶，這一期間採訪接觸過台靜農、梁實秋、葉公超、張愛玲、三毛、白先勇等海內外華人第一流的作家、藝術家與學者，受益匪淺，並閱讀了大量古典與現代世界名著吸收菁華，是文藝沉潛最多最快的一段歲月。

任職《聯合報》、《聯合文學》期間，她有過工作狂的經歷，熬夜加班是常事，幹得心力交瘁，一次大病住院後，她思索放慢腳步，出國進修再度充實自己。

1986年丘彥明向報社申請留職停薪一年，到美國進修，研究文學潮流的脈動。暑假期間轉往歐洲旅行，在英國邂逅到荷蘭留學、正在攻讀博士學位的四川青年唐效，沒想到成就一生的姻緣。

認識之初，兩岸尚未開放，丘彥明與唐效都對臺海彼岸感到好奇，想由對方多瞭解一些情況。兩人也常有文藝上的交流，丘的新聞工作偏向文學方面，與知名作家、評論家常聯繫。唐的專業是物理，他也是文藝青年，寫詩和散文，以青木筆名在雜誌上發表。他訂閱有《小說月報》，看完之後，就寄贈給返回臺灣繼續編輯《聯合文學》雜誌的丘彥明，作為工作上參考。對於投緣朋友，他向來慷慨大方。

愛苗在兩人之間開始滋長，1988年丘彥明辭去臺北的工作，到比利時布魯塞爾皇家藝術學院（Académie Royale des Beaux-Arts de Bruxelles）油畫系進修藝術；還利用晚上時間另去Jette音樂學院進

修，通過一級一級的樂理及演奏考試，取得高級鋼琴證書。從荷蘭到布魯塞爾搭乘火車要三小時，唐效有時週末會到比利時看望丘彥明。1990年，月下老人所牽的紅線把兩人系在了荷蘭。他們騎著腳踏車到市政府結婚，回到家後，隔壁的牧師娘送給丘彥明兩條抹布作為結婚禮物。丘彥明深為感動：「家庭主婦最大的責任，就是要讓家中窗明几淨」。

婚後兩人過著寧謐平靜的生活。唐效是研究材料應用的科學家。2008年，他工作的公司，決定結束熱沉部門，唐效捨不得自己和同事多年研發的技術從此消失，因而與英國同事Clive Hall合作，將熱沉部門收購下來，自組Mintres公司。經過8年努力經營，員工由8人增至38人。公司在鑽石散熱、鍍膜、探測等高科技應用的研發與生產能力上，居世界領先地位。

丘彥明在家養花、種菜、寫作、彈琴、繪畫。她返璞歸真，更發揮了寫作上的潛能，畫藝也精益求精，還在比利時，荷蘭，臺北辦過多次畫展！

她手邊同時有好幾本記事簿：一本專記每日雜事及各種約會，一本記錄菜園、花園、室內植物的成長，一本是食譜，一本是兼做隨筆的讀書筆記，一本速寫簿，甚至還有一本專門記錄丈夫說出的好玩句子的「唐效言行錄」。當然，還有照相機。她說自己也許是學新聞出身的緣故，養成了隨時隨地把觸動自己的人事物記錄下來的習慣──如此一來，雖然是全職家庭主婦，但她的生活卻絕不單調乏味，反而是常常有意外之喜。生活態度積極，看什麼都是喜悅；反之，生活態度頹喪，看什麼都是陰霾。

就這樣，丘彥明出版了好幾本荷蘭生活筆記。夫君唐效為《我的九個廚房》作序，序文中寫，《浮生悠悠》、《荷蘭牧歌》、《我的九個廚房》可稱為彥明的「荷蘭居家生活三部曲」。看她的文字，會令人感慨：這才是生活！這才是過日子。

《浮生悠悠》

　　原本體弱多病的丘彥明，住荷蘭中部舒思特（Soest，在烏德勒支東北郊）小鎮時，申請到一個居民農園，開始了租地種植菜蔬、培植各式花木的田園生活。三個月下來，身體強壯了起來。後來他們又搬到考克鎮，租農園八年。這些經歷的意外收穫就是一本書：《浮生悠悠——荷蘭田園散記》。書中的插圖也出自她的手筆。

　　《浮生悠悠》寫於上個世紀的最後兩三年。丘彥明在書中收錄了在荷蘭的田園種植生活，記錄下菜園、花園、室內植物的成長與變遷，寫她在荷蘭種菜養花的經歷，全篇都是寫農耕之樂。其中也包含了酸、甜、苦、樂，讓讀者領略不一樣的異國（荷蘭）風土人情。多年的筆記厚厚幾摞，經過重新整理，列出主題和結構，書寫成冊。2000年在臺出版正體字版，大受歡迎，不到一年就連印了3次。2003年又在大陸三聯書店出版了簡體字版，這也是她的第一本簡體字著作。書中超前的生活方式，讓許多人心生嚮往。

　　丘彥明以自己的審美，去打理園地。一條小路進去，調料區，蔥蒜、沙拉葉；草莓區，間隔著大麗花；蔬菜區，伴有吊著的葫蘆，絲瓜藤下還有一處茶飲休息室，真正的瓜田李下。

　　第一個收穫的是毛豆。到歐洲數載，終於吃到了家鄉的毛豆，彥明與夫君面對面，飲一口冰啤，吃幾粒鹽水毛豆，閒閒地話著家常，滿足極了。

　　調料區種上了不少小香蔥。有朋友來看望，彥明就帶他們到森林裡轉轉，採些野菇，興沖沖又摘來各類蔬菜香料，一面問朋友：晚上做什麼菜，一面把細嫩的蔥像洗女王的頭髮一樣洗啊洗，又歡喜又讚歎地擺在木砧板上，拿了一把小刀，比做雕刻還認真切蔥。

　　朋友開玩笑說：你種的不是菜，是文學。

　　150平方米的農地，哪有那麼多可寫的？當然有，對丘彥明而言，

讀書人種地沒有抱怨只有驚喜。土地裡的每一株花，每一棵藥草，每一類瓜果蔬菜，都是不同的生命形式，都有不同的生命軌跡，也都有新鮮可喜的現象。原來黃豆長出來就是毛豆；買荷蘭人不要的已經發芽的蒜頭種到菜地等它長成蒜苗……她和唐效都是好品味之人，晚餐的菜都是吃完一道，再做一道。保持每盤菜的色香味。彥明有本筆記，專門記錄夫妻倆發明的好菜。幾年試驗下來，積累了不少，朋友來玩，居然花了兩天時間抄錄了「唐家秘方」回去。

可是即便感覺生活處處有驚喜，如果沒有當初巨細靡遺的記錄，也就沒有後來的結集成冊。這要感謝丘彥明一直以來記筆記的習慣。

香港中文大學教授，國際知名文化研究學者李歐梵給《浮生悠悠》寫了一篇《不算是序》，稱讚丘彥明寫的是「現代人的《浮生六記》」：「如果林語堂在世，可能會把這本集子命名為『生活的藝術』，但誰都沒有想到：這種中國式的生活藝術和田園情趣，卻只能在異國的荷蘭才能找到，而且是可遇不可求的。以目前臺灣和香港的生活環境和節奏而言，分秒必爭、寸土不讓……恐怕很難能夠達到這種閒適的意境。」從那時起，她就有了一批忠實讀者，並一直追隨她到今天。

《浮生悠悠》曾獲《聯合報》讀書人文學類十大好書獎、《中國時報》開卷文學類十大好書獎、教育部推薦優良圖書。該書並入選2008年中國大陸「人民網讀書頻道」。

《荷蘭牧歌》

《荷蘭牧歌・家住聖・安哈塔村》是丘彥明繼《浮生悠悠》之後的一部新作，2004年先在臺灣出版《家住聖・安哈塔村》，次年又出書《荷蘭牧歌》；2007年兩書合一，由三聯書店出版簡體字版

《荷蘭牧歌‧家住聖‧安哈塔村》。《荷蘭牧歌》是在丘彥明搬家到聖‧安哈塔村（Sint Agatha）之後完成的。

這本書的描述她夫妻倆，如何在荷蘭租房、找房、買房、建房、裝修，以及小村生活的經歷。這裡面有教訓、有驚喜、有糾結、有選擇，在這個過程中，丘彥明深刻感受到荷蘭人對生活的態度與自己之前所看到、感受到的有很大不同。作為值得借鏡、互相交流的思考方式，她覺得這是非常有趣的體驗，值得寫下來與更多人分享。荷蘭的福利好、設備齊全、服務頗為人性化，令人羨慕。如先生前去租房公司退房，辦不了，打電話讓夫人同去才能退，原來租房公司考慮：如果兩人不合了，一個人悄悄去把房先退了，那另外一個人沒地方住怎麼辦？這樣的考慮周全，要在中國可稱得上是一件奇事了。

新居屋後有馬斯河靜靜流淌，古老的風車、甜蜜的黃金菊、白色山楂花息息相伴，荷蘭田園的寧靜安逸徐徐展開。她家有大小19扇窗，寫作在屋子裡不同的窗戶前進行，每一扇窗各有隨時變化的不同風景，丘彥明常看著窗外景致入迷就寫不下去，同時內心充滿感恩，覺得上天真是厚待自己。

相比《浮生悠悠》關於田園生活親力親為和貼近自然的細節展示，《荷蘭牧歌》則透過「窗戶」更多地展現了聖‧安哈塔村的人、屋子、牧場，隨季節流轉的牛羊、大雁與河水。這種轉變是丘彥明出於對「人的價值」的關心。

有著二十多年異國生活經歷的丘彥明，在荷蘭看到人們在工作時認真而有效率，上班之餘度假、種花、自己修房；而多數國人習慣把公事帶進生活，大多數人幾乎都是在工作的重壓之下喘不過氣來，普遍教育下一代賺大錢。「金錢確實重要，但賺錢應該是手段，足夠就行了；而不應該是目的，無止境的堆積。」她寫《荷蘭牧歌》正是想透過真實的生活，展現歐洲的人文精神。

丘彥明帶著她東方式的悠然，「採菊東籬下，悠然見南山」，過著陶淵明一般的生活。荷蘭村居的逍遙自在宛如現代版的童話真實呈現，世間有這樣一塊自由安靜的地方真好啊，讓渴慕田園生活的人們尋到榜樣的範本。城市文明和工業文明日益擁擠喧囂的當下，深居都市、心向田園的中產階級開始探索一種適居鄉村的生活方式，而丘彥明式的田園生活演繹出走向田園的更多可能性。

《在荷蘭過日子》

　　2012年秋，沉澱五年之後，丘彥明在臺灣和大陸幾乎同時推出圖文新作《在荷蘭過日子》。甫一上市，即受到讀者的大力肯定。

　　《在荷蘭過日子》有29篇獨立的散文，抒寫在荷蘭過日子一些小事小物的親身經驗，輕鬆度日的過程與感受，雖是個人生活經驗，卻也呈現荷蘭人獨特的文化：風車、木鞋、乳牛、鬱金香等民族象徵，咖啡、啤酒、乳酪、生鯡魚、豆湯和薯泥等飲食文化，乃至自行車、海堤與河堤、市集、國界、女王節、甜美的村日等，還有海邊拾貝、暢遊「構思花園」、美麗的中世紀小城、一個書的城市等人文地理……這些美麗至極、細緻入微的文字，令人心動不已，讓我們看到了這個可愛的民族很多不同的側面。

　　因為長年在這個國家過日子，丘彥明在小事小物中親身感受這個國度。《在荷蘭過日子》裡，借由自己的生活經驗，她把荷蘭人的文化和荷蘭人的生活與讀者分享，希望能盡可能地擺脫一般觀光客從旅遊書或網路搜尋獲得的對荷蘭的表面印象，從另外的層面感受荷蘭的民族特色。

　　荷蘭人的開放性影響著丘彥明，也或許她性格中喜歡新鮮、好奇、勇於嘗試的開放性很好地適應了這個國家。她與先生在荷蘭的日子過得逍遙自在。「週末有機會，開一小時車過比利時，找不同

的小鎮去喝不同的生啤酒，順道繞進超市採購一些啤酒，包括現今尚留存的幾種修道院釀制啤酒，緬懷啤酒發明的歷史。然後呢，自然要享受一餐比利時美食。」

丘彥明的生活令人豔羨。她在荷蘭生活多年，一直以那裡的田園生活作為寫作的土壤。讀她筆下那些娓娓道來的日常生活的文字，可以覺得她生活在理想國裡。當然，這裡的理想國不是烏托邦，而是實實在在的荷蘭。

丘彥明認為：「長年在荷蘭生活下來，我不能說荷蘭百分之百的好，不過，她確實是以人道主義為出發點建設的國家。對於人民的生活，國家的經營總是站在看得較長遠的角度，用理性的態度，去憂慮未來，解決困擾。而這種尊重共生的精神，潛藏於百姓最基本的生活行徑之中」。

對旅遊文學的思考

以上介紹了丘彥明的3本作品，其實丘彥明還出過《人情之美》（1989年）、《民主女神號航海日誌》（1990年）、《踏尋梵古的足跡》（2009）、《翻開梵古的時代》（2009）、《我的九個廚房》（2016）等許多書，其中大部分都有臺灣版和大陸簡體字版。她是一位勤奮多產，表現得最為優秀的新移民文學作家之一。

丘彥明勤於旅遊，熱愛旅遊，是寫旅遊作品的高手，她曾參加第三屆世界華文旅遊文學國際學術研討會，發表了論文《我的旅遊文學寫作》。丘彥明認為旅遊文學可歸納為三大類，一是狹義的旅遊文學，指到外地的短期活動，寫下的自身體驗。這方面的例子如，她曾寫過《閃亮的南十字星──兩個單身女孩的紐澳之旅》、《走過西伯利亞》這樣數萬字的長文，並在聯合報上連載。她陪同臺灣作家蔣勳遊覽，寫下《陪老友在阿姆斯特丹散步》，2009年她

受邀參加「四海作家雲南采風團」，一口氣寫了15篇散文。二是主題式的旅遊文學，指短期旅遊，擬定特殊主題來探索、追尋、思考，事後將主題以文學形式寫下來。這一方面的例子有《踏尋梵古的足跡》和《翻開梵古的時代》兩本書，是她在荷比法英踏尋大畫家梵古的足跡，參觀博物館寫出的，共有20多萬字。她把出國拜訪作家寫成的訪問記也歸入這一類，如《遊園——在白先勇的家》，訪問三毛的《加那利記事》，以及《在伊斯坦堡尋找帕慕克》（帕慕克，諾文獎得主）。她還寫了《收集歐元硬幣的故事》發表在香港的《文綜》2011年第18期。三是廣義的旅遊文學，指離開自己的國家，在不同的地域、人種、文化下生活，含有漂泊情感的文學書寫。丘彥明的代表作，即《浮生悠悠》、《荷蘭牧歌》、《在荷蘭過日子》、《我的九個廚房》都可以歸入廣義的旅遊文學。

丘彥明還寫了許多與藝術相關的文章發表在臺灣著名的專業性雜誌《藝術家》上。鮮為人知的是，丘彥明還與先生唐效合譯了《瑪麗·居里》、《蒙特梭利》（義大利教育家）、《泰瑞莎》、《海倫凱勒》、《聖雄甘地》、《達賴喇嘛》等，均在90年代列入東華書局「世界偉人傳記系列」出版。她還主編了《還鄉——梁實秋專卷》，1987年12月在聯合文學雜誌社出版。

丘彥明很早就參加了歐華作協，曾擔任多年理事、副會長。她熱心參與協會的寫作編書活動，多次參加年會。她還主編了《在歐洲天空下——歐洲華文作家文選》，編委有麥勝梅、俞力工、丘秀芷和丘彥明。這本文集從俄羅斯、東歐、西歐、中歐、南歐、北歐到土耳其，十六個國家名稱之下，分別有一至十位不等的作家，集結三十七篇創作。作者們以「東方」、「西方」為主題，各自用散文或論述的文學形式，將自身僑居歐洲多年，面對東、西方文化差異的心路歷程描述出來，有的深刻，有的動人，細細體會，滋味無窮。該書的編輯出版，丘彥明功勞不小。

丘彥明旅居海外後，曾為臺灣與大陸不少報章雜誌開闢過專欄。自2010年起，開始為《深圳商報》文化副刊每週撰寫一篇「荷蘭閒園」專欄，迄今仍然持續筆耕。她還常年擔任臺灣《藝術家》雜誌、《藝術設計＋收藏》雜誌的特約海外撰述，書寫藝術報導和評論。同時她也是海外華文女作家協會會員。

丘彥明在寫作生涯中曾十多次榮獲各種獎項，近來又傳佳音。2016年7月23日，她的散文《喜讀愛談金庸武俠》，榮獲香港康樂及文化事務署、香港藝術發展局、香港世界華文文藝研究學會主辦「我與金庸」全球華文散文徵文獎的優異獎。

白嗣宏
儒雅的俄華學者作家翻譯家

　　白嗣宏老師，我久聞大名，《外國抒情小說選集》十二卷和歐華作協紀念文集《迤邐文林二十年》就是由他主編的。在巴賽隆納舉行的2015年歐華作協年會上我終於得以一瞻風采：一幅儒雅學者的形象，為人和藹可親，而且學識淵博，學問高深。他在大會上作了主題演講，與大家分享在俄羅斯華文創作的體會。會後，通過E-Mail郵件來往，我閱讀了他的一些作品，這才瞭解到白老師是俄羅斯文學、俄羅斯戲劇、俄羅斯國情三方面的研究專家，華文報刊專欄作者，是一位著作等身的學者、作家、翻譯家。

留學蘇聯

　　白嗣宏1937年生於上海，籍貫河南開封。其父白貫周出身於商人家庭，畢業於立信會計學校。該校是中國現代會計教育的發源地之一，1928年由被譽為「中國現代會計之父」的教育家潘序倫創辦。白貫周抗戰前就參加工作，當時在中國銀行靈寶打包廠家（棉花）工作。靈寶古名弘農郡，是漢唐時代的一個郡，古時的函谷關所在，相傳老子在那裡寫下《道德經》。白嗣宏的名字，即有繼承弘農的意思（宏弘通假）。他10月出生，抗戰已經爆發，隨父母逃難到西北，最後在寶雞迎來抗戰勝利，那時他已上小學二年級，回滬時還能說一口陝西話呢！母親趙雅德，師範學校畢業，在家相夫教子。白嗣宏的外祖父是馮玉祥的安徽老鄉，跟隨馮玉祥到河南，

曾任馮的兵工廠廠長，以所制大炮聞名。

1950年白嗣宏考入上海市東中學。在那火紅的歲月，蘇聯是中國的鏡子，照出中國的希望。當時正值建國之初，舉國上下，都有一種難掩的興奮之情，認為今天的蘇聯，就是明天的中國。向蘇聯老大哥學習，是中國的共識。多少年輕人，著列寧裝，穿布拉吉，讀蘇聯的勵志書籍，如《鋼鐵是怎樣煉成的》、《卓婭和舒拉》等等，夢想到蘇聯學習，要發現通往社會主義天堂的祕密。

1952年白嗣宏初三時，與幾位同學自發組織起來，課餘就學於上海市中蘇友協開辦的俄語廣播學校。每天聽廣播，做作業，函授考試。他說當時並沒有什麼雄心，只是在時髦和求知欲的鼓動下，追隨潮流，多學點知識而已，誰知學俄語竟決定了他此後的人生。

1955年高中畢業，白嗣宏一舉考取留蘇預備班，幸運地成為令眾人羨慕的祖國驕子。他到達北京俄語學院（今北京外國語大學前身）報到。第一件事就是分班。同屆同學有1000多人，分成許多小班。沒學過俄語的分在第一班，然後按俄語水準依次分班，他的測試成績竟然進入第64班，相當於中等水準。同班同學都在中學讀了6年俄語，而白嗣宏只有3年自學，能同堂受教，這是多麼地不易。

在留蘇預備班學了10個月。結業之後，校方宣佈即將公佈各人的留學專業和學校名稱。按照當時的做法，大家一致表態，聽候國家指派。出乎意料，分給白嗣宏的竟是學習哲學系的「辯證唯物主義」專業。他原是按理科考試的，分配學哲學實在令人費解。學校的解釋是，「你的入學成績說明你能學理科，也能學文科，因此學習高於文理兩科的哲學非常合適。」這頂高帽子決定了白嗣宏的專業。

1956年8月8日白嗣宏乘坐火車北京——莫斯科專列奔赴蘇聯首都，穿越西伯利亞，7天7夜的旅途，專列緩緩駛入莫斯科的雅羅斯拉夫爾車站，終於看到了克里姆林宮的紅星。

但莫斯科只是轉車點。白嗣宏最終到了基輔，即今烏克蘭首

都，當時是蘇聯第三大城市。他進入紅牆圍繞的基輔大學，哲學系的學業就這樣開始了。一個學年還沒有讀完，突然接到轉學的通知。表面原因是基輔大學將用烏克蘭語授課，中國留學生沒有學過烏克蘭語。令人奇怪的是，不僅轉換學校，而且要轉換專業。事後才知道，真實原因在於當時正好開過蘇共20大。

蘇共20大結束當晚，即1956年2月24日，赫魯雪夫作了一個揭露史達林問題的祕密報告。從報告揭示的情況來看，史達林集黨政軍大權於一身，權力沒有任何約束。他大搞肅反清洗，其中第17大選出的139名委員和候補委員中就有98名被逮捕和遭槍決，列寧遺囑中提到的6名領導人，除史達林外，其他5人均被處死或暗殺，即托洛茨基、季諾維也夫、加米涅夫、布哈林和皮達科夫。網上搜索百度百科史達林條目記載，1937-1938年被稱為「大恐怖」時期，130萬人被判刑，其中68.2萬人被槍殺。紅軍中有4萬人被清洗，其中1.5萬人被槍決，包括5名元帥中的3人，16名集團軍級將領的15名，67名軍長中的60名。在農業集體化運動中，消滅了富農階層，強迫農民加入集體農莊，結果破壞了生產力，造成大饑荒，據保守估計，從1932年到1933年，僅號稱歐洲穀倉的烏克蘭就有220萬人被餓死。整個蘇聯餓死者據估計在600至1000萬之間。

就這樣，赫魯雪夫通過批判個人崇拜開始了蘇共民主化的進程，而當時中國仍把史達林捧為「偉大領袖」，認為蘇聯搞的是偏離馬列的修正主義，即「變修了」，中共與蘇共開始分道揚鑣。總不能讓白嗣宏他們學一套修正主義回家吧？何況他們是專為中國科學院社會科學學部培養的專業人才，而該學部（中國社會科學院的前身）負有中央智囊的任務。

當時哲學系的留學生們有兩個選擇，要麼去莫斯科大學讀歷史系，要麼去列寧格勒讀語言文學系。白嗣宏高中曾有過讀中文系或者戲劇文學系的念頭，這時又冒了出來。加上幾位學長的勸導，

於是他隨他們一起到列寧格勒大學語言文學系俄國文學專業。就這樣，白嗣宏走上了正軌學習文學的道路，決定了自己的一生。

大二期間，按教學大綱規定，需要寫學年論文。這時正好學到俄國19世紀文學。屠格涅夫（1818-1883）是白嗣宏從小喜愛的俄國作家。一部中篇小說《阿霞》更為激動人心，正好選做論文題目。小說敘述富有的年輕人「我」，遇到可愛的阿霞姑娘，漸生情愫，但因阿霞是私生女而不敢去愛。白嗣宏讀的時候一再為女主人公阿霞追求愛情的精神傾倒。這時，他又讀了車尼爾雪夫斯基（1828-1889）評論《阿霞》的文章《幽會中的俄國人》，更深一步看到男主人公在愛情面前的怯懦，看到俄國男人在面對現實時的無能。白嗣宏就在學年論文裡大大發揮，把男主人公指責了一番。這篇充滿激情的論文，竟然在俄國同學裡，特別是在女同學裡得到共鳴。她們互相傳說，說有一個中國留學生寫了一篇如此如此的論文。

大三時，白嗣宏認識了他現在的妻子，一位非常美麗的俄羅斯姑娘，名叫奧莉嘉，學印度梵文。他倆是同學，但專業不同。她竟然也知道這篇論文，還說正是這篇論文給了她最初的好感，最後成就了他倆的百年之好。有趣的是，第一次約會時，白嗣宏在公園的長椅上等她，手中一卷蘇聯抒情小說作家帕烏斯托夫斯基（1892-1968）的作品，給她留下了至今難以忘懷的印象。她時常談起，正是這本書打開了她的心扉。如今他們相濡以沫，同甘共苦，攜手度過了50多個年頭。正如白嗣宏所說：「文學給了我生活，給了我至愛」。

上世紀50年代的大學生活，相當清苦，也相當單純。沒有電視、沒有電腦，沒有夜總會，也沒有蹦迪。只是上課，讀書，參觀博物館，聽音樂會，看戲，當然還有每週規定的政治學習。但讀書的條件非常好，從校系兩級的圖書館，到科學院社會科學圖書館到著名的聖彼得堡公共圖書館，都是日常生活的一部分。大學離涅瓦

大街不遠。這條街上的政治圖書館是白嗣宏經常去的地方。因為那裡人很少，環境幽靜，借書方便。許多俄國文學原著和譯成俄文的歐美文學作品，隨著教學大綱的要求，按部就班地閱讀，積累了許多文學知識。作為與文學關係密切的藝術、美術、音樂、戲劇，也都源源不斷地填充他那饑渴的知識大坑，為日後的文學生涯鋪墊了扎實深厚的基礎。

那時正是後史達林的第一輪民主化高潮。解凍文學正在開始發揮威力。白嗣宏那批留學生，都不到20歲，天天遇到一些新鮮事物。蘇聯同學生活在自己的國家裡對這些事當然更為敏感。不斷向他們介紹一些故事，哪些老師是名家，哪些老師剛從流放地來，哪些老師剛得到平反就返校教書，哪些老師是頑固派和教條主義者，哪些老師專與學生作對，哪些老師又是如何瀟灑倜儻。有些文壇掌故，更是聽來有趣。一些名作家到學校來做報告或者會見大學生，都是生動活潑的生活之課，只有在留學中才能得到的獨厚。「文學不僅在書本之中，還在生活之中」，果然是至理名言。

五十年代的中國，剛從百年屈辱與戰爭的廢墟走過來，對蘇聯所強調的公平正義社會的追求，有強烈的認同感，他們認同計劃經濟的強大威力，也對蘇聯二戰擊敗納粹德國，不勝仰慕。但史達林死後「去史達林運動」的披露，已使不少敏銳的中國心靈警惕，不僅看到蘇聯政治的變幻，也看到史達林時代那種令人髮指的整肅與血腥。原來建立一個理想社會主義的社會，中間要經過這麼多的鬥爭與痛苦的折磨，也有那麼多的扭曲人性與犧牲人命的代價?!

一九五七年，正是白嗣宏去列寧格勒大學的那年，中國掀起了狂飆的反右運動。在異國的校園裡，這位來自上海的留學生，感受到政治運動的變化，比舞臺上的想像還要戲劇化。

更戲劇化的是中蘇開始分裂。當白嗣宏和他的俄羅斯女同學談戀愛如火如荼之際，也是兩國在意識形態爭議如火如荼之時，但白

嗣宏的羅曼史比舞臺上的愛情更轟轟烈烈，他不顧中蘇分裂的政治逆境，將自己的愛情成為世界的核心，他和他心愛的俄羅斯女子結婚，也是和他所心愛的俄羅斯文化結緣。

主編《外國抒情小說選集》十二卷

1961年白嗣宏在列寧格勒大學畢業，離開留學五載的蘇聯，攜帶俄羅斯妻子回到中國，走上工作崗位。由於他的「特殊情況」，不但不得進入智囊單位工作，甚至不能留在北京上海。他被分派到安徽合肥教書，在安徽藝術學院戲劇系工作，太太教俄文。兩年後調到合肥師範學院藝術系。1970年白嗣宏又到安徽大學任教。

60年代初，安徽剛剛熬過大饑荒，白嗣宏回憶說，那時合肥每個大人，每月憑糧本供應25斤米麵雜糧。肉蛋蔬菜也極缺，不僅生活困難，而且在精神上受到種種的政治磨難。他初試筆耕，1962年發表了作品，次年就被戴上了「名利思想」的資產階級的帽子。幾乎無法搞他所鍾情的蘇俄文學研究，只翻譯了幾個劇本。文革一開始他就被扣上了「四條漢子走卒」（四條漢子是指周揚、夏衍、田漢、陽翰笙等所謂「文藝黑線」代表人物）和「修正主義徒子徒孫」的大帽子。文革後，白嗣宏所在安徽大學的幹部告訴他，劇本《伊爾庫茨克的故事》譯稿塞進了他的檔案，作為「修正主義」罪行的證據，真叫人哭笑不得。

文革期間，白嗣宏作為與敵國通婚的分子，成了被批鬥的靶子，被誣衊為「蘇修特務」和「叛國分子」。那時全國都陷入到激烈的武鬥中去，安徽省也不例外，白嗣宏的學生為他擔心，就勸他去黃山腳下避一避，所以他們就去了那裡。可是不久，武鬥的風氣也蔓延到了那裡，他的學生就安排他們一家上山，住在山上的賓館裡，那裡只有兩個人，一個保安，一個廚師，非常地清靜，所以正

當全國陷入一片混亂之時，白嗣宏和他的太太以及三歲的兒子卻在山上天天欣賞美景。待過了一個多月，武鬥風過去了，他們一家人才下山，總算躲過了一場災難。

回國蹉跎多年，白嗣宏成了文學主流之外的人，只有教學之份。然而基本功在身上，對文學的崇敬又是無法禁止的，一旦有機會自然會爆發出來。十年輕春葬身在各種政治運動的底層。只有在「文革」浩劫之後，文學才真正回歸到人間，回歸到白嗣宏身上。這些從事外國文學研究和介紹工作的人，才被摘去「崇洋媚外」的帽子，重新鼓起創業的熱情。

文革結束時白嗣宏在安徽大學工作，不久提升為外語系副教授。他雖說已屆不惑，但卻被自己心愛的文學迷住了。寫評論，翻譯小說和劇本，忙得不亦樂乎，在省內和全國開始有了影響。在省裡當選為文學學會的副秘書長，承辦全國歐洲浪漫主義研討會，參加各地的講學活動。作品不斷在全國主要出版社出版。安徽文藝界的一些知名前輩，陳登科（安徽作協主席），江流，蘇中，公劉，那沙，同輩的胡曉秋，都非常關心和支持他的文學活動。80年代初陳登科、江流推薦他參加中國作協；那沙、胡曉秋推薦他參加中國戲劇家協會，詩人公劉在大小會議上為白嗣宏呼籲，把他這個文學體制外的散兵推入時代文學復興的大潮流。

白嗣宏是一個浪漫派，所以對浪漫主義文學情有獨鍾。一旦有了機會，就猛衝而上。在別人一蜂窩研究社會主義現實主義主流文學時，他則在研究浪漫主義文學。主要成就是主編出版了《外國抒情小說選集》十二卷，這套選集至今仍享有讀者，數十萬冊在讀者手中和各大小圖書館藏書之中。

提起主編這套書，白嗣宏至今記憶猶新。那是七十年代末的一天，安徽人民出版社文藝編輯室的青年編輯江奇勇，通過安徽大學的朋友找到他，表示出版社對外國文學作品很有興趣。當時白嗣

宏擔任安徽省外國文學研究會的秘書長和中國蘇聯文學研究會的理事。他學的專業就是蘇俄文學，所以一拍即合。

江奇勇向他介紹了中央有關部門關於出版外國文學作品的新精神。本來，介紹世界文化的寶庫，出版外國文學作品，特別是經典作品，反映外國生活現實的作品，是天經地義的事。但是，在毛當政的時期，外國文學出版的口子極小，控制極嚴，生怕外國思潮流入國內。泱泱十億大國，只有北京的人民文學出版社和上海譯文出版社兩家可以出版外國文學作品。地方出版社根本沒有出版外國文學作品的權利。改革開放給中國的出版事業帶來了春天，地方出版社也能出版外國文學作品啦！安徽人民出版社的領導和文藝編輯室，抓住了這個時機，令人欽佩。從白嗣宏個人來說，能有這樣好的機會大展宏圖，發揮自己的文學研究專長，不能不說是「天賜良緣」。

但是安徽沒有出版外國文學作品的歷史和經驗，沒有形成一支強有力的外國文學研究和翻譯的隊伍，既要出版高品質的外國文學作品，又要創造很好的經濟效益，又要在全國眾多的地方出版社中脫穎而出，確實要費一番心血。兩人就在安徽大學126樓的一間斗室裡，策劃外國文學作品的出版計畫，提供給領導決策。經過良久商討，確定要搞出自己的特色，搶在別人之先，才能不至於湮沒於群龍之中。要做到這一點，首先要有好選題，其次要有良好的譯者隊伍。在選題方面，當時蘇聯文學剛剛開禁。過去很多被套上「修正主義」的作品，並不實事求是。讀者對當代蘇聯作品抱著很大的興趣。文革之前和文革之中，所謂內部書，很受讀者關注，如《多雪的冬天》、《州委書記》這些書，曾經火遍全國。的確，當代蘇聯文學有很多感人的作品，無論立意，還是藝術技巧，都有不少值得借鑑的東西。經過白嗣宏的推薦策劃，該出版社出版了《當代蘇聯文學》叢書。這個選題的作品，陸續出版後，在全國發生了很大的影響。其中包括貝科夫的中篇小說《一去不回》。當時出書

任務緊迫，白嗣宏邀請精於譯事的老朋友王誠樸（曾在蘇聯進修）和柯友新合譯。譯者名辛洪普即從三人名字中各取一字而成，即新（辛）、宏（洪）、樸（普），這本書一版就印了7萬多冊。可見文革過後中國讀書界的饑渴。

接著，白嗣宏策劃出版更大規模的叢書《外國抒情小說選集》。他親自撰文《外國抒情小說簡論》作為代序。文中闡述了抒情文學的含義，介紹和梳理了世界抒情小說的歷史和發展狀況，並說明了該叢書選擇作品的標準。這套書的宗旨，正如他在全書的代序中所說，「《外國抒情小說選集》就是設想把世界各國、各個流派、各個時期的抒情小說介紹給讀者。一方面，使讀者能夠瞭解外國抒情小說的過去和現狀，從中領略一些美的感受；另一方面，使文藝工作者能夠瞭解外國抒情小說的藝術特點，從中汲取一些有益的東西。」

這套書是中國國內的首創專案，大受讀者歡迎。以往中國出版的外國文學作品選集，如鄭振鐸先生主編的《世界文庫》，是綜合性的選集。《外國抒情小說選集》靈感來自《世界文庫》，卻是以體裁和風格為主題選編的，這在當時是獨一份。日後出現的《世界心理小說名著選》，就是這一類選集的後繼者。白嗣宏主編了十二巨冊《外國抒情小說選集》，從1982年到1987年，出版了十一冊，先後出過三版。第一卷《茵夢湖》頭版印量就達78000冊，在國內引起很大反響。

我們看看，白嗣宏究竟選編了哪些作品：《茵夢湖》卷，以德國名家施托姆（1817-1888）的名著《茵夢湖》為書名，實際上還包括美國海明威的《老人與海》等作品，共7篇小說，475000字，厚達五六百頁。其他各卷也是如此，以某一名作為書名，實際包括多位作家的七八篇小說，約50萬字左右。如第2卷以日本森鷗外（1862-1922）的《舞姬》（日本浪漫主義文學的先驅之作）命名，共7篇小

說。第3卷以匈牙利作家約卡伊（1825-1904）的《黃玫瑰》命名，共7篇。第4卷以法國作家紀德（1869-1951）創作的《田園交響樂》命名，共7篇。第5卷《牧童與牧女》，包括蘇聯作家阿斯塔菲耶夫（1924-）等人的6篇小說。第6卷《魔沼》包括法國女作家喬治·桑等人的6篇小說。第7卷《紅帆》包括蘇聯作家格林（1880-1932）等人的7篇小說。第8卷以日本佐藤春夫（1892-1964）作品《都會的憂鬱》為名，收9篇小說。第9卷以德國諾貝爾文學獎得主湯瑪斯·曼的小說《魂斷威尼斯》為名，收8篇小說。第10卷收入蘇聯卡扎科夫（1927-1982）所作《蔚藍的和湖綠的》等7篇小說。第11卷收入挪威漢姆生（1859-1952）所著的《牧羊神》等7篇小說。第12卷名《路加之謎》，待出。

《外國抒情小說選集》出版後影響巨大，前後出過三版。到現在已有二十年，成了珍版，甚難求得。至今還有一些國內外讀者見到白嗣宏時，津津有味地談起這套書。許多人還記得，這套書在電影《牧馬人》中一個知青駐點「新到圖書」的告示裡出現。當時文革剛剛結束不久，讀者渴望能有真正的文學作品和非政治性文學的書籍品讀。這套書應運而生，恰逢其時。

這套書總共選收80多個抒情小說（主要是中篇小說），共約590萬字，迄今已印刷38萬7千冊。這些小說涵蓋了世界主要國家和地區的名家和名著，極富代表性。從中可以看到白嗣宏深厚的文學功底，他不僅慧眼識珠，而且具有全球視野。能主編這樣一套巨著，真的是不簡單。可以說，這套十二卷叢書是白嗣宏一生文學活動中的一座豐碑。

除了提選題以外，組織譯者隊伍是當時的一項重要工作。由於歷史的原因，安徽沒有形成自己的譯者隊伍。白嗣宏他們當時定下的方針是，從多處著手。一是爭取老一代翻譯名家參加進來，求得他們的支持。中國現代著名譯家，施蟄存、韓侍桁、草嬰、張友松

等，都熱心賜稿。二是爭取外地中青年譯者參加這項工作。北京的柳鳴九、呂同六、錢善行、吳元邁、葉廷芳、鄭克魯等；一些外地的中年譯家，馮春、夏仲翼，都將自己的佳譯送交安徽出版。三是培養本省自己的譯者隊伍。安徽的中年翻譯家力岡、柯友新、王誠樸，安徽大學外語系畢業的青年譯者鄭海陵、林之鶴、沙端一，都曾發表文學譯著。這套大型文學書籍可以說也為中國文學翻譯者們提供了一個大展身手的舞臺。

白嗣宏本人更是翻譯俄文的高手，《外國抒情小說選集》第一卷《茵夢湖》中就有他的譯作《玻璃師》（巴烏斯托夫斯基著）；第八卷《都會的憂鬱》中則收入他的譯作《妖怪》（雷特海烏著）。

他還根據俄語本翻譯了德國作家雷馬克（1898-1970）名著、長篇小說《三夥伴》。《三夥伴》是他上大學時最喜愛的作品之一。這部譯作成了雷馬克的《三夥伴》在中國的首譯本。他回憶說：「當時是帶著感情去譯的，花了半年業餘時間譯成。譯者名用筆名石公，寓意堅持自我本色，頑石一塊也，這個筆名用得不多，但入正式用名之一。」《三夥伴》一版就印了5萬冊，深受讀者歡迎。

白嗣宏還翻譯了蘇聯作家潘諾娃（1905-1973）的長篇小說《一年四季》，蘇聯作家格拉寧（1919-）的《同名者》，以及小說集《現代傳奇——雷特海烏小說選》、《蘇聯文藝集錦》等。迄今他的小說譯作達28種，共160萬字，印行達30萬冊，在文學愛好者中有廣泛的影響。

白嗣宏也寫文學論文、譯文，作品達20種，包括《評法國現代派小說》、《繆斯巡禮》、《列寧格勒的九天》等，總共約70萬字。在翻譯介紹俄國和蘇聯文學作品時，他還就單項著作和作家寫了不少評論，都是盡力從人性，從文學的普世價值從發，提供思考材料。1988年起白嗣宏被聘任中國社會科學院外國文學研究所特約研究員。2000年他被莫斯科國際名人傳記中心授予「20世紀名

人」，並列入《新俄羅斯文學世界－百科辭典》。其實在大陸多年前他已列入《中國作家詞典》和《中國翻譯家詞典》。2013年，白嗣宏把他多年來俄蘇文學的評論文章和研究成果精選23篇，結集在香港出版了《文學評論集》。

研究俄蘇戲劇的首席

白嗣宏留蘇學俄羅斯文學專業，在三年級選擇學習和研究方向時，挑選了蘇聯戲劇文學。一是因為他從小喜歡戲劇，中學時閱讀了大量戲劇方面的書，對中國的古典劇本和京戲劇本更是如癡如醉；二是留學生中專學蘇聯戲劇文學的人極少，這是一片大有作為的領域。為了加強戲劇研究的基本功，他還到列寧格勒戲劇音樂電影學院旁聽戲劇學系的專業課，並領到了戲劇專業學生免費觀摩各劇院演出的觀摩證。大學的畢業論文題目就定為《現階段的蘇聯戲劇文學》。從此他與俄蘇戲劇結下了不解之緣。

可是，白嗣宏畢業回國後有很長時間無法從事自己喜愛的專業。文革前他曾短暫參加過中國戲劇家協會外國戲劇研究室的工作，主要是研究蘇聯戲劇的情況和翻譯蘇聯戲劇理論與劇本，印象最深的是劇協幾位前輩的指導與愛護。老戲劇家葛一虹、老翻譯家蔡時濟、蘇聯戲劇問題專家趙鼎真女士和中戲王愛民教授、歐洲戲劇問題專家蕭曼女士，把他這樣一個初出校門的毛頭小夥子引入了中國戲劇界研究外國戲劇的中心。在他們的指導下，除了理論研究與翻譯外，白嗣宏還譯出過三個劇本《五個黃昏》、《歡度白夜》和《伊爾庫茨克的故事》。有趣的是，這些劇本都沒有來得及出版就墮入了文革的深淵。三部劇本的譯稿杳如黃鶴。後來才知道，其中一部譯稿竟被塞入他的檔案，作為他「修正主義」罪行的證據。

直到80年代，白嗣宏才有機會重新譯出並發表了《五個黃昏》

（用名《五個晚上》）和《伊爾庫茨克的故事》，後者還在中央戲劇學院表演系一九八五級作為畢業戲上演，由鞏俐出演女主角瓦麗婭，那是1988年元月的事了。那個時期，白嗣宏的作品像井噴一樣問世，如戲劇劇本集《阿爾布卓夫戲劇選》、《萬比洛夫戲劇集》、《果戈理戲劇集》，《列夫‧托爾斯泰文集－戲劇》，《蘇聯話劇史》，論文集《蘇聯戲劇藝術研究》，演劇理論論文《斯坦尼斯拉夫斯基體系研究》、《塔伊羅夫的演劇理論》、《比較戲劇與總體戲劇》等。在中國研究俄蘇戲劇的方面，白嗣宏一躍成為領軍人物，《中國大百科全書‧戲劇卷》的「俄羅斯、蘇聯戲劇」條目，就決定由白嗣宏撰寫。

　　《中國大百科全書》是中國第一部大型綜合性百科全書。全書按學科或領域共分74卷，字數達1.26億字，是世界上規模最大的百科全書之一。從1978到1993歷時15年，傾中國學術界之力，組織各方面專家，編撰而成。該書堅持「讓最合適的作者撰寫其最擅長的條目」的原則，書中每個條目，都找最權威的專家學者來撰稿。「俄羅斯、蘇聯戲劇」是《中國大百科全書‧戲劇卷》的大條目，選中白嗣宏，就說明了他在俄蘇戲劇研究界的首席地位。他果然不負眾望，洋洋灑灑共寫了6000餘字，把俄蘇戲劇的發源、早期戲劇、18世紀戲劇、19世紀戲劇、蘇聯時期戲劇介紹得清清楚楚，並且還附上了參考書目。

　　多年來白嗣宏翻譯出版了戲劇譯文9種，戲劇史和論文8種。2010年白嗣宏把多年來的研究成果彙編成《戲劇評論集》在香港出版。這本書收集文章25篇，涉及到蘇聯戲劇史、戲劇美學、戲劇文學、表導演理論、一般戲劇學，有總論，有專論，也有一些對具有代表性劇作家和戲劇流派的論述，論述他們的創作思維和藝術特色。回顧這些文章，仍有現實意義；同時，也是對支持他研究戲劇的同行們友誼的紀念。

白嗣宏對俄蘇戲劇的研究，也得到了俄羅斯方面的讚賞。2014年12月26日，俄羅斯作家協會給他頒發了「舒克申獎章」，獎勵白嗣宏評介和翻譯舒克申的小說及電影劇本。舒克申（1929-1974）是蘇聯著名導演、編劇、演員、作家。俄羅斯作家協會設立「舒克申獎章」，是為了促進對舒克申的研究和譯介。榮獲此獎，是對白嗣宏俄蘇戲劇研究成績的一個肯定。

親歷蘇聯解體俄羅斯巨變

1988年10月，白嗣宏應聘蘇聯新聞社，攜妻小重返莫斯科，開始在俄羅斯的又一段生活。至1991年他擔任蘇聯新聞社中文部編審和蘇聯外交大學兼職教授。1991-1993任MEGAPOLICE電訊集團新聞部首席顧問。1993年起任國際經濟家協會亞洲事務主任，1997年起任國際工商科學院教授。

在妻子的老家，他以新的角度來觀察蘇聯及俄羅斯所經歷的巨大變化。那時恰逢戈巴契夫推動蘇聯改革。公開性和新思維，成了公眾主要的話題。蘇聯在戈巴契夫領導下首次進行直選人民代表，第一屆全蘇人民代表大會上民主派與保守派的激烈搏鬥，全國空巷，天天守在電視機旁觀察代表們就國是民生大大小小問題進行辯論，開放黨禁報禁，全民公決，許多過去不敢想像的事，活生生地出現在眼前。一人一票直選國家領導人，更是新鮮。那些蘇共黨員出身的民主健將，激情澎湃的演說，對國家命運的痛惜，令人難以忘懷。接著，蘇聯的瓦解，民主派炮打白宮，保守派衝擊國家電視中心，事事都關係俄羅斯的命運。

俄羅斯民主化的路線圖，從其發展來看，先是戈巴契夫的解構集權，結束冷戰，開始引進普世價值，對西方的支持和援助抱一定的希望。其中發生過由前蘇聯克格勃領導的武裝政變，但是三天之

後就煙消雲散，蘇聯式的集權主義體制復辟猶如南柯一夢。1991年蘇聯解體，分為15個國家，俄羅斯繼承了蘇聯的主要部分。澈底打破集權主義、走向民主的是從葉利欽掌權之後開始的。無論政治還是經濟，葉利欽前半期都是依賴親西方的所謂「改革少壯派」，既有奔向市場經濟的「震盪療法」，也有大民主的政治改造。即所謂的「動盪十年」。

2000年新年伊始，普京登上俄羅斯總統寶座，開始一系列整頓工作，採取許多措施，強調俄羅斯特色，加強從上到下的垂直集權體系，撤銷民選地方首腦，反對全盤西化，提出「主權民主」理論，防止西方國家干涉俄羅斯內政。主權民主論要求在民主化的過程中，考慮本國歷史、文化、社會意識、民眾接受等具體因素，反對照搬西方民主道路和外部強加給俄羅斯西方民主概念。從「普世民主」到「主權民主」，就是俄羅斯正在走的路。

白嗣宏經歷了兩個社會主義大國數十年來的變遷，背負著兩種文化的薰陶。他大半生的經歷，提供了更多的參照係數。對俄羅斯變化近距離的觀察和不斷地思考，使白嗣宏從文學研究、戲劇研究又跨入俄羅斯國情研究的領域。從九十年代開始，白嗣宏為《亞洲週刊》寫下數以百計有關俄羅斯的報導，受到大量華文讀者，特別是高層次讀者的關注。

2012年白嗣宏把多年來的文章，其中大部分在《亞洲週刊》發表過，按時間順序編排成兩本書，使讀者可以更方便把握俄羅斯二十年來的變遷，更易品嘗俄羅斯這杯雞尾酒，以助看懂當代俄羅斯。第一本為《從集權到民主——看懂俄羅斯之一》，包括96篇文章，如「俄國與兩岸三地四角戀」、「俄國民主運動十年祭」、「俄羅斯大戰車臣」、「蘇聯帝國的挽歌」，反映俄羅斯的葉利欽時代和普京第一任期俄羅斯民主化的多種面貌。第二本為《民主的困惑——看懂俄羅斯之二》，包括93篇文章，如「俄國猶太人自強

不息」、「俄國民主化改革的三巨人」、「普京咆哮啟示錄」、
「俄國富豪如何尋歡作樂」、「俄國戰略武器大檢閱」等，介紹普
京第二任期和梅德韋傑夫任期俄羅斯民主化的新動向，特別是在主
權民主論下出現一黨獨大的現象，顯出後共產主義國家民主化之維
艱。一些文章涉及到中亞、烏克蘭等俄羅斯周邊地區，乃至德國、
印度、南美，顯示出白嗣宏廣闊的國際視野。從這些文章來看，他
已是一位出色的國際問題評論家。

活躍在華文文學界

　　有一年，莫斯科市政府出資邀請香港臺灣的名記者和主編特
別訪問莫斯科。他們中有一位楊渡先生，是臺灣作家，詩人，政論
家，文化人。當他們回港臺的時候，白嗣宏恰同這個新聞工作者代
表團同機到香港去。這樣就有了同楊渡長談的緣分。天南海北，東
方西方，無所不談，也發現了文化人的許多共同價值觀，十幾個小
時的談話，使他們成了莫逆之交。兩人都是從學習戲劇起家走上大
文化道路的，走上求索人生意義道路的。

　　2003年白嗣宏應邀參加在臺北舉行的世界華文作家大會。那時
他已經在臺灣出版了兩部書。一部是與朋友合譯的蘇聯作家、「阿
飛詩人」葉甫圖申科的長篇小說《漿果處處》；一部是與他的老同
學俄國科學院院士李福清先生、臺灣鄒族學者浦忠成博士合作譯出
的學術著作《臺灣鄒族語典》。這次會議期間有機會再次見到老友
楊渡。楊渡提出，他正在《中時晚報》擔任主筆，希望白嗣宏寫一
些以俄羅斯文化和中俄文化交織的隨筆，並且約好每週一篇。對白
嗣宏來說，這也是一個好機會。除了板著面孔的學術論文之外，還
可以隨心寫一點東西。

　　回來以後，白嗣宏就動手。題目多樣，生動有趣，如「俄國

人的上海情結」、「俄國天鵝之舞」「俄羅斯大劇院的秘辛與前景」、「東正教傳教士與中國文化西漸的北方之路」、「俄羅斯麵包的魅力」、「特權摧倒紅色帝國」、「腐敗何時了」、「俄羅斯歷史上的兩位改革大帝」等等。據讀者反映，他們對這些隨筆很有興趣，因為這些有關俄羅斯的新奇事，臺灣讀者接觸的機會不多。白嗣宏在寫的過程中自己也得到了很好的享受。這樣就一發不可收拾，直到《中時晚報》停刊。香港《大公報》前副刊主任、俄羅斯文化專家馬文通先生見到這些文章後，提出在寶島和香江同時發表，使兩岸的讀者都有機會看到。這些隨筆後來收進一本書，書名《從東方走到西方》，記述了一個東方人帶著東方文化的薰陶，進入西方文化之後的一些點滴感受和東西方人文交流的花絮。2015年該書問世。《從東方走到西方》與《暢飲俄羅斯雞尾酒》三卷集（這是寫俄羅斯1989-2010年社會生活變化的重要見證），以及《戲劇論文集》，《文學論文集》一起，構成一套6本叢書，總名《白嗣宏文存》，凝聚了他一生的心血，全部在香港新譯中文出版社出版。

就在2003年在臺北舉行的世華作家大會期間，白嗣宏加入了歐華作協。他是協會備受尊敬的長者，曾參加布達佩斯、維也納和巴賽隆納等多次年會，並擔任歐華作協紀念文集《迤邐文林二十年》的執行主編，帶領編輯組成員一道，齊心協力，完美地編輯成書。《迤邐文林二十年》2011年在秀威出版，全書共314頁，20多萬字，分序言，感言與賀詞，短篇小說，散文，詩歌，旅遊，微型小說，文化評論等部分，近30位會員踴躍供稿（其中有白嗣宏的散文「莫斯科擁抱日本風情」），是歐華作協成果的一次檢閱，並附有歷屆年會照片，為弱冠年華的歐華作協留下了珍貴的歷史記錄。

1994年白嗣宏參與創立莫斯科華僑華人聯合會和莫斯科中華總商會，歷任副會長和會長，現任名譽會長。白嗣宏還擔任著南京師範大學外語學院的名譽教授以及上海中外文化藝術交流協會的海外

特別顧問。

　　白嗣宏有著波瀾壯闊的一生，詩一樣的人生，留下豐碩成果的一生，僅在《從東方走到西方》一書所附的「我的書影」就給出了38本作品的封面，說他著作等身，毫不誇張。幾十年來他致力於中俄兩國友好事業，在傳播中國優秀文化、培養服務於兩國的人才方面做出了積極的貢獻。可以說，「一個人的事蹟，一個家的故事，聯繫著兩個國家的命運」。

顏敏如
投身時事文學的寫者

記得我最初徵詢顏敏如能否為她寫小傳時,她的回答是,個人較menschenscheu(德語,怕生)。「我不在意別人是否知道我的生活,較在意的是,寫作十多年來,我的位置在哪裡?也就是,人們會怎麼看待、定位我的文字?即使願意多瞭解我,也必須是因為讀了我的書寫,為了探尋文字背後的緣由而發問。」

這句話很有見地,因此我盡可能地多讀她的作品,通過作品來瞭解她的寫作之路,尋求她在文學史上的定位。結果我發現,顏敏如真的不簡單,亮點突出,很有特色。從寫作地域上來說,從亞洲到歐洲都有涉及,而寫作的重點是在中東(西亞北非),有關中東的史地、政經、文化、社會領域,無論是阿富汗、埃及、以色列,她都有興趣深入瞭解,這在華文作家中獨樹一幟。從作品上看,她善於從新聞時事中提取材料,加以實地考察,進行文學創作。無論是小說,散文,時評,報導都令人耳目一新。正如歐華作協老會長朱文輝是偵推小說大家一樣,顏敏如可以說是時事小說的先鋒。請注意,時事小說與報告文學(或報導文學)不同,更近似於歷史小說,但背景在當代,與新聞熱點有著密切的關係。

從臺灣到瑞士,成為雙語作家

顏敏如(Yenminju)出生於臺灣,高雄市人,畢業於高雄師範學院英語系,文學功底和英語都不錯。1983年出國後,往返於臺灣

和瑞士之間，1989年才在瑞士定居。她在思索：定居異國後，「個人的心性、視野、智識有何後續的發展？」她選擇要融入當地社會，為此下功夫攻讀德文。為了增強德語能力，於1997年參加了漢堡的一個德語寫作函授班，每個月交一篇文章，持續兩年。德語水準大為提高，竟用德文寫出了她的第一個長篇小說「Zur Zeit bin ich nicht da」（此時此刻我不在）。

顏敏如曾擔任《瑞士僑訊》編輯，是歐華作協、獨立中文筆會以及日內瓦作家組織（Geneva Writers'Group）的會員。她的夫婿為國際智庫「民主監督武裝力量日內瓦中心（DCAF）」的副主管。

顏敏如多年來筆耕不斷，以獨特的角度觀察阿拉伯世界和研究猶太歷史，用德文、華文出版了5本書，囊括小說和散文等多種文體。作品也散見於《新蘇黎世日報》（德文）、《上海書評》、《書城》（屬上海報業集團）以及臺灣、香港的媒體。她為《中國時報》（國際版）、《蘋果日報》論壇撰稿，曾在《臺灣新聞報》、《見證》雜誌開闢「從瑞士出發」專欄。

她是第一位在德語《新蘇黎世日報》發表文章的臺灣作家。第一位獲邀至瑞士拉微尼堡（Le Château de Lavigny）國際作家屋駐留寫作的臺灣人（2009年）。

顏敏如是「大眾時代」，「博訊博客」等多個網站的駐站寫手。她也有個人網站：「從瑞士出發」，已積累了上百萬字的作品。

作為歐華作協資深會員，顏敏如多次參加年會活動，在協會集體出書的寫作活動中也很活躍。

對顏敏如的簡介就此打住，下面我們探討她的幾部作品。

第一本書《此時此刻我不在》

前面說過，顏敏如的第一個長篇小說《此時此刻我不在》，是

用德文寫的。隨後她又花費了許多心思，自行譯成中文。2007年在臺灣秀威公司出版。這部小說曾在《臺灣新聞報》及北美《世界日報》連載，並由高雄文學館及蘇黎世東亞學系圖書館典藏。

歐華作協老前輩白嗣宏高度評價這部小說，親自寫序介紹：

> 文友敏如的長篇小說《此時此刻我不在》要出書了，很替敏如高興。小說，政論，隨筆，散文，雜文，報導，種種文體，對歐洲華文文壇奇芭的敏如來說，均能信手拈來，如意發揮，為歐華文壇增添一條條七色彩虹。《此時此刻我不在》，恰是敏如創作中別具一格的作品。

> 作者敘述唐幻的故事，她的人生，她的愛情，她的苦難。她的情史宛若紅線，串連了她的苦難，使她的人生故事更為感人。……

> 初戀，因臺灣的一場政治事件化作纏繞一生的愛魂。再戀卻因歐洲60年代極左的學生運動留作遺憾。平凡的人不想參與世間政治，政治卻不放過平凡的人，一定要置平凡的人於絕境。唐幻的兩次戀愛和兩次政治事件，歐洲和亞洲，臺灣和瑞士，作為過場的香港和倫敦，形成這部篇幅不大的長篇小說的複調。這種現代小說的手法，也表現在敘事的跳躍。故事在臺北──瑞士──倫敦──高雄──香港之間跳躍。1967年，唐幻的手被揚握住，她的思緒跳回到1946年被藍明握住時的溫馨。1968年的蘇黎士，唐幻奔向火車站。突然間，她「遁入那個清晰而遙遠的記憶裡「，1947年的臺北，藍明的離去。作者的思維空間，思維天地，無垠無際，恰似天馬行空，沒有功力是不能如此瀟灑文字的。

> 敏如是一個有著非常嚴格追求的作家。她把愛的故事寫成內在的純美，寫成普世之美，寫成愛與大自然和諧之美。這種

美頂得住紅塵的干擾。她有著深厚的中西文化功底,有著良好的中西文學修養,駕馭中西小說技巧的能力更是令人嘆羨。這也是她作為漂泊海外華文作家的獨到之處。

看了白嗣宏的介紹,就知道了這部小說的故事梗概和文學水準。歐華作協創會老會長趙淑俠也有中肯的評論:「這部只有十萬餘字的長篇,伸展的時間和空間甚廣,從1927至1968,跨越東西兩個世界。事件輪番穿插在臺北、香港、倫敦及蘇黎世四個大城。以幾方面相關事件的連結,帶出特定的時空背景。四十年的滄桑歲月濃縮在十萬字裡,佈局必然要費番心思。這一點正可看出作者經營長篇小說的能力和氣勢。她刻意避免傳統的平鋪直述,白描或大段形容。運用跳接方式,讓情節穿插飛躍,極收簡潔有力之效。語言方面,採取台語國語並用,靈活而跌宕生姿。明的一面是增強了美學效果,隱藏在背後的,是作者的憂患如山重,故鄉臺灣的未來如何!是她心上的巨石,焦慮感溢於言表。雖然我並不全認同她的思想,但見她對遣詞用句的細心和考究,覺得有成為未來大小說家的條件。」

第二本書《拜訪壞人──一個文學人的時事傳說》

顏敏如果然不負期望,很快又推出第二部作品──《拜訪壞人──一個文學人的時事傳說》,2009年在秀威問世。

這是一本261頁的文集。記述作者在以色列,阿富汗等國的旅行和採訪活動。由5篇較長的文章組成。其中《拜訪壞人》和《在舞廳裡唱挽歌的人》記敘作者在以色列的旅行和採訪活動。《雄獅印記》記述她採訪曾到過阿富汗的瑞士記者,進而瞭解到阿富汗民族英雄馬樹德的故事。《去喀布爾,不必帶頭巾》記敘作者在阿富汗

的艱難旅途。《何謂歷史？人去樓空》記敘阿富汗第二大城市坎達哈與塔利班的有關情況。

讀過這些文章，我深深地佩服顏敏如對中東問題，特別是以巴衝突和阿富汗問題研究的深度和廣度。這些文章，通過文學性的紀實，讓人們對這些熱點地區和熱點問題獲得鮮活的印象，深入的知識。這是一般學術文章和新聞報導遠遠做不到的。

對於以巴衝突，以色列人和阿拉伯人有著截然相反的看法和觀點。作者怎麼樣保持盡可能客觀的態度呢？

以色列特拉維夫大學東亞學系的張平教授認為：

> 顏敏如在作品中採用了三個策略來維持敘述的公正性和公平性。
>
> 第一個策略是深入現場，從當地人的口中去瞭解現實的真相。作為一個不在當地長期居住的作者，敏如兩次前往以色列的旅行可以被看作是她努力擺脫自身立場干擾，而讓事實自己說話的努力的一部分。從書中我們也可以看到敏如的這些旅行並非遊覽式的走馬觀花，而是深入到當地的人群當中，生活之中，從她與當地人的交往當中去瞭解那些不可能從書本或媒體上瞭解的真實。有了這個策略的實施，應付第一個挑戰的成功就有了基礎。
>
> 第二個策略是儘量避免讓自己的感覺影響文本的敘述，而把敘述權交給當地人，交給作品裡的那些人物。整部著作中我們可以感覺到敏如的語調是平穩而沉靜的，很少渲染個人感情色彩
>
> 第三個策略是保持敘述者的多元化和平衡感。在整部作品中，我們可以看到敏如盡可能讓她的人物多樣化的努力。我們聽到以色列中間派民族主義者的評論，我們也聽到極左翼活動

家對政府的嚴厲批評和譴責，我們甚至還聽到巴勒斯坦人的聲音。當然，我們沒聽到極端暴力分子，無論是來自巴勒斯坦還是來自以色列的暴力分子的煽動和宣傳。從上文所說的新聞的良知與道義問題的角度看，這是一種恰到好處的處理，既保持了現實的多樣性狀態，又沒讓自己成為反社會活動的工具。

我們也可以從她對阿富汗問題的獨特觀察角度和敘述手段上看出她的探求精神。考慮到以巴和中東問題的特殊狀況，可以說「怎麼寫」的重要性甚至壓倒「寫什麼」，敏如抓住了這個問題，思考了這個問題，並成功地處理了這個問題。這是敏如的這部書中最讓我感到有價值的地方。

顏敏如關心以色列和猶太人，當她讀到凡納教授（Shmuel Feiner）《摩西‧孟德爾松：啟蒙時代的猶太思想家》譯自希伯來文的德文本時，敏銳地掂出了該書的分量。摩西‧孟德爾松（Moses Mendelssohn，1729-1786）是啟蒙時代德國的猶太思想家。書中所探討的孟德爾松形象，不只有他人生各階段的呈現及其哲學作品的重構，更是進一步以他為例來揭露猶太人在面對現代化時所身處的困境。顏敏如四處推薦，找出版社，找翻譯，最後由曾在輔仁大學學習德文的李中文譯出，顏敏如花了很多時間和精力親自審定了譯文，2014年該書在臺灣出版並公開發售。譯者李中文感動地說：「認識您更是我翻譯生涯最大的收穫。您對文字的推敲和用心成了日後令我不敢懈怠的標竿」。

第三本書《英雄不在家》

顏敏如的第三本書是一部長篇小說，叫《英雄不在家》，2011年在臺灣由「釀出版」推出。全書272頁。

這部小說有如下特色：

1. 這是一部以阿富汗戰爭作為背景的長篇小說。依據瑞士記者尤根‧索格（Eugen Sorg）的親身經歷為經緯，編織出如許驚心動魄的史詩故事。

2. 故事根據阿富汗人稱「潘吉爾之獅」的軍事首領馬樹德（Ahmad Shah Massoud，潘吉爾是他的家鄉）作為主角的原型，敘述他如何與蘇聯軍隊周旋、和塔利班對抗，最後被殺害的經歷。既寫他精采的一生，也描述蘇聯撤軍後三十年動盪不安的阿富汗。

3. 在華文小說中，此類題材並不常見；尤其難得的是，作者顏敏如能夠結合相關史實資料與報導，融入親臨阿富汗的觀察所得，用明快之筆，刻入細緻的肌理。

這部小說的誕生本身，就很有戲劇性。瑞士記者索格採訪過阿富汗遊擊英雄馬樹德，寫了報導。顏敏如讀到相關的報導後，產生了極大的興趣。就與這位記者聯繫。希望能把他對阿富汗英雄馬樹德的報導譯成中文。當她與索格詳談後，進一步想把這位英雄的故事寫成小說。顏敏如回憶說：

那個和蘇聯軍隊周旋，和塔里班沒有勾結的阿富汗人，我不認識，他卻有如在我腦中流竄的精神螻蟻，不剷除，日子又該怎麼過？是的，我的英雄在我腦中生活多年，他的形影在我身體內外川流不息。他踐踏我的腦神經，使我日夜頭疼煩躁。他從那個不長一物卻又茂盛豐沛的陌生山谷，帶著他遍受撻伐卻又驚心動魄的故事，開動他顛沛流離卻又能飛越雲端的越野吉普車，穿過地域時空，來到夏日裡草樹就要綠得滴汁的小鎮，硬要在我的生活中拉扯，不給安寧。他的故事不落實在我筆下，即便遙遠的或就近在咫尺的那個應該死亡的時刻來到，我也不能入土為安。

為了寫這本書，顏敏如自己花錢，花時間，到戰後的阿富汗去採訪馬樹德的家鄉，實地觀察，還採訪了很多人，拍了無數照片，搜集了大量素材。最後醞釀寫出這部小說來。

　　我真佩服顏敏如的勇氣和毅力。要知道，阿富汗至今還不是一個安全的國度。交通，住宿各方面條件與瑞士根本無法相比，旅途很艱辛。而且馬樹德並不出生於首都喀布爾，而是在阿富汗北部一個綿延約一百公里，地勢稍傾的潘吉爾峽谷中〈Panjshir，又譯帕尼席爾〉，人稱小世界或小叢林的楊卡拉克〈Jangalak〉。前去途中，在山石嶙峋的荒野峻嶺行進，而且還有文化、宗教的差異。但這些都擋不住顏敏如的決心。她終於完成了這部描寫異域英雄的小說。

第四本書《焦慮的開羅：一個瑞士臺灣人眼中的埃及革命》

　　2016年10月顏敏如的第四本書問世，由「釀出版」推出。全書186頁。

　　這本書的背景是：2011年，埃及透過革命終結了長達30年的戒嚴獨裁、投票選出了民選總統；然而，期待的民主並沒有從天而降……顏敏如隻身深入埃及首府開羅與鄉間，走訪記者、導遊與外交官，一窺革命後的埃及現況。革命後埃及人的生活有何改變？他們如何看待自身的過去、現在與未來？

　　結果就誕生了這本書。這是書籍市場上罕有且獨特的中東敘事，將研究與觀察化為小說文字，可稱之為「報導文學」或「紀實類小說」。

　　伊斯蘭文化研究權威、成功大學林長寬教授這樣評介《焦慮的開羅》：

世俗派與伊斯蘭派的拉鋸、極端勢力趁勢崛起，文明古國正面臨空前挑戰……

埃及——這個以金字塔與觀光業聞名於世的古老國度，會不會像她的鄰國敘利亞與利比亞一樣，因過度分裂而成孕育極端主義的溫床。

《焦慮的開羅》以紀實類小說的筆法刻畫作者對埃及的細微觀察，呈現這一古老國度在阿拉伯之春後的政局發展與遭遇到的各種困境。由於宗教保守派的牽制與民主土壤的缺乏，埃及不但要面對一般而普遍的挑戰，更要和冥頑不靈的激進伊斯蘭鬥爭。推翻獨裁統治的埃及人很快就發現，民主自由的道路並不容易。《焦慮的開羅》截水斷流，反映了埃及革命前後的側景與背影，述說了一部分埃及人對未來的擔憂與盼望。真正的埃及有如尼羅浩蕩，它的宏偉壯大，它的無邊傷痛，與任何國家民族無異，需要更多更細地瞭解。

新聞題材與文學創作

從以上介紹來看，顏敏如善於從新聞題材尋找素材，尋找靈感，然後實地採訪，進行文學創作。在這一方面，她頗有心得。

在歐華作協布拉格年會上，顏敏如就做了一個專題演講：「新聞題材與文學創作的互動」

顏敏如認為：

新聞寫作和文學寫作，乍看之下，互為矛盾。新聞書寫講求精、簡、準，在最短的時間內，以最少的字數，寫出最多的訊息：講求時效、客觀、理性、正確反映現況；因此，在新聞領域裡，從文字進入內容時，必須十分小心，讀者必須判斷所讀到

消息的可信度。文學則是主觀、感性的，是情感先行、營造氣氛、如真似幻。文學要求作者有感同身受的能力，必須先感動自己，寫出來的才能感動別人；必須能將讀者帶入一個事件本身，讓讀者有如親身經歷。所以，在文學領域，以文字進入內容是偉大的，也是讀者所需要的、所期待的。新聞與文學在處理同一事件時，其角度、重點往往大相徑庭。以戰爭為例，記者報導事情發生的原因、過程與結果（死亡數字似乎也很重要）。文學雖然也免不了對這些有所指涉，更重要的是處理事件期間與之後的家破人亡、顛沛流離、心靈創傷以及對後世的正面與負面影響。

那麼，顏敏如是如何面對兩種對立的書寫形態卻又能融合為一呢？

由於我本身對時事有極大的興趣，不得不去留意每天發生在各地的事情，盡可能讓自己暴露在新聞領域裡；另一方面又對文學無法忘情、不能割捨。或許就在這兩種力量相互撞擊拉扯，卻又緊緊被捆綁在我內心的結果，就產生了這種難以定位的寫作體裁；既不是時評，也不是感懷，更與遊記無關。雖然是散文、小說形式的呈現，讀者卻又可以立刻察覺內容是新聞事件的延伸。

下筆前要做哪些準備工作呢？顏敏如的做法是：

我不是新聞記者，所以看新聞事件的角度可能和一般記者有所不同，總認為，許多難分難解的議題必須以文化作為著手探討的切入點。舉例而言，我想瞭解以色列和阿拉伯國家的恩怨，查

到的資料都只提到過去半個世紀的各場戰爭，很令我失望，我需要引起戰爭的深層原因。不明白內在的糾結，再多的表面猜測，甚至加諸所謂的陰謀論也都無濟於事。我要的是失火的原因，而非火上加油。所以，念頭一轉，改以猶太與伊斯蘭為目標後，一個嶄新的世界突然出現眼前，我自己甚至被這番新局面震懾住了！一個事件的發生必定有遠因、近因，過程以及後續的影響，這麼一長線拉下來，可能經過了數十年，甚至數百年，所以我在看待某個事件時，要求自己儘量將其中的演變都包含在內，這是艱巨而龐大的工作，也是應該持續努力的方向。

雖然我不是記者，為了求真或印證，有時會爭取機會去到事件的現場。

我一個人出訪，就必須自行處理所有的細節。比如去阿富汗之前，在沒有諮詢、商量對象的情況下，我必須知道如何申請簽證、找航線、安排食宿、當地的交通、預算、和誰見面、見面時談什麼、如何應付突發事件等等，更多時候是要『看著辦』的，而金錢的花費也不是個小數目。到喀布爾北部的山谷，碰到必須記錄的人、事、物，就要忙著找出紙筆或照相機、答錄機等等……

最後，顏敏如總結了新聞與文學的共同點：

一開始我談到，新聞寫作與文學創作相互矛盾。其實不論新聞事件或我這樣的寫作方式，有一個共同點，都必須建立在誠實的基礎上。

我的誠實是在於寫作前閱讀大量的資料，下筆時，在敏感的議題上避開帶情緒的字眼。

以上重點介紹了顏敏如的四部作品和她對「新聞題材與文學創作」的看法。此外她還寫了很多報導、時事評論、微型小說和其他作品。

我敬佩這樣有學識，有勇氣，文章好的文友，這裡以幾句短詩結束這篇介紹。

顏美如玉才更高，敏捷下筆賽文豪。

如今為文誰冒險，勇闖中東走三遭。

熊秉明
在法國播中華文化種子

　　熊秉明是歐華作協的早期會員。事實上，他不僅是一個作家，還是藝術家哲學家，是一位在法國傳播中華文明的使者，深受學界和廣大僑界的尊敬和愛戴。

其父熊慶來為數學先驅雲大校長

　　熊秉明祖籍雲南。他說，熊姓是楚國的姓，我們的祖先是楚國人。父親熊慶來是中國近代數學的先驅，函數論研究的開拓者，以「熊氏無窮數」載入世界數學史冊；他也是卓越的教育家，曾長期擔任雲南大學校長，把該校辦成一流名校。

　　1893年熊慶來出生於彌勒縣息宰村，這裡偏遠閉塞，到縣城要兩天，去滇越鐵路開元車站也要一天的山路。他的啟蒙教育在私塾。1907年入雲南方言學堂（後改名雲南高等學堂）學法文，那時昆明著名的學校首推方言學堂和講武學堂，一文一武，朱德當年就在講武學堂念書。熊慶來學法文，當時滇越鐵路是法國人建的，他想通過學法文「科學救國」。1913年熊慶來報考雲南省留學生考試，被選送比利時學習採礦。次年，第一次世界大戰爆發，他轉赴法國改學數學，在巴黎大學等校就讀，獲理科碩士。

　　1921年熊慶來回國，不久擔任東南大學（現南京大學）教授，創辦數學系，並兼系主任。1926年他應聘到清華大學擔任數學系教授，後為系主任。在這些高校，他親自教授多門高深數學課程，並

自編講義。熊慶來編寫過十餘種教科書，如《平面三角講義》，《球面三角講義》，《方程式論》，《高等算學分析》，《解析函數講義》，《微分幾何講義》，《微分方程講義》，《偏微分方程講義》，《動學》（即動力學）等，列於中國大學最早的用中文寫的數學教科書之中。他屬於近代中國啟蒙的第一代科學家，數學界的拓荒者，參加過全國第一次數學名詞審查會，時間大約在1923年，討論「函數」、「積分」等最基本的中文譯名。有趣的是，他和陳建功、姜立夫等幾位先生在杭州西湖上雇了一條船泛舟討論。那一代的中國高等數學工作者少之又少，一條西湖的小遊艇就可以載得起。

中國數學界從側重教學轉入兼重學術研究，大體是從30年代起，熊慶來是先導之一。在長期的教學與研究中，他為中國培養了許多大師級的數學家如陳省身，吳大任，莊圻泰，許寶騄等，尤其是華羅庚。此外，物理學家嚴濟慈、趙忠堯、錢三強、趙九章也是他的學生。

當年，清華大學規定教授服務5年後，可申請出國搞學術研究一年。於是熊慶來1931年再次到巴黎，專攻函數論，1933年，他獲得法國國家理學博士學位。其間，他曾於1932年代表中國參加在瑞士蘇黎世舉行的國際數學家會議，這是中國學者第一次在海外參加世界學術會議。1934年，他仍回清華任教。1936年，《中國數學學報》創辦，他擔任編輯委員，這對於促進中國學術研究及交流，提供了方便條件。

1937年，熊慶來接受雲南省主席龍雲（1884-1962）之聘，回到他的家鄉當雲南大學校長。那時雲南交通不便，邊遠難及，去昆明得辦護照，繞道香港越南，然後經滇越鐵路才能到達。辦大學，別的不說，單是延聘教授便很困難。但雲南是家鄉，熊慶來決心「為桑梓服務」。他與龍雲「約法三章」，即增加辦學經費，不干涉學

校自主權,不得批條進人。這位雲南王欣然接受了這些意見。順便說一句,龍雲主政雲南17年,甚為開明,1957年因批評蘇聯被劃為右派分子,1962年鬱鬱而終。儘管人已亡故,文革仍然被抄家,遺孀遭批鬥。

雲大是1923年雲南省長唐繼堯(1883-1927)創辦的。到1937年僅302名學生,文法、理兩學院7系,專職教授11人。熊慶來著手增添工、農、醫等學院,兩年後雲大即符合了「須有五院建制」的要求,晉級為國立大學。他提出了「慎選師資,嚴格考試,整飭校紀,充實設備,培養研究風氣」的五條治校原則,創造良好的學術氛圍,特別是抗戰期間與西南聯大密切合作,吸引了一大批碩學鴻儒執教,雲大也因此名重一時,贏得了「小清華」的美譽,與西南聯大同享盛名。熊慶來一直擔任校長12年,到1949年雲大發展到5院18系,教授副教授140人,學生1500人。當時中研院81名院士,其中9人擔任過雲大教授,其中包括熊慶來。雲大完成了「從邊疆到世界」的跨越,熊慶來居功至偉。

1949年,熊慶來第三次赴法,這次是與北大校長蔣夢麟和清華校長梅貽琦一道,代表中國高校出席聯合國教科文組織會議,由此可見當時雲大的地位。會後他留在巴黎從事數學研究,以彌補12年來致力校務而脫離學術研究的遺憾。1950年不幸半身不遂,右手失去功能,只好練習用左手寫字。此後雖重病纏身仍堅持研究工作,不斷發表創造性論文。法國當時正在出一套數學叢書,其中關於函數論部分,就由他撰稿。1957年6月,他響應周恩來總理號召,毅然抱病回國。擔任中科院數學所研究員和函數論教研室主任。可歎一腔報國熱情,剛回來就碰上反右冷風,人人自危,他雖然未上名單,處境可想而知。次年他在中秋夜,獨自與妻子在家,吟詩一首

風雨度中秋,一家只二老。思念遠離兒,那堪回腸絞……

雖然身患殘疾,晚年的熊慶來對科研依然熱情不減。他一方面

加緊研究，伏案著書立說；另一方面繼續發揮伯樂的作用，楊樂、張廣厚就是熊慶來在70多歲時，帶出來的最後兩位研究生，也是關門弟子。這兩位數學家成績斐然，為國際數學界所稱道。

熊慶來向有「數學界伯樂」的美稱。具有國際聲望的數學大師華羅庚（1910-1985）的功成名就，正是由於熊慶來慧眼識珠。華自學成才，沒上過大學，1930年他在上海《科學》雜誌上發表了《蘇家駒之代數五次方程式解法不能成立的理由》，受到熊慶來的重視，得以進入清華任職，後來去劍橋進修，回國任西南聯大教授，1946年赴美任教，50年歸國，任中科院數學所所長。他是中國解析數論等很多研究領域的奠基者，並以推廣優選法出名。文革中，抄家時發現他還保留著原有的出國護照，被批有「投靠帝國主義的思想」，引起無情鬥爭。他有口難辯，憤而自殺，幸被及時發現，保全了性命。

文革風暴中，「伯樂」之名給熊慶來帶來了厄運。當年推薦華羅庚任教清華時，他曾對校委會說，「不聘華羅庚，我就走」的話，三十多年後，讓他背上了所謂「熊華黑線」的罪名。熊慶來被打成「反動學術權威」，白天，他拖著病殘的身軀，被拉去開批鬥會，只聽得高喊「把熊慶來揪上來」，他顫顫抖抖地上臺去挨鬥，70多歲的老人站也站不穩。有人揪掉他胸前的毛主席像章，所有人都喊「打倒熊慶來」，他感到一陣隱痛，難道他當年不顧一切回到祖國就是為這個？

晚上，他便在燈下用不靈便的左手逐字逐句寫「交代材料」，經常到凌晨才結束。沒完沒了地接受審查，不知什麼時候才能熬到頭。1969年冬，熊慶來在寒冬的大霧中悄然離世，當時還是「專政對象」的華羅庚聽到這個消息，立刻向單位革委會懇求前往悼念？好不容易得到許可後，輾轉趕到火葬場，看到了老師熟悉的面孔，禁不住雙淚長流。後來華羅庚說，沒想到他會死得那樣慘，躺在一

大堆屍體中間，沒有花圈，也沒有追悼會。直到文革結束以後，才為熊慶來平反昭雪，補開了追悼會。華羅庚在《哭迪師》中用「惡莫惡於除根計，痛莫痛於不敢啼」，來表達當時的真實感受。這是一種怎樣令人撕心裂肺的情景。

熊慶來到底是如何死的，是自殺還是他殺？如果是自殺，又是採用什麼方式，遍查資料，都語焉不詳。但可以斷定的是：他是在逆境中懷著一腔悲憤、滿腹委屈而死的。何以見得？且看如下表述：「在他的桌前仍然擺放著沒有寫完，也永遠寫不完的交代材料……」。

按說寫熊秉明，不必詳寫其父。但我在70年代學理工科，當時常看熊慶來的教材作參考書，對這位數學先驅充滿敬意。這次仔細翻閱熊慶來的材料，才知道了他早年的成就，晚年的坎坷，令我一陣心痛，真不明白，為什麼有人總與知識份子過不去，處心積慮地殘害國家民族的精英。且以小詩一首表達我的哀悼：

> 雲南僻壤出奇才，數學先驅熊慶來。
> 留法清華執教鞭，主政雲大十二載。
> 西南聯大比肩立，邊疆名校譽世界。
> 文革檢討寫不盡，死因至今無交待。

西南聯大塑英才

介紹了熊慶來的事蹟，就知道了熊秉明成長的背景。熊秉明1922年生於南京，當時其父正在東南大學數學系任教。1926年，應清華大學之聘，舉家遷居北京。楊振寧的父親楊武之也是清華教授，因此兩家過從甚密。熊秉明與楊振寧更是兒時的玩伴和同學，兩人的感情很深。熊秉明聰明靈巧，深受父親寵愛。30年代，熊慶

來在法國搞學術研究，把熊秉明帶到巴黎，讀了兩年小學，那時，熊秉明就學會了法語。回國後，熊秉明在燕京大學附屬中學讀書，三年初中，成績數全班第一，講演更是全校第一。

在弟弟熊秉衡的記憶中，他自幼聰慧、勤奮、好學，成績出眾，還寫得一手好字，畫得一手好畫。熊秉明9歲時曾和父親同去拜訪齊白石，他得到了齊白石所贈的一幅《雁來紅》。課餘時間，熊秉明喜歡讀文學、哲學類書籍，魯迅、曹禺、老舍等人的作品和外國小說都曾給他滋養。他說過，「我很喜歡魯迅的《野草》、《彷徨》，魯迅的文章異常簡練。」

父親的言傳身教給了熊秉明深深的影響。熊慶來常給他講一些民國初年學西語，後來到歐洲留學的趣事。常講起法國細菌學家巴斯德的故事鼓勵孩子，講阿基米德、伽利略、牛頓的故事，一如他講《左傳》、《戰國策》。熊秉明對父親性格的描寫，是平實、誠篤。他說：「父親的美學原則是從數學來的，推理的縝密和巧妙乃是法語裡所說的『優美』。他愛文字的精確。他為我們改文章時常說：用詞要恰當，陳述要中肯，推理要清晰。」熊秉明的母親叫姜菊緣，是包辦結婚的，文化不高，但非常賢慧、明理，默默地支持著丈夫的事業，把孩子們培育成才。

1937年，父親就任雲南大學校長，熊秉明來昆明讀高中。1939年，到了考大學的時候了，當時省上某政要送來衣服湘繡等禮物，要為子弟走後門，熊慶來義正詞嚴地拒絕了，而且說：「我二兒子今年也要報考大學，因為我是雲大校長，所以不允許他報考雲大」。熊秉明果然憑真本事考入西南聯大哲學系。

雲南大學的校址，距翠湖公園不遠，原是明清兩代雲南的貢院，即全省進行科舉考試的總考場。其西北側即西南聯大校園（今雲南師大）。這裡立有西南聯大紀念碑。碑文記敘了聯大創辦的始末及其特點，是西南聯大在昆明的重要遺跡。1937年盧溝橋事變

後，平津危急，北大、清華、南開，奉命南遷，先到長沙，次年數百名師生徒步三千餘里，經過兩個多月的艱苦跋涉，於4月26日到達昆明，組成西南聯合大學。原清華校長梅貽琦、原北大校長蔣夢麟和原南開校長張伯苓組成常委會共同管理，校務由梅貽琦主導。歷時整整8年。吳大猷、錢穆、聞一多等著名學者曾是聯大教授。前後進入聯大學習的約五六千人，其中不少人成為知名學者和科技骨幹，兩彈元勳鄧稼先，諾獎得主楊振寧、李政道就曾是聯大的學生。聯大與雲大毗鄰，一些知名學者在兩校兼職，許多活動也由兩校師生共同參加。抗戰勝利後西南聯大於1946年解散，三校師生分別回遷平津，在昆明留下師範學院，即今日的雲南師範大學。

西南聯大哲學系陣容強大，金嶽霖（1895-1984）、馮友蘭（1895-1990）、沈有鼎（1908-1989）、湯用彤（1893-1964）等均為國內的著名學者。這些老師，從小受傳統教育，打下深厚國學基礎，後來進新式學堂，去歐美留學，是中國第一批去西方專門學習哲學，獲得學位歸國的學者。他們學貫中西，既是開始系統地介紹引入西方哲學的傳播者，是運用西方哲學方法整理研究中國哲學的創始人，同時又因深受中國傳統文化的薰陶，具有濃厚的中國情結。可以說是中西哲學的第一次正式交會。在名師們的教導下，熊秉明遨遊在哲學的海洋，1944年以優異成績畢業。

熊秉明畢業時，正是抗戰最後階段，當時適逢「十萬青年十萬軍」風潮，國民政府為了提高軍隊素質，爭取勝利，號召知識青年入伍。他也回應從軍，當了24個月的翻譯官。輾轉於滇南的叢山中，他捧著里爾克（Rainer M. Rilke）所著的《羅丹》，在昏暗的燭光下入迷地讀著，耳邊是陣地的聲聲炮響，雕塑藝術家羅丹就這樣敲開了他的心靈。

留法成為教授藝術家

　　1947年，中法啟動交換生專案，法國政府提供40個公費名額給中國學生，其中分兩個給哲學研究，這兩個名額由熊秉明和同學顧壽觀考取。就這樣熊秉明公費留學，進入巴黎大學哲學系。原定寫一論文，學了不久，他覺得，在巴黎這樣的藝術之都，讀美學、談藝術理論像在海灘上高談蹈水游泳之道，而不跳到海浪裡去。一年後，他申請改學雕刻。

　　不久熊秉明如願進入法國雕塑家「紀蒙工作室」（Gimond）學習雕塑。他改學雕塑，並不是心血來潮的貿然行動，而是有一定基礎的，早在西南聯大，他曾為母親刻過一個頭像，獲得了老師的讚賞。何況他還受到羅丹的影響。

　　1949年大陸巨變。兩年公費到期，是回國的時候了。學理工的同學大多完成了學習計畫，載欣載奔，回到局面全新的祖國。學文藝的同學則面臨一個抉擇：留在西方追求個人的藝術理想呢？還是回國投身於社會主義的事業呢？熊秉明學雕刻才一年，決定留下來先為自己的學業打好基礎。隨後幾年在回國不回國的問題上他一度很彷徨，但後來國內形勢的變化，尤其是反右以後，令人失望，他已不再考慮回國的事，甚至將住所命名為斷念樓。他想寫信詢問已回國的父親的情況，可是這些信總是石沉大海，有去無回，偶爾收到一封「抵萬金」的家書，也是閃爍其辭，語焉不詳。直到1972年熊秉明才第一次回國，他父親已於文革中受批鬥折磨而故世。熊秉明最推崇的西南聯大同班同學顧壽觀，在哲學領域很有才華，曾一同留法。顧回國後被打發改做翻譯工作，政治運動中，當作「白旗」遭批判，要拔掉他這面白旗，專業完全荒廢。得知這些情況，熊秉明不禁一陣唏噓。

　　二戰後，銅很貴，鑄銅像不容易，而廢鐵非常便宜，於是熊秉

明從石膏像轉為鐵片焊接結構，在他的創作歷程中，這是一個重要的轉變。他製作了一些金屬焊接動物，這些結構簡約的作品，極有品味。50年代初，他的第一件作品《烏鴉》在「五月沙龍」展出，就被當時很著名的、專門展出前衛藝術的Iris Clert畫廊看中，去開了兩個展，為巴黎萬千藝術景觀增添了「簡約的極致」一景。

作為一個職業藝術家，必須考慮到糊口養家的問題。但熊秉明對賣藝術品一直不能習慣，要價太高覺得近於豪取，對不起別人；要價太低，近於自虐，對不起自己。

1962年，恰巧巴黎東方語言學院需要教師教中文，於是他立刻答應了。這樣他一半的時間在學校教中國古代哲學，一半的時間徜徉在瑞士湖光山色之間（結婚成家所買的房子在此）打鐵作畫，讀書寫文，儼然過著中國古代隱士般的理想生活。1968年該校併入巴黎第三大學，為了避免做永遠的助教，他不得不以學位為重，1980年完成了博士論文《張旭與狂草》（張為唐代草聖）。論文通過之後，解決了他的職位問題，也帶給他教授的頭銜和系主任的擔子。他在教育上匠心獨運，把語言教學、哲學教學和書法教學統統藝術化，30年間培育法國漢學家無數。1983年，法國政府特授予熊秉明「棕櫚騎士勳章」，以肯定他取得的傑出成就與廣博學識。1989年熊秉明退休，頗有「重返自然」的喜悅，自由自在地翱翔於藝術天地。

有人問他在西方生活的感受，熊秉明說：「我好像是在做一個試驗，我是一粒中國文化的種子，落在西方的土地上，生了根，冒了芽，但是我不知道會開出什麼樣的花，紅的、紫的、灰的？結出什麼樣的果，甜的、酸的、澀得像生柿子的？我完全不能預料。這是一個把自己的生命作試驗品的試驗。到今天，試驗的結果如何呢？到了生命的秋末，不得不把寒傖的果子擺在朋友們的面前，我既無驕傲，也不自卑，試驗的結果就是這個樣子。」

播種的人四面出擊

熊秉明當然是謙虛，其實他在多方面取得了令人讚賞的成就。在法國華人之中，他是一位集哲學、教育、詩書畫雕、寫作於一身的跨學科學者。他在每一個領域都有建樹，一直活躍於中法兩國文化界藝術界。

熊秉明的焊制鐵雕以及其他藝術品曾在法國、瑞士、中國大陸、臺灣、新加坡等地多次展覽，廣受歡迎。高達2米的焊鐵《鶴》還入選漢城奧運會雕塑公園（1988）。然而熊秉明給人印象最深刻卻是兩尊人物塑像。

熊秉明為北大百年校慶（1998）而創作的魯迅像，寓意深刻，造型現代。魯迅作為新文化的一員大將，曾執教於北大。這件不銹鋼焊接而成的浮雕，非常簡潔，幾條不對稱的線，幾個面，有很強的藝術感染力。現在它懸掛在北京大學的新圖書館中。熊秉明在「關於魯迅紀念像的構想」裡寫道：「魯迅的紀念像是鐵制的，鐵是魯迅偏愛的金屬，鐵給人的感覺是質樸的、冷靜的、鋒銳的、不可侵犯的、具有戰鬥性的，他常以『鐵似』的來比喻讚美的人。鐵也給人以現代感，鋼管結構的應用給現代建築、現代工程、現代機械帶來一大飛躍。」

另一尊是熊慶來的銅像，是熊秉明積39年的心血精心雕塑而成。成型後鑄造相同的兩尊，分別送給雲南大學和中科院數學所留念。熊秉明說：「我想表現我從小認識的父親。這裡有嚴肅與平易，有剛強與溫厚，在表面的平靜與含蓄下面潛藏著對科學真理的執著追求，對祖國與鄉土的深厚的愛。這裡有對生命本身的誠實和信念。」

熊秉明對中國書法極有研究。他在教法國人學中國獨有的書法藝術的十多年後，寫了一本理論專著《中國書法理論體系》（1984）。

熊秉明自謙：「我的工作不曾專一。早在60年代畫家丁雄泉邊嘲笑我說：『你做的事太雜，做雕刻、畫畫、寫字、寫文章、教書。你手裡只有一把米，要餵四、五隻雞，如何養得肥？』這話有一定道理，但是四、五隻雞之中，何者留？何者舍？很難做決定，到最後只好都飼養著，都只能是瘦瘦的了，甚至瘦到極限」。而摯友楊振寧卻高度評價：熊秉明是一位極少有的多才藝術家，他的雕塑、繪畫、詩與書法理論都將傳世。

熊秉明的詩文

熊秉明不僅是藝術家，而且是一位詩人。他在創作著名雕塑「一直跪著的牛」時，寫過一首詩「仁者看見它鞠躬盡瘁的奉獻、勇者看見它倔強不屈的奮起、智者看見它低下前蹄，讓牧童騎上，邁向待耕的大地。稱它為孺子牛，它是中華民族的牛，它是忍辱負重的牛，它是任重道遠的牛。」這裡有他自我的影子，也有中國知識份子的自我認識。

祖慰在《熊秉明：簡約極致上的豐潤》文中介紹說，他在教育上獨具創見，教法國學生學中文，發現漢語美妙極了，最普通的語句都可能是詩。他把這絕無僅有的感覺，寫了本詩集，名為《教中文》。不妨引一詩《背詩，增字和減字〈靜夜思〉》。增字：「床前明月光／疑是地上霜／舉頭望望明明月／低頭思故、思故鄉。」法國學生在背李白這首詩時，背得疙疙瘩瘩，重疊了幾個字，這一增字，熊秉明發現了其中新的詩趣，加強了詩境、意境。再看減字：床前月光／疑地上霜／舉頭明月／低頭思鄉。」「床前光／地上霜／望明月／思故鄉。」；「月光／是霜／望月／思鄉。」；「月／霜／望／鄉。」；幾次減字，語義未變，意境在通向一種神奇的簡約美。妙哉，中文！

熊秉明只留下了這部《教中文》的詩集——這是他在巴黎第三大學中文系教漢語所得，用他的話說，他無意做詩，而是詩找上門來的。《教中文》共收20多首小詩。熊秉明的小詩，不僅篇幅短小，而且語言簡單，不僅語言簡單，而且詩質樸素。由於他對古詩的修養，使用文字時有獨到的力度。茲舉這首《黑板、粉筆、中國人》為例：

　　我的頭髮一天一天
　　從黑板的顏色
　　變成粉筆的顏色
　　而且像粉筆一樣漸漸
　　短了斷了
　　短成可笑的模樣
　　請你告訴我，我究竟一天一天更像中國人呢
　　一天一天更不像中國人呢
　　這是黑板
　　這是粉筆
　　我是中國人

這首詩是熊秉明自己絕妙的寫照。把教師譬喻為粉筆，較之譬喻為蠟燭更生活、更形象、更有悲愴的詩意。但熊秉明在這裡卻追問著另一個問題：一個在西方文化中心巴黎教書幾十年的人是不是中國人？這當然不止是一個社會學的命題，而且是一個文化與思想的命題。

還有一首詩，名《的》：

　　翻出來一件
　　隔著冬霧的

隔著雪原的

隔著山隔著海的

隔著十萬里路的

別離了四分之一世紀的

母親親手為孩子織的

沾著箱底的樟腦香的

舊毛衣

　　這首詩是因給法國學生講「的」字的用法而寫出來的，堪比唐代詩人孟郊的那首《遊子吟》，有著「慈母手中線，遊子身上衣」的意境。

　　熊秉明也是一位散文家。他的散文，文思縝密，雋永清醇，讀後令人心曠神怡。其中《關於羅丹──日記擇抄》榮獲1984年「時報文學散文推薦獎」，評委的評語令人吃驚。臺大教授方瑜說：「這是一本值得再三重讀的好書。」歷史學家唐德剛說：「是中國藝壇的一部史詩，也將是永垂不朽的作品。」臺灣雜文家羅龍治說：「作者對生命和肉體、青春與醜惡、情感與理想、英雄、友情及痛苦都有深刻的省察和描寫，是一本不容易寫出來的書，而他不只寫出來，而且寫得這麼好。」這本書震撼過許多人的心靈。

　　他的作品還有《展覽會觀念或者觀念的展覽會》、《回歸的雕塑》、《看蒙娜麗莎看》等書。他的書給讀者以知識的享受和閱讀的愉悅。當今華人藝術家中，既有文字功力、哲學思辨，同時又擁有造型能力的人屈指可數，熊秉明應該說是這類藝術家中最傑出的一個。

　　2008年人民文學出版社出版《熊秉明美術隨筆》，收入他的隨筆數十篇。用他獨特的文字來解說一個藝術的世界。讓人想起傅雷的美術評論。可巧，兩人都留學法國，都將中國的傳統文化和西方的現代藝術融會貫通。

在朋友眼中，熊秉明的作文與雕刻一樣，千錘百煉，精工細琢，咬文嚼字，嘔心瀝血，他寫得很慢，也讓讀者看得慢，慢慢細嚼，反復回味。他以藝術眼光看哲學，把哲學看得更生動、更具體，以哲學的眼光看藝術，就把藝術看得更深層。對於浮名虛譽，熊秉明是無動於衷的，也從不想步入被世人吹捧的「大師」之列。熊秉明屬於更高的層次，他走自己的路。

熊秉明旅居歐洲逾半世紀，1952年與瑞士女子結婚，育有4子，後離異。1982年他認識陸丙安，兩人經過17年的愛情苦戀，終於1999年正式結婚。在太太眼裡，熊秉明是一個可愛的小老頭，他待人親切和善，謙虛樸實，談吐文雅，一看便是位謙謙君子。

2002年12月14日熊秉明在寓所腦溢血逝世，享年80歲。巴黎文藝界感到十分震驚和惋惜。旅居美國的楊振寧先生專程前來巴黎，中國駐法大使吳建民等，及巴黎文藝界前輩程抱一（法蘭西學術院院士）、祖慰、譚雪梅（作家）、王克平（雕塑家）等，在拉雪茲公墓墓園廳送別熊秉明最後一程。

熊秉明是歐華作協的會員，曾與祖慰、呂大明等法華作家一起參加1996年的漢堡年會。歐華作協創會會長趙淑俠大姐2011年在《披荊斬棘，從無到有——析談半世紀來歐洲華文文學的發展》一文中寫道：「在慶賀歐華20年的此時此刻，最讓我懷念不已的，是那幾位和我們一同打拼過，歡笑過，憂慮過的，永遠離我們而去的會友。……2001年郭名鳳，2002年熊秉明的相繼去世，使我幾乎找不出合適的文字形容心中的遺憾和傷痛。」這裡就以這篇小傳表達我們對熊秉明的哀思和紀念。

陸錦林
歐華年會的中堅

　　在巴賽隆納舉行的歐華作協年會上，我第一次見到了協會元老級會員、地主國西班牙退休教授陸錦林。承蒙他的周到安排，會議辦得井井有條，溫馨怡人。陸錦林勇於任事，創業有成，在學界、商界都很成功。我最喜歡同他聊天，還多次與他通電話，聽他講述自己的故事。他為人豪爽，無話不談，於是對他的生平和事業有了一定的瞭解。他是法學教授，歐華僑領，特別是為40多年來持續不斷的歐華年會做出了很大的貢獻。

從東方到西班牙

　　陸錦林，民國二十七年（1938）生於江蘇鎮江。1949年國民政府大陸撤退時他未能隨父來臺，直到1954年才輾轉離開大陸到了澳門，1957年他考上位於臺北的東吳大學法學院政治系，完成學業後，又繼續讀研究所，取得碩士學位。1964年，陸錦林通過留學生考試，取得西班牙外交部獎學金來到馬德里留學，進入馬德里大學政治系讀博，苦學四年，於1967年獲法學博士學位。期間他還就讀西班牙外交部舉辦的外交學院，畢業，進一步擴大了知識面。這些對於他以後從事教學，是關鍵的一步。

　　留學期間，陸錦林兼任臺灣《中華日報》駐西班牙特約記者，為該報報導中西文化政治外交等新聞。同時為《中外》、《國際》、《亞洲畫報》及香港學生刊物撰文報導西班牙文化觀光生活

歷史等文章。

當時，一位在馬德里退休的中國官員與幾位好友，相約到偏遠的外島加那利群島去經營發展。陸錦林也是其中之一，他們可說是中國僑胞第一批赴該群島的創業者，共同合夥經營中餐館，生意紅火，奠定了事業基礎，從此他定居在特內里費島（Tenerife），一住就是50年，大家稱他為「島主」。

特內里費島（Tenerife，又譯泰萊立菲）是加那利第一大島，距西班牙本土超過1000公里。面積1930平方公里，人口60多萬。該島擁有巨大的火山，茂密的森林，富饒的山谷，黃燦燦的沙地。景色錯落有致，美麗如畫。島中央高聳的泰德峰（Pico del Teide），海拔3718米，為西班牙第一高峰。遊人可乘空中纜車（Teleferico）直抵峰頂，頂上是一個直徑50米的火山口。旅遊業自六七十年代興起，長盛不衰，成為支柱產業。如今，每年乘飛機來度假的遊客不下1000萬人。

陸錦林在這裡辦餐館，得天時地利人和，生意蒸蒸日上。中國人到國外留學創業，無論是從臺灣出來還是大陸出來，在學術上或事業上成功的例子很多，但先在事業上有成，再回攻學術的並不多見。陸錦林就是一個。

他本來就學有所長，在島上開飯店站穩腳跟後，還是想朝著學術方面發展。島上有座國立大學，叫拉古納大學（Universidad De La Laguna），始建於1927年，是一所充滿生機與活力的高等學府。大學法學院院長正好是陸錦林導師的學弟，可以說是陸錦林的師叔。他聘請陸錦林到學校在法學院兼職任教，從助教做起，幹到講師、副教授，一直在那裡工作39年，2006年退休。每週9小時的課，他教西班牙憲法、國際關係、西班牙政黨制度、法學緒論，以及比較憲法等課程。

那時，陸錦林在西班牙《政治學》雜誌，臺灣《展望》雜誌（由卜幼夫主編）發表作品，主要是關於憲法憲政方面的文章。

在中文報導方面，題目如「對兩個中國的爭議與遠景」，評論

中國民主統一，單一國籍或默許雙重國籍，海峽兩岸關係與展望，加強服務溝通、爭取僑胞支援，憲政改革與政治制度的研究，僑務委員會不宜裁撤等。

他還用西班牙文報導東南亞各國政治制度、日本憲政、中華民國憲政，西班牙政治，中國統一等專題，寫了不少報告著作。

最難能可貴的是陸錦林並未放下事業上的發展，他擁有多家中國飯店、貿易公司，島上無人不知陸教授。不止華人，許多當地的官員、商業界人士都是他的學生，真是桃李遍全島。當然也多虧陸錦林有個賢內助，兩兒一女，事業有成，家庭和樂。

身跨學商兩界，陸錦林遊刃有餘。八十到九十年代，這20多年時間，他事業鼎盛。除了在本島有11家餐館外，另在巴賽隆納、馬約卡亦有合夥生意，這是他事業的高峰期。而在同一時期，他在西班牙僑界亦十分活躍，一直是個領導者。曾兩度擔任僑務委員，更長期領導西班牙黨務工作。此外歐華年會、國建會、臺商會、中山學會等各個僑團組織，他都積極參加，使其聲望日隆。在西班牙，在歐洲，甚至在臺灣，他都頗有名氣，是今日歐洲僑界的領軍人物之一。

凡是和陸錦林打過交道的人，都敬重他勇於任事，勇於擔當的精神。歐華作協老會長莫索爾就深有感觸，他說；「與錦林兄相識50多年，常有交往，也一起在僑社打拼過。雖然他有時言語過激，但深覺其是一個正直的人，不諂媚、不使詐，正大光明。最近常與他通電話，彼此難免頗有感觸，歎韶光易逝，均已老矣。他隨較年輕，亦已坐七望八，不言當年勇了。」

為歐華年會做貢獻

陸錦林參加的僑社活動中，舉辦次數最多、規模最大的是歐華年會，即歐洲華僑團體聯誼會年會。

回想當初，1975年，大陸處於文革浩劫，臺灣蔣公逝世，風雨飄搖。當時僑務委員會委員長毛松年，鼓勵全球各大洲華僑團體籌組「洲際性」組織，歐洲華僑團體聯誼會就在這種背景下誕生。當時西德僑胞，無論人數、力量，在歐洲均名列前茅。尤其歷史悠久、成立於1929年的漢堡中華會館，更是僑社的中堅。老會長漢堡僑領張大勇（1918-1996）一向急公好義，熱忱愛國，他率先響應僑委會的號召，與德國其他僑領，如徐能、姚舜、陳沛泉、柳志成和張紹德等人商量後，登高一呼，發起於1975年春在漢堡舉行歐洲華僑團體聯合會議，參加者據說有40餘人，除了前述的旅德僑領外，尚有陳堯聖（英）、陳惠康（西班牙）、朱建人（荷）、魏蔣華（比）、吳家財（奧）、柯於止（葡）等，是為第一屆歐華年會。陸錦林則從第二屆開始參加，是在比利時布魯塞爾，160多人與會。從此陸錦林就與歐華年會結緣，成為主辦，操持年會的中堅。每年一定到場，或主辦，或協辦，並為華僑的權益力爭到底。常見他在會中侃侃而談，直言無忌，印象深刻。

　　歐華年會每年輪流在歐洲不同國家舉行。第三屆在維也納、第四屆在馬德里……2010年在布魯塞爾，2011年在巴黎，2012年在西班牙加那利群島，2013年在荷蘭艾恩德霍芬，2014年在維也納，2015年在希臘雅典，2016年在羅馬，2017年在德國卡爾斯魯厄，舉行第43屆歐華年會。許多歐洲大國，如英、法、德、意、西等均舉辦過三至四次，而一些華僑人數極少的國家，如希臘、葡萄牙、丹麥、瑞士等亦勇於承擔舉辦歐華年會，視其為全力以赴的大事。要知道承辦這樣一個大型的華僑年會，財力、物力、人力投入規模龐大。歷屆與會僑胞少則三四百人，多則七八百人，最多一次是2000年在柏林，868人。主事者的辛勞可想而知。

　　歐華年會自1975年迄今，年年舉行，從未間斷，每屆年會雖不能說都盡善盡美，承辦者絕對是盡心盡力，無論食宿、交通、議程

安排都儘量做到周全完善。因此歐華年會漸漸成為一個平臺，歐洲僑社其他團體也開始利用這個平臺，各自召開自己的會議，這樣可以節省不少人力、物力，而且參加的人多，也更為歐華增加聲勢。

　　歐華作協也曾幾次與歐華年會走在一起。1993年歐華年會在馬德里舉行，陸錦林主持，就在那次年會上，歐華作協會長趙淑俠和幾位文友到會，鼓勵陸錦林加入了剛成立兩年的歐華作協。2002年春莫索爾接任歐華作協會長，心想召開一次理事會以商討如何發展會務。作協的各個理事分住歐洲各國，集會絕非易事。恰巧當年的歐華年會訂於8月在巴黎舉行，乃召集各位理事參加歐華年會，順便舉行自己的會議。德國僑領姚舜看到協會以文會友的主旨，頗為稱頌，答應邀請加入作協。這是歐華作協作協理事會第一次在歐華年會的場合開會。2012年歐華年會在西班牙加那利群島舉行。又是由陸錦林主辦，他精心策劃，辦得有聲有色。他作為歐華作協會員，特別邀請作協會長朱文輝、秘書長郭鳳西、副秘書長麥勝梅等前來參加，老會長莫索爾亦躬逢其盛，前秘書長王雙秀在島上度假，也來參加，雖未正式開會，但多少對作協的事務交換意見。

主編《歐華年會40周年紀念特刊》

　　2014年7月，在維也納舉行的第40屆歐洲年會上，與會者都收到了一份內容豐富、印刷精美的《歐華年會40周年紀念特刊》。原來，歐華年會不間斷地已舉辦40年了。回想1975年，中國旅歐僑領數十人在漢堡集會，增強彼此的團結聯誼，矢志支持祖國，乃為第一屆歐華年會。40年來無論國際情勢如何變化，臺灣的政治是何走向，這項年會已經成為中國旅歐僑社最大的活動，年年舉行，從未間斷，不改其初衷，僅是這一份執著，也足以讓人肅然起敬。

　　第37屆歐華年會（2011）在巴黎舉行時，大家認為這一項大型

的會議，數十年不間斷，誠屬不易，故建議在40周年時，出一本特刊以志其事，並推舉陸錦林主持。為此他三年來付出了極大心力。

首先是經費，編輯、印刷、郵寄均需資金，憑其廣泛的人脈，以及熱心僑領們的支持，終於籌得一筆相當的資金，而比經費更大的問題是特刊的徵稿工作。歐華年會縱貫40年分別在不同的國家舉行，要全面的搜集資料，請人撰稿，難上加難。尤其是早期的歐華先進，多已往生，倖存的亦多老邁體衰。為了請適合的人撰稿，陸錦林不知打了多少電話，發出多少電函。

在這本16開，178頁的特刊上，歐華作協的會員們也貢獻了好幾篇文章。陸錦林當仁不讓，撰寫了近萬字的長文《歐華年會40周年的回顧與展望》。文中高度評價歐華年會的成就。他寫道：「在1975年以前，歐洲地區除了西德漢堡的中華會館成立於1929年之外，其他各國幾乎可以說沒有僑團組織。歐華年會召開之後，經過張大勇先生及各地區僑界先進們的多方聯繫、推動與協助，歐洲各國才先後紛紛成立僑團推動僑務。歐華年會居功厥偉。」

莫索爾老會長撰文《走過那艱苦的歲月……歐華年會雜憶》回憶該會40年歷程，特別是辦會的種種甘苦，和成功辦會的欣喜。

歐華作協會長郭鳳西寫下《歐華年會40年憶舊及經驗漫談》。她深有體會地說：「舉辦歐華年會最成功的地方，我以為不是內容多麼豐富，解決了多少問題，那些官樣文章多麼出色；而是增加了多少關懷，開闊了多少眼界，造就了多少友誼關係，參會的目的除了少數有特定原因，為前途打點的人之外，大部分的老一輩華僑們走出廚房，認識其他國家的鄉親，在遙遠異國遇到出身相同，打拼受苦相同的中國人、頓覺我不孤單，老鄉見老鄉，兩眼淚汪汪，造就新的朋友，掛念，成了每年非得見面聊聊別後不可的事。……年會聯繫、團結歐洲各地僑胞的宗旨，則因個人之間的關心、來往而達到。」

老會長朱文輝寫下了《一片冰心在歐華》的美文。其中吟詩道：

> 龍族的心靈
> 行不改名坐不改姓
> 方塊字形的語義
> 是炎黃子孫恒定的名片
> 異質的水土
> 擋不住漢唐的蔓藤
> 在歐華的血脈穿梭
> 一經一緯
> 織出靈魂的彩衣

　　這本特刊在臺北印刷，從封面設計，版面編排，以至文字的潤飾校對，都可見主編的用心，還有馮竹美老師辛苦打字編排，功不可沒。陸錦林為了萬無一失，親自到臺北督印，讀者拿到特刊，當思參與者付出的心力，得之不易。

　　而最後的郵寄工作亦是繁重。郵寄一份給捐款人或撰稿人，理所當然，但費用頗多。陸錦林最後算下來，還差600多歐元，「既然我承當此事，當然由我負擔」，他說。

　　陸錦林性格直爽，有幾分豪氣。他做人處事講原則，重誠信，而對經手的金錢，更是交代的一清二白。他不僅在西班牙僑界，甚至在旅歐僑界，人緣極佳，聲望甚高。歐華年會推舉他主持40周年特刊編務，就是一例。

鄭伊雯
醉心旅遊文學，探索德國文化

　　最近，歐華作協準備出一本會員作品集，我也參與編輯。大家踴躍申報選題。有個選題引起了我的注意，即介紹宗教改革家馬丁路德，德國文藝復興三傑：杜勒、路卡斯克納赫、格林瓦（即格呂內瓦爾德）。能寫這樣的題目，要對德國文化有深厚的瞭解。選題是誰報的呢？是鄭伊雯。她向來很低調。慚愧，同在德國，我卻孤陋寡聞，竟不知有這樣學富五車的會友。

旅遊文學作品連連

　　這下引起了我的好奇，如今是網路時代，看看能否在網上查到一些材料。用「鄭伊雯」三字「谷歌」一下，果然在博客來網站找到她寫的好幾本書，目前正在銷售之中：

　　《走進德國童話大道》，2008年出版，2013年由華成圖書公司修訂再版。

　　《阿爾卑斯山，山旅日記》，2009年由華成出版。

　　《德國玩全指南》不僅在臺灣印了好幾版，名聲還跨過海峽，由中國旅遊出版社推出了簡體字版。

　　鄭伊雯還與王偉安等人合作，推出了兩本最新的導遊書：《慕尼克新天鵝堡羅曼蒂克之路海德堡斯圖加特》和《柏林法蘭克福科隆萊茵河》，均是2017年由墨刻公司出版，剛剛上架。這兩本書，基本上涵蓋了德國南北兩大塊的主要旅遊點。

看來鄭伊雯是個當紅的旅遊文學作家啊！

生命的寬度

「谷歌」出來的第一條則是「德國媳婦（鄭伊雯）」臉書
（Facebook）。我不懂臉書，無法查閱。突然想到，不久前我得到
一本歐華作協2007年出版的會員作品集《在歐洲天空下》，翻翻有
沒有鄭伊雯的文章。

真是喜出望外。該書第149頁起，刊登著鄭伊雯的一篇散文《生
命的寬度》。還附有作者簡介：

> 鄭伊雯，臺灣屏東人，輔大中文系與輔大大眾傳播研究所畢
> 業，資深旅遊記者，目前隨夫旅居德國。專事歐洲生活雜記
> 與旅遊採訪寫作工作，文章散見各雜誌與報紙，著有《尼泊
> 爾》、《北臺灣森林度假情報》、《德國，萊茵河》、《德瑞
> 奧阿爾卑斯山之旅》、《德國玩全指南》等書。

我去過臺灣幾次，知道屏東在寶島最南部，臺灣第一座自然公
園墾丁國家公園就在那裡，難怪鄭伊雯如此愛好大自然，寫出「阿
爾卑斯山之旅」這樣的遊記。

鄭伊雯是輔仁大學求學的。中文系畢業後，又繼續攻讀大眾傳
播研究所，獲碩士學位。像這樣既是中文系科班，又有新聞專業的
功底，寫起文章來自然遊刃有餘。

單說這篇《生命的寬度》吧，就非常棒。文章裡寫「東方女子
遇到西方男子之後的生命轉折」，從中可以看到她對人生的態度。
她說，旅居國外的生活，或許就像張愛玲散文中描述的句子「生命
是一襲華美的袍，爬滿了蝨子」。接著她大段發揮，根據自己的生

活體驗，抒發自己的見解：

　　生活，果真是一件華美的袍子，但卻長滿了蝨子；金玉其外，敗絮其中的苦楚，有什麼好說的。就算被蝨子齧咬的全身，也只是越抓越癢，再怎麼抓，也是隔靴搔癢，那心頭上的大洞將也是難以彌補的缺憾。有人看著衣著華美，生活無缺，再去細究許許多多蝨子齧咬過的痕跡，又有誰知曉呢？就此振奮精神，把袍子抖一抖，抖掉多少蝨子是多少，披上袍子，又仍然是儀態萬千，衣著華美的貴婦人。

　　曾經，我也被困在德國婆婆的低氣壓中，被困在德國生活的規律之中，被困在每日煮飯採買與打掃的苦差事之中。我從剛開始的不耐煩、討厭與生氣，到後來的老僧入定、不動如山，我仍然過我想要的生活。日子照樣豐富過，活動照樣輕鬆參加，生活就會轉得很美麗。小孩照樣陪伴，老公照樣疼愛，生命依然過得刺激有趣。不知不覺中，生活得多彩多姿，繽紛而輕鬆自在。

　　格言總說：「我們不能改變生命的長度，我們倒是可以改變生命的寬度」。為了體驗人生的另一種滋味，我們許多臺灣女兒都已旅居各地，在生命寬度的衡量尺上，我們或許都已比許多人寬上許多，所求與冀望的也就是在這寬度上努力生活愉快，盡情享受人生。

　　目前對我而言，每週固定的中文教學工作，每月安排的婦女會活動，以及每天在家的寫作，都是我生活中極大的成就感。中文教學與寫作都曾是我的專業，如今變成兼職性質。參與僑團活動，則是把此視為義工，既慰藉思鄉情緒，也協助聯繫臺灣媽媽們的社交情誼。我也得到心靈上極大的安慰。

　　我大約把心情分成六等分，由老公、德國家人與朋友圈、

陪伴小孩成長、中文教學、旅遊寫作、與我自身的社交圈，組成一個大圈圈。大圈圈裡包圍好多小圈圈，我也就在許多小圈圈中得到許多快樂與滿足，人生就是這麼一遭，走過放肆而恣意的青春時光，現在我也享受著充實而忙碌的中年歲月，保持著我對生命與生活的熱情，什麼都是好奇寶寶，我希望這樣的人生飽滿而趣味盎然。

這是多麼優美的文字，這是多麼健康的人生觀！

勤於寫作美文多

鄭伊雯的寫作以旅遊文學和歐洲生活雜記為重點。近年來，歐華作協出了四本關於歐洲的會員作品集。我仔細翻閱，發覺鄭伊雯每本都踴躍撰稿，是協會的骨幹作家之一。

就說第一本《歐洲不再是傳說》吧！這是一本旅遊文學散文集，37位歐華作家寫了62篇遊記，其中鄭伊雯就撰寫了3篇。她並沒有選柏林漢堡那些名都大邑，而是小地方、深度遊，更深層地觸及德國的歷史和文化。其中《追尋德國古老英雄史話》把讀者帶到條頓堡森林，這是2000年前日爾曼英雄賀爾曼（Hermann，又譯赫爾曼）率領部族兵馬，消滅羅馬帝國軍團的地方，介紹德意志歷史的開篇。順便還講述了西元8世紀末教皇逃到帕德波（Paderborn，又譯帕德博恩）避難的故事，令人耳目一新。《遙想德國聖人使徒的足跡》則通過小城富爾達一帶的遊覽，描繪「日爾曼的使徒」聖卜尼法斯（St. Bonifatius）8世紀初來到此傳教的故事，敘述了基督教向德國傳播的一段歷史。《旅途中邂逅的驚喜》說的是，只要留心，在小地方也能找到歷史文化的留痕。名不見經傳的薩安州小城寇藤（Köthen），竟是音樂之父巴哈（又譯巴赫）駐足過的地方。

在福來堡（Freyburg），她看到一所學校名為Friedrich Ludwig Jahn Schule。回頭展讀資料，原來是德國體操之父楊恩（1778-1852）的故鄉。他率先在中學推行體操運動。以這樣的信念，開啟德國年輕人健身強國的社會改革之路。真是意外的收穫。至於在瑙姆堡（Naumburg）發現尼采的故居，當然也是偶遇的驚奇，令人浮想聯翩，為哲人感懷。從這些文章可以看出鄭伊雯寫旅遊文學的功力，不是浮光掠影的流覽，而是挖掘到歷史文化的深處，信息量滿滿，讀後使人增長知識，回味無窮。

再說第二本《東張西望，看歐洲家庭教育》，收錄了21位作者寫出的51篇文章。關於德國教育，鄭伊雯帶孩子從小到大，更是深有心得體會，一下子就貢獻了4篇作品：《探討德國的幼教環境》、《國外做客的禮節》、《旅居德國後的小感想》和《強調自然環境的華德福學校》。不僅探討了德國的各種教育理念，如德國幼教之父福祿貝爾（Friedrich Wilhelm August Fröbel，1782-1852）和德國近代教育之父赫爾巴特（Johann Friedrich Herbart，1776-1841）等人的教育理論，還介紹幼稚園、學校的具體情況，乃至待人接物的禮節問題。這樣的文章，沒有在德國長期生活的經驗，沒有仔細的觀察，是絕對寫不出來的。

第三本《歐洲綠生活，向歐洲學習過節能、減碳、廢核的日子》，登載了28位文友創作的51篇文章。關於環境問題，也是鄭伊雯多年來最關注的領域之一。她從「臺灣尾」，即自然風景最美好的屏東，來到德國重工業中心魯爾區。長期在此生活。看到了德國在環保方面所做的方方面面，頗有感觸，寫出了3篇很有分量的作品。一篇是《見證工業廢墟的轉變》，介紹魯爾區工業角色轉型，文化藝術取而代之的情況。昔日的埃森煤礦工業區，結合工業與藝術的設計理念，得以完整保留，2001年被列為世界文化遺產。另一篇《廢棄碼頭舊瓶換新裝》敘說了杜塞道夫（Düsseldorf，

又譯杜塞爾多夫）廢碼頭如何改造成光鮮亮麗的「媒體碼頭區」
（Medienhafen）的故事。還有一篇則對比臺灣和德國的環境，探討
《可否依樣畫葫蘆？》，給人以啟迪。

第四本《餐桌上的歐游時光》是用文學的筆法介紹歐洲美食
的。17國28位作者提供了44篇佳作。鄭伊雯則選歐洲最常見的食
物，寫出兩篇美文《千姿百樣話馬鈴薯》和《浪漫的德國美味蛋
糕》，其中揉進不少文化、歷史的掌故，讓人讀起來饒有興味。

讀了這麼多文章，掩卷細想，令我敬佩作者的學養和功力，期
待今後能欣賞到會友鄭伊雯更多的美文！

孟子珠
亞聖後裔，書法大家

　　不久前，法國巴黎盧浮宮舉辦中國書法展，展出海內外（包括中國大陸）第一流書法名家的作品，孟子珠的書法大作赫然列於其中。作品能登上世界級的文化殿堂盧浮宮，這對書法家來說，真是莫大的榮耀。正好孟子珠是歐華作協的文友，雖然我不認識，但從莫索爾老會長那裡得到了他的電話。拿起話筒，接通了住在巴黎的孟老師，他聲音洪亮開朗，根本就不像八十多歲的老人，第一次通話，就聊了近一個小時。多次電話來往，我們漸漸熟悉起來。

孟子後代苦練書法

　　孟子珠，本名孟憲傑，祖籍山東鄒縣。一聽到鄒縣，我馬上想到這是孟子的故鄉啊！孟子（前372－前289）是戰國時代的思想家，提出「民貴君輕」的思想，主張「行仁政」，他那些名言，如「富貴不能淫，貧賤不能移，威武不能屈」和「窮則獨善其身，達則兼濟天下」都是我們耳熟能詳的。莫非孟子珠是他的後裔，詢問一下。果然孟子珠是孟子的後代，但祖輩清代下關東，他的父親孟召禹出生在遼寧黑山縣，與張學良的誕生地台安縣相鄰，兩人曾在一起讀書。後來孟召禹追隨張學良，在軍中步步升遷成為將軍。九一八事變後，他正好在北平（今北京），就這樣1933年孟子珠出生於北京西城孟家大院。

　　孟氏家族重視教育，孟母三遷、斷杼教子的故事代代相傳。孟

子的名言「天將降大任於斯人也，必先苦其心志、勞其筋骨、餓其
體膚、空乏其身，行弗亂其所為，所以動心忍性，曾益其所不能」
簡直就是家訓，對孩子決不嬌生慣養。出身於這樣的名門之後，
儒將家庭，學習條件十分優越，要求也十分嚴格。孟子珠曾這樣寫
他自己：「余自幼醉心書法，緣承庭訓及家學淵源，故少小搦管臨
池，習字選貼，嚴謹認真，功從顏柳入手，奠定扎實之功底……並
學各家書體，博採眾長，精磨苦練，功力自然流於筆墨之間。」由
此得知，他從小就打好了國學和書法的功底。

　　孟子珠的舅舅邢作合（又名邢召南），也是一位將軍，時任師
長。1948年孟子珠隨舅舅住在杭州。不久邢作合奉調臺灣，把孟子
珠也帶去了。那時，他的父親孟召禹在華北傅作義麾下，後來因病
去世。

　　就這樣，孟子珠在臺灣讀完中學，1952年考入臺北東吳大學經
濟系，4年後畢業，考入臺灣省教育廳（當時設在臺中霧峰）工作一
段時間。他還記得，當時的教育廳長劉真，原是臺師大校長，對下
屬要求嚴格，孟子珠受益匪淺。

從西班牙到法國

　　1960年代初在出國浪潮中，孟子珠考上獎學金來到西班牙馬德
里大學深造，與莫索爾在一起，結為好友，幾十年保持聯絡不斷。
莫索爾回憶道：「1963年筆者來西班牙留學，住在給我們獎學金的
東方書院，憲傑兄就與我同寢室。燕趙男兒的他，高大英挺，一口
北方口音，頗為響亮。他讀馬德里大學政經學院，筆者在文學院，
雖不在一起上課，但同居一室，自然接觸較多。令我印象深刻的是
他常常用手指在空中比劃，好像道士作法一樣，而閒時更喜歡在紙
上勤寫練字，但未想到他對書法造詣極深，日後成了名家。」

那時，大家都近而立之年，身處異國，工作、婚姻均無頭緒，多少有些茫然。孟子珠有一個情投意合的女朋友，也是留西學生，叫王素娟，一口京片子，在文學院就讀，西文呱呱叫，因此被聘為馬德里國立語言學校的中文教師。她可能是正式進入西班牙官辦學校教中文的第一位華人。

男大當婚，但在當時的西班牙，絕少找到工作的可能，孟子珠考慮再三，決定到他國去發展。恰巧在巴黎的友人可介紹他們去打工。於是這一對戀人，毅然放棄了在馬德里的學業與工作，前往巴黎，追求他們的另一個遠景。那約是1965年的事。

很快地，孟子珠就在巴黎立足。他勤奮努力，由打工而自己創業，開中餐館一家接一家。在巴黎近凱旋門的高級地段，他開了一家叫做「麒麟閣」，佈置裝飾潔淨典雅，餐點可口，在巴黎上千家中餐館中頗負盛名，為人稱道。而具語言天分的王素娟不久也法文朗朗上口，應聘到巴黎大學分校擔任中文講師，與歐華作協老會員熊秉明是同事。夫婦兩人事業有成，家庭美滿，足可稱中國留歐學生在海外自力創業的楷模。

那麼書法呢？工作實在太忙，他無法抽出很多時間來臨帖練字，不過他並沒有鬆懈，凡有一點空閒，在家或在飯店，任何小小的空間，你都可以看到他在那裡勤練。這種鍥而不捨的努力，終於使他今日成為頗享盛譽的書法家。

書法大家

由於家傳，再加上多年的勤練，孟子珠精於行、草，對書法感悟極深，且有很多切身的體會，尤其鍾情於草書。在歐華作協2004年出版的《歐洲華文作家文選》中，收錄了他的一篇作品《淺談草書》，文中寫道：

「大家都知道中華文化之精華而獨具傳統特色的就是書法藝術，尤以肘懸大筆龍飛鳳舞，這就是舉世無雙的草書了。

　　草書分章草、今草與狂草三種。章草字是不必連寫，字字獨立，書寫便捷，是漢代隸書演變而來的。今草是章草與楷書發展而成，字與字之間筆勢牽連相通，一瀉而下一筆而成，相傳是漢末書法家張芝所創，故世稱他為草聖。狂草比今草更為狂放不羈，其字型變化繁多，是有影無形，有形無影之書體，其代表為唐代張旭與懷素，筆鋒之狂放世無倫比。

　　寫草書雖是意到形到，但多以牢記字型為首要，切忌自創格局，更不宜隨心所欲上山下海無所顧忌，畢竟草書乃經歷代名家之千錘百煉結集而成，其筆法之演進自有其典範，有其規格，但也絕非墨守成規一絲不變，有時確應在抖筆之中稍加創新，期能有自己的風格，自己的品貌，但落筆應中鋒取力，側鋒取妍，承上轉下，疏密有致，提、按、起伏於筆鋒之間使其勁健雄厚，扎實有力，不可輕飄浮現，倘行筆不暢，揮筆不張，其乃修煉之不足也。然秀逸端麗，而又能溶功力於性情之中彙集百家之長，率意揮發美之感受，這才是草書之最高境界。」

　　由此可見他文字的功底和書法理論的深邃。集幾十年的經驗，孟子珠告誡大家：「總之我以為初學者不宜先從草書入手，理應在楷書上奠好基礎後，始能行雲流水揮筆收放自如而後其草書也自成一格。」

　　2008年，歐華作協推出《在歐洲天空下：歐洲華文作家文選》，由臺灣九歌出版社出版，全書244頁，得到嚴復孫女、辜振甫夫人、民國婦女聯合會主任委員辜嚴倬雲等人的聯合推薦。作者群涵蓋了37位長居歐洲的華文作家，非旅人眼中瞬間的歐洲印象，而是久居歐洲融入生活之後的深刻體認與省思。該書封面採用歐華作協會員、國際知名畫家霍剛的畫作，而書內則有孟子珠以行書所寫

的16個作家旅居的國名，為該書增色不少。從中可以看出歐華作協的確人才濟濟。

人生第二春

三十年的歲月就這樣在指尖上滑過，時序進入20世紀末，孟子珠夫婦兩人都已到了退休的年紀。經年累月的風霜，使人難免產生厭倦而興起退出職場、安度晚年的想法，而孟子珠更記掛著他的最愛，他那自幼即矢志勤練的書法。

退休後的孟子珠，終於可以一展所長，浸潤在書法之中。巴黎的各種書畫活動或展出，都可以看到他的作品，觀者讚聲不絕。1999年法國著名出版公司mongo以其行書所寫之中國古代詩詞成冊出版，孟子珠獲潤筆稿費1.5萬法郎。據悉，此書經法國最大的連鎖書店fnac公司行銷各地，深獲好評。

孟子珠更應邀選送作品參加臺灣、大陸各地、新加坡、加拿大、日本、韓國的書展或書法比賽，多次獲獎，其作品為各地藝術館或個人所收藏，包括新加坡孫中山南洋紀念館及臺灣中華國際文化藝術館等。

2006年是孟子珠豐收的一年。他的作品先後在內蒙古首屆「神舟杯」國際書法大賽中獲首獎，又在無錫至德文化書院舉辦的國際書畫賽中獲「金鼎獎」。

北京奧運會是難逢的盛事，孟子珠也為此貢獻力量。2007年7月29日，法國華僑華人會人聲鼎沸，由法國華僑華人會、歐洲時報、歐洲龍吟詩社共同舉辦的北京奧運會倒計時一周年書畫筆會在此舉行。孟子珠與其他書畫家一起當場潑墨，創作以奧運、中法友誼為主題的書畫作品，表達對北京奧運的支持和祝福。這些作品在世界巡展後全部捐獻給中國奧會。孟子珠特書的「奧龍登第」巨幅參加

了「首屆華人慶奧運名家大展」並獲優秀獎。他一共將三幅書法精品捐贈給了北京奧運會。

2008年四川汶川發生地震，孟子珠將自己的書法作品義賣，所得1.5萬元全部捐獻給了地震災區，從中可以看到他的一片愛心。

2009年孟子珠的作品又在韓國國際書畫展中獲獎。最近數年他連續三屆受邀參加了臺灣中華國際文化藝術交流協會所主辦的書畫展出。

2010年他的書法入展中國中央直屬機關書畫協會，歐洲中國書法家協會《情系中華》書畫展。

由這一連串的亮麗成績，我們肯定地說，退休後的孟子珠，真正找到了他的「第二春」。他常說：「字如其人」。我們看他的行草，圓潤之外，鉤捺間亦有鋼勁之姿，而行雲流水，更讓人有一氣呵成之感。他曾自謙自己「絕未達書法家境界」，他說：「書家要有一定之悟性，內涵及諳練各家書體之本事，而我自知差矣」。

這當然是自謙之辭。老朋友莫索爾收到他所贈的「虎」字，並題曰「虎醒龍飛旋風中，蹉跎歲月泊然空」，莫索爾讚：這幅字有「虎虎生風之威」，並高度評價「四十餘年歐陸生活歷練，七十載中國書畫沉浸，悠悠子吟，字字珠璣，孟子珠的書寫生涯還要繼續發出光彩，這也是我們的祝願。」

霍剛
意國美術界的「霍大俠」

　　臺灣有個《新地文學》，是一份作家學者所辦的季刊。其刊物風格凝定為，以建設嚴肅文學，開拓一塊自由創作的文學園地自期。該刊2009年9月出版的第9期上，專門做了一個《霍剛專輯》。文學刊物，為什麼要為畫家做專輯呢？該刊解釋道：做畫家霍剛的專輯，「具有兩層意義：其一，文學與諸藝術形式的精神層次是一致的，我們願意對美術、音樂、舞蹈等領域的傑出藝術家，以「專輯」表示敬重。其二，我們敬重霍剛，固然因為他是一位不隨俗浮沉，不鑽拍奉迎，安於清苦，甘於寂寞，毫無市儈油滑氣息的純質藝術家。」這話說得好，當年歐華作協也正是如此，熱烈地歡迎旅居義大利的霍剛先生加入這個文學的團體。

臺灣畫壇一大「響馬」

　　霍剛1932年出生於南京，是書香世家的後裔。本名霍學剛，出國之後因有感於身處異鄉必須立刻堅強、獨立起來，以因應困厄的環境，故將霍剛起為藝名。

　　其祖父霍秋崖（號退盦居士，或霍銳）為江南名書法家。霍剛小時候，常幫祖父拉紙，注意祖父書寫的動作和神態，見他的氣勢磅礴，有時抑揚頓挫，有時龍飛鳳舞，給他很多啟示。由此他自幼便習得一手好字，乃至日後把對書法的體悟，融貫於抽象藝術創作中。少年霍剛在耳濡目染的薰陶之下，也開始了繪畫的基礎習作。

霍剛的父親霍道成，在國民政府軍政部軍需署工作，中校軍銜，抗戰時期內遷重慶，積勞成疾，1942年去世。母親桑玉華獨力撫養四個子女，歷盡艱辛。由於成長於戰亂之中，物質和學習環境都很艱難，但與生俱來的藝術傾向與幼年環境薰陶，使霍剛在侷限的資源條件下，對視覺、音樂、抽象思考事務的範疇，有早慧的領受力。抗戰勝利後，霍剛得以進入南京國民革命軍遺族學校讀書，這個學校由宋美齡親自領導，條件較好。當時的美術老師也教寫生畫等，霍剛開始對繪畫有了初步的認識。在大陸，可以說是霍剛學畫的第一階段，即啟蒙階段。

1949年霍剛隨遺族學校來到臺灣，不久他進臺北師範學校藝術科（現為國立臺北教育大學），畢業後在國小做美術教員兼省教育廳國民教育巡迴輔導團的美術輔導員。

早在1951年開始，霍剛就投入臺灣畫壇著名現代派畫家李仲生門下研習現代藝術。1955年開始畫素描及粉蠟筆畫，畫風為超現實主義，有一段時間也以水墨創作，內容常在中國漢刻、碑拓、書法中吸取營養。

在臺灣是霍剛學畫的第二階段，即研藝階段。霍剛繪畫告別傳統的因襲模式而踏上現代主義的道路，就是受到李仲生的指引。李仲生告訴他：「畫有兩種：一種是好畫，就是普通人認為畫得很像很好的畫；一種是重要的畫，這種畫也許不像，但卻很有價值。你應該去畫含蘊你精神的重要的畫。」從此，霍剛在藝術天地中上下求索，尋覓自我世界的內在精神與宇宙的外在萬象間之契合點，據此以創造畫作，堅持他一生的現代藝術生涯。1957年，他與李元佳、吳昊、蕭勤、夏陽、歐陽文苑、陳道明、蕭明賢等八人，共同發起「東方畫會」推動前衛藝術，帶動了此後臺灣驚天動地的繪畫革命，在畫壇被稱為「八大響馬」，顯示了這群青年畫家的創新風格。

「霍大俠」在義大利

　　赴歐是霍剛學畫的第三階段，即創造階段。1964年，他由臺灣赴巴黎，參觀美術館、畫廊，不久轉往義大利，選擇了藝術之都米蘭作為紮根的居所。他之所以選擇米蘭，基於以下原因：當年米蘭在歐洲是僅次於巴黎的藝術都市，社會文化和人文環境都對藝術家十分尊重；尤其是，米蘭以開闊而和平的胸懷擁抱來自世界的畫家，讓他非常欣慰。

　　萬事開頭難。霍剛還記得：最初「隻身來到陌生地，一切都得從頭開始，為了生活和學習，哪能談及創作啊！只能在為生活奔忙的空檔中，作一點畫和學習一些語文，一兩年過後，才慢慢適應。」有時，用幾張水彩畫與一裁縫換一套西服；有時賣幾張畫，但被畫廊剝削，所得無幾；有時一兩個月賣不出一幅畫，要付房租、要吃飯、要工作（畫畫），而沒有固定的收入，真是一種最真實的考驗。然而他本著「行者常至，為者常成」的理念堅持下來，帶著東方的精神，投入西方藝壇的瀚海，終於達到成功的彼岸。

　　定居米蘭迄今，前後半個世紀。霍剛以米蘭為中心，遍遊歐洲各國的美術館和博物館，窮究畫藝，創造畫格，廣泛參與義大利畫壇的一些活動和舉辦畫展。身處西方藝文風氣盛行的氛圍，使他在風格的呈現上，趨於轉變，由幾何性的點線面取代想像寫實的超現實作品。霍剛終於在歐陸站穩腳跟，成為蜚聲國際的華人現代畫家之一。

　　大陸著名畫家、中央美院教授黃永玉在《米蘭與霍大俠》一文中寫道：「霍剛生活在義大利已經許多年，在義大利，他是一個重要的中國畫家。單身居住在已經屬於自己的大屋子裡。每年靠創作嚴謹的新潮派繪畫過日子，非常、非常地自得其樂。……

　　在義大利，沒有中國人不認識霍剛的，稱他為，「霍大俠」。

他有一部老車，任何一個人，不管新老，只要有求於他，無論天氣，不管路途，開上二百里、三百里外；半夜三更上飛機場，他都樂於幫忙。有不良的負心朋友搬走了他的東西，他說，算了！有粗心朋友把行李寄託在他的屋裡，一去幾年杳無音信，他也說：就這樣吧，人家有難！借他的車，撞壞在一個路邊，打電話叫他自己去取、去修，好朋友覺得不忿，他說：沒什麼，車子反正老了。車子老了，倒是他還在開它，他們之間相依為命。

霍剛已經很義大利化了。快樂，坦蕩。用義大利的思維生活。」

霍剛在中國大陸也名聲鵲起，曾多次到大陸辦展講學，在中央美術學院、浙江美院、南京師大美術系、湖南大學美術系講授現代繪畫。有一次在南京藝術學院演講，慕名者蜂擁而來，階梯式禮堂座無虛席，連窗臺上都坐滿了人。

霍剛說：「有人批評我的畫，有人讚揚我的畫，有人不懂我的畫。他們各有各自的感受、教養、環境及看法，但無論如何是不能改變我的精神和創作」。霍剛長期堅持運用西方油畫素材，建構幾何抽象畫面，來表現東方哲學和美學的微妙旨趣。有人稱之為「東方的結構主義」。半個世紀的繪畫生涯，霍剛在藝術的天地裡已留下了自己可觀的業績。

歐華作協歡迎美術大家

早在2002年，經老會長、遺校同學莫索爾介紹，霍剛加入了歐華作協。在協會集體出書的時候，他不但參與寫作，還為協會文集《在歐洲天空下：歐洲華文作家文選》設計了封面圖。

霍剛文筆很好，寫文章不離本行，例如2004年出版的《歐洲華文作家文選》中，就登載了他的一篇文章〈談談現代繪畫〉，這是一篇為外行啟蒙的力作，深入淺出地介紹了現代繪畫的精髓。

霍剛在文中提到：「現代繪畫所強調的，是現代的藝術精神；所追求的，也是這種精神的表現。」在介紹現代繪畫流派淵源時，他寫道：「『現代繪畫』可說就是指二十世紀的繪畫而言，二十世紀的繪畫，自從後期印象派（注：以塞尚、梵古和高更為代表）產生時起，便已奠下了今日的基礎。本世紀剛開始不久，馬蒂斯（Matisse）、丟非（Dufy）、佛拉芒克（Vlaminck）、盧奧（Rouault）等人，受了高更（Gauguin）強烈的色面構成及梵古的熱情得近乎瘋狂的影響，而掀起了野獸派繪畫運動。稍後又有布拉克（Braque）、畢卡索，從塞尚（Cezanne）繪畫的抽象的構成，及強烈的量感中，加上黑人雕刻的那種原始創作方法研究的結果，而創造出立體派的繪畫來。之後雖又陸續產生了一些諸如表現派、構成派、機械派、純粹派、抽象派和超現實派等等，但無有不受過上述二派之洗禮或由此二派的誘導及啟發而產生者。然則不問現代繪畫的流派發展得如此繁多，卻不無其共通之點，其中最重要的，就是要打破以往一切既成的傳統規範和法則，注重『個性』的表現。」

　　霍剛告訴讀者：「二十世紀以前的繪畫，從比較忠實於自然對象這一點，廣義地可概括為『自然主義』；到了二十世紀，因畫家特別忠實於自己，反對自然的描寫，自然只是啟發畫家的對象而已，故可稱本世紀的繪畫為『反自然主義的』，其表現亦非科學的寫實，而是注重抽象、暗示、超現實的表現，略帶浪漫性的理想化，祈求更美滿的人生，所以『現代繪畫』並非指定某一個派別而言，它是所有現代各個畫派的一個總稱。」

　　霍剛文章最後形象地總結：「總之，現代繪畫說來意味深長，絕非三言兩語可以解釋清楚的，就好像一只好香蕉，對於一個生平從未嘗過香蕉滋味的人，只能約略地予以介紹，說那香蕉如何如何好，是香的也是甜的，至於香成什麼感覺，甜到如何程度，除了自己去體驗或感受以外，別人是無法道出其中的滋味的。」

讀了霍剛這篇文章，即使是門外漢，也基本瞭解了現代繪畫來龍去脈和精髓所在。

　　在臺灣辦畫展的時候，霍剛有幸認識了一位喜歡藝術的女士，芳名萬義曄。這真是愛神的眷顧，他終於找到了生命中的伴侶。2014年他們結婚。霍剛告別義大利，遷回臺灣，現居臺北。

楊玲
懷念奧華女作家

作者／方麗娜（奧地利）

槐花飄香的日子

剛來維也納不久，我應邀參加臺灣社團舉辦的一次文化論壇，地點在維也納市政廳背後的一棟古樸的大廳內。論壇之前，舉辦方播映了一部蔣家父子的歷史文獻片，內容涉及國民政府統治時期的大陸與臺灣，宏大而詳實。與會者多半是臺灣同胞，大陸人士寥寥無幾。之後的研討會很熱烈，大家暢所欲言，各抒己見，由衷表達著對國共兩黨功過沉浮的真實心聲。

坐在我前面的，是臺灣作家楊玲。那時的楊玲穿一套考究的中式短旗袍，象牙色珍珠項鍊垂掛在胸前，她神態雍容，略施粉黛，烏黑的頭髮打理得一絲不苟，當她笑吟吟扭身和我打招呼時，似曾相識的法國香水味，隱隱約約地彌散過來。

論壇結束了，大家魚貫而出，不約而同地朝地鐵口走去。在由U2轉U3再轉U6時，就只剩下我和楊玲兩個人了。這個時候我倆都恍然大悟，我們不僅同住一個區，且只相隔了四站路。從此，我倆便時常碰在一起。

上海《新民晚報》的編輯走訪維也納時，王敢先生約了楊玲和我去參加那個小型酒會，席間聊起兩份報紙的前世今生，以及當下的連結與合作時，楊玲啜了口紅酒，眼睛一亮說，我還從沒讀過

《新民晚報》呢。那位資深編輯深表遺憾地說：真可惜，我們隨身帶來的幾份報紙都送人了，手頭一份也沒有了。楊玲則再三表示：我要讀《晚報》，我要讀《晚報》。語調天真而執拗，可愛得像個小女孩兒。

後來在一位老朋友的家裡聚會，那是一場女人的歡宴，之後我倆照例結伴一同回家，楊老師滿面春風，意猶未盡地說，天氣這樣好，何不到街上溜達溜達呢？我說好呀。於是我們就在軌道車裡，沿著維也納城郊的林蔭大道邊走邊聊。她突然指著前方的一片蔥綠說：你看，這是槐樹，就要開花了耶！

我定睛一看，哪裡是槐樹，分明是那種典型的護街樹種嘛。雖然枝椏間結滿了密密匝匝的小骨朵，酷似開花前的槐花，然而，不是。在我的家鄉——豫東平原的黃河故道上，生長著大片一眼望不到邊的槐樹林，每當槐花飄香，十里八鄉芬芳四溢，蜜蜂們徜徉其間，嗡嗡嚶嚶，忙得不亦樂乎。我和鄰家姐妹時常結了伴，哼著小曲兒撲過去：

　　高高山上一樹槐，
　　手把欄杆望郎來，
　　娘問女兒，你望啥呢？
　　我望槐花幾時開。

賞花，聞香，逗蜜蜂，直到夕陽掛上槐樹梢頭，與火焰似的黃河灘交集成一道美不勝收的風景線。這個時候，我們才心有不甘地帶上幾枝槐花，戀戀不捨地離去。當晚，便將滿枝的花骨朵捋下來搓進一隻瓦盆裡，磕上一個雞蛋，裹了面煎成餅，蘸著蒜汁兒吃。我於是不假思索地對楊老師說：五月槐花香，眼下正值秋季，哪來的槐花呀。不過到明年，我一定讓你見到真正的槐花！

楊老師歡天喜地，連聲道：好呀，好呀，我等著。

忽如一夜春風來，我開始留心維也納有槐樹的街道，隔幾日便去觀察它們的動靜。豔陽下它們開始抽芽了，嫩黃的葉片舒展開來，大約兩周後，粉嘟嘟的花骨朵次第隆起。這個早上，晨曦初露，一股久違了的槐花的清香撲面而來。我趕緊給楊老師打電話，你快來呀，槐花兒開了。

楊老師應聲趕到。我拉著她的手走到事先勘探好的幾棵槐樹前，汪洋恣肆的槐花兒如雪片翻飛，遠遠近近，好似一串串盛開的刺玫。我不無驕傲地對楊老師說：看見了嗎，這才是槐花，這才是槐花呀。

楊老師陶醉了，眸子裡滿是喜悅，她在觸手可及的花枝前走來走去，不時拽下來嗅著，都有些手舞足蹈了。我禁不住折下兩枝含苞待放的，遞給她說，這樣的是可以吃的，摻上些麵粉和雞蛋做成槐花餅，很香的。楊老師似懂非懂，提著花枝喜滋滋就登上了回家的地鐵。但後來她告訴我，她並沒有吃，她只是喜歡聞，在槐花的清香裡美美度過了好幾日呢。

年年歲歲花相似，歲歲年年人不同。空氣裡靄時彌漫著熟悉的芬芳，可楊老師已經無法前來了，她身患重疾，正躺在家裡靜養。我在清香四溢的花海中，奔到昔日的幾株槐樹前，頓時有些目瞪口呆──曾經觸手可及的槐樹們，已被環衛工人伐去，高高的槐樹下，我只有望洋興嘆的份。無奈，我只得沿街繼續搜尋，終於在一片斜坡上見到了兩棵，借助一面矮牆我夠下了幾枝，舉著它們迅速搭乘地鐵，來到楊老師身邊。

好極了，好極了，我又聞到槐花的香味了！楊老師接過槐花，響亮地喊道。

我打趣說，幸虧沒有人注意，否則，我在維也納的大街上公然折枝，要被當作破壞分子抓起來了。

槐花枝被插進了瓶子裡，安放在楊老師身旁的窗臺上，太陽照過來，美滿、快意，夾雜著絲絲縷縷的溫馨，在楊老師日漸消瘦的臉龐上蕩漾開來。這個時候我發現她的頭髮明顯稀疏、青黃，乾枯的頭皮觸目可見，已然縮小的身軀支撐在活動板床的後架上。但她精神矍鑠，興致勃勃地跟我聊著莫言，談著時下裡大陸的文學風尚和維也納幾位作家的筆風。她讀了我近來的幾篇文章，便以長輩慣常的口氣鼓勵道，麗娜，你進步好大，好棒呀！

春末夏初，我從柏林參加完歐洲華文作家協會的年會歸來，特地來拜訪楊老師家，並捎來了協會領導寫給她的一封信。看到信封上的字體，楊老師幽暗的眸子裡迅疾閃過一絲光亮，連同一腔熱望。她興奮地喊著，我要讀！我要讀！並連聲問，大姐好嗎？大姐是歐華協會的創始人趙淑俠女士，已是耄耋之年的老人了。楊老師亦屬於協會元老，但由於年齡和身體因素，已多年未參與協會的活動了。她快速詢問著柏林年會的情況和活動細節，激動時脫口喊出幾個文友的名字來。

臨行前，楊老師順手拿起桌上的一張舊照給我看，那是幾位雍容華貴的中年女子，簇擁在一張金絲絨面的沙發裡，個個光彩照人，楊老師位列其中。她端詳著昔日的自己，眼睛裡流淌著難以言說的自足與柔情。曾經的花兒樣年華，曾經的美滿時光，似乎都在這一刻，紛至遝來。

二零一四年的春季，我和先生踏上計畫已久的美國旅程，做了為期一個月的北美行。回到維也納時，已然錯過了槐花飄香的季節。我打電話向楊老師表示歉意，她依然可愛而歡欣：我要聞槐花，我要聞槐花！

夏季剛過，楊老師托人捎來口信讓我去一趟。見了我，她迫不及待地打開一個禮品盒，是一位河南朋友送給她的幾樣土特產：乾豆角、小赤豆、芝麻葉和乾槐花兒。極愛美食的楊老，面對這幾樣

乾貨似乎有些束手無策，便說，我不曉得怎樣吃，你是河南人，也許知道，都拿去吧。我將芝麻葉和乾槐花盡數帶回了家。稍後，我蒸了鍋包子，牛肉餡裡特地攪了芝麻葉和乾槐花，出鍋前我叮囑楊老等著我，待包子出了籠，我揣上幾個一鼓作氣地跑過去，把包子遞到了楊老的手上。

此刻的楊玲，借助一條木凳立在客廳當門迎接我。她捧住熱氣騰騰的包子埋頭嗅著，那與昔日大相逕庭的容顏，叫人不免心下戚然。歲月流逝，病痛乃至時光的欺凌，是一場沒有血腥的暴力，一點點蠶食著青春不再的軀體。她面色萎黃，神情憔悴，頭髮因長期化療已所剩無幾——風燭殘年的背後，是常人難以想像的寂寞、無奈與掙扎。上帝看著自己精心打造的尤物一步步走向毀滅，同樣無可奈何。

死亡，乃生命的一部分。人人都會面對這一天。

耶誕節前夕，楊老去世的消息赫然傳來，令人猝不及防。兩個多月前我們還在一起，文友們聚在維也納佛光山，接受星雲大師的贈書時，楊老也在場，她以平素的興致聊著，臉上掛著淡淡的笑意。而在活動結束眾人散去的那一瞬，她獨自在輪椅上茫然四顧，表情悽惶而凌亂。生命遭遇四面楚歌所體驗的百味雜陳，在那一刻顯得尤為淒麗和窘迫。

作為一名女作家，楊玲文筆素樸、簡潔而平實。她是個熱愛生活的人，即便身臥病榻，她依然滿懷憧憬，那根生命的絲線從未剪斷過。她是個有信仰的人，對身邊的人和物總是心存善意和寬容。及至輪椅相伴，她也常常在女兒的陪伴下，努力出現在維也納的各種文化場合。撫今追昔，彷彿再一次見她輕掃娥眉，昂然笑意，輕聲細語中一派歡樂與祥和。

重新翻閱楊玲的散文集《獨歸遠》，頓悟章孝嚴先生為其做的序，不僅恰如其分，也似乎道出了每一個散居在海外的中國同胞的境遇：

越來越多的中國人，正在世界的各個角落默默地為了理想而努力。他們雖都秉持著中國人性格中的堅韌與敦厚，卻也各有各的故事，各有各的心情。

楊玲追思會於維也納佛光山隆重舉行

2015年1月18日下午，楊玲女士的追思會於維也納佛光山隆重舉行。楊玲女士的家眷、親族、及其生前好友近兩百人，懷著敬慕之情蒞臨佛光山，為她送上最後一程。清雅蕭穆的佛堂前，端立著楊玲女士的彩色畫像，在維也納文友聯名敬獻的玫瑰花環前，楊玲一如生前那樣慈眉善目、樂觀祥和地注視著大家。

首先，維也納佛光山監寺覺彥法師親自主持並引領眾人為逝者敬香、誦經、祈福，法師還以緬懷之心講述了楊玲生前與佛光山的至深情緣。實際上，維也納佛光山最初的創辦與興建，曾經一度凝聚了楊玲的心血和努力，她熱心的力促和聲援，加速了維也納佛光山的早日落成。

楊玲女士的長子梁健先生，在如泣如訴的音樂聲中回顧了母親楊玲平凡而感人的一生。1940年7月3日，楊玲出生於四川揚子江上的一艘英籍郵輪上，她自小家境殷實，父慈子孝，兄友弟恭，家庭和睦。1949年楊玲隨父母遷入臺灣，學業精進，以良好成績畢業於「國立藝專」影劇科導演組，並成為臺灣電視公司史上的第一位實習女導播。

1962年，時年二十二歲的楊玲與梁長亮先生，於臺北市喜結良緣。婚後育有兩雙兒女，雖然彼時的環境物資貧乏短缺，但她無怨無悔，勤儉持家，相夫教子。1980年，楊玲為了孩子的音樂前途，移居奧地利維也納，過著新移民艱苦奮鬥的生活。她深知肩上的責

任繁重，但對子女的教育及人格培養，向來嚴格認真，親力親為，並堅守身教重於言教的信條。

僑居維也納的歲月，楊玲極大地發揮了自己愛好廣泛、多才多藝的一面。她喜愛動物，迷戀花草，真誠好客，為家庭和孩子營造出一派歡樂溫馨的氣氛。她熱衷旅行，情趣盎然，閒暇時光讀書寫作，嗜花弄草，兼善藝術繪畫，因而身後留下了集結成集的散文小品，及雅致溫情的一幅幅水墨丹青。追思會之餘，大家潛心於楊玲生前的部分著作及畫作，並在留言簿上欣然命筆，略表哀思。

追思會現場，《歐洲時報》社長王敢先生作為楊玲的讀者和老朋友，高度讚揚並肯定了楊玲一生勤於思考、筆耕不輟的精神。多年來，楊玲一直熱心為報紙供稿，在《歐洲時報》的前身成長與發展壯大中，始終鼎力支持，無私奉獻。

作為楊玲的生前好友，楊行璧女士未及開口，便已熱淚盈眶。她望著楊玲的畫像回憶了自己與楊玲長久而感人肺腑的交往。從相識、相知直到楊玲去世前，她們始終保持著親如姐妹的深情厚誼，聽來字字錐心，令人動容。楊玲的善良、溫婉和周到，以及她自然天成的純真與率直，都深深刻在她的記憶裡。

方麗娜作為楊玲女士的文友，講述了她與楊玲生前鮮為人知的趣事。楊玲生前愛美，又會美。她出身大家閨秀，一派雍容，總是笑吟吟地鼓勵年輕人的寫作與進步。她們多次結伴來到維也納街頭，站在清香四溢的槐花兒前，賞花、聞香、看風景，直到夕陽掛上槐樹梢頭。即便身患重疾，困居斗室，楊玲依然精神矍鑠，樂觀昂揚，並興致勃勃地與她聊莫言，談時下裡大陸的文學風尚和維也納幾位文友的筆風，並且對早年加入的歐華作協的幾位老作家，念念不忘。

歐洲華文作家協會主席郭鳳西女士，從布魯塞爾特地發來了她對楊玲的追思。多年前，她們在協會的成立初期，便一見如故，

並結下了深厚情誼。同為協會的理事，一個在布魯塞爾，一個身居維也納，倆人卻在每次的例會中常常合住一室，來來往往，形影不離。有一年在新加坡開世華作協年會，她和楊玲相約先去印尼看一看，非常快樂地共同度過了幾日。她說，楊玲生來熱情、天真、直率可愛，喜怒哀樂毫不掩飾。重病後楊玲曾給她寫過一封長信，細數自己得病經過及心路歷程，她們通過幾次電話，本想到維也納來看她，沒想到已太晚，楊玲是那種能讓人永久懷念且不可多得的朋友。

值得一提的是，楊玲的二兒子梁倫和太太Bernadette Anna Liang及他們的兩個女兒組成的家庭樂隊，具有極高的音樂造詣。他們一家四口自成一派，在追思會上傾情演奏，旋律優美而纏綿，讓大家追憶往昔的同時，也領略到一場不同凡響的藝術享受。

最後，楊玲長子梁健誠摯感謝各位的光臨，並說：母親楊玲出生在長江上，生前曾希望回到長江。但經我們兄弟姐妹協商，決定為母親舉行多瑙河河葬，計畫於春天降臨的三月下旬，由Krems乘船出河為母親執行多瑙河河葬。母親一向熱愛旅行，我們已可以預見她開心地懷抱著大家的祝福，快樂啟程出發的高興模樣，順著多瑙河出海，五大洋，七大洲，任她遨遊。母親貫徹了她堅強的信念，瀟灑又帥氣地走完了她精彩的一生，在此我們非常高興能和各位親朋好友們，一同慶祝母親脫離了人世間的病痛，重返極樂世界。

2014年12月18日夜，楊玲女士於維也納三區醫院辭世。享年75歲。

方麗娜
魯院走出的奧華作家

　　2016年初冬，來自海外的華文作家們和國內的文學研究者，匯聚北京，參加第二屆世界華文文學大會。大會引人注目的一項任務，就是舉行第二屆「文化中國，四海文馨」散文大賽的頒獎儀式。此次徵文即全球華文散文徵文大獎賽。自2014年底啟動以來，在臺港澳和海外受到廣泛關注，投稿踴躍，到底誰家獲獎，備受關注。激動人心的結果終於揭曉了：歐華文壇有兩人獲優秀獎，其中一位就是奧地利的華文作家方麗娜。

　　好事成雙，世華文學大會結束不久，方麗娜又收到邀請，出席了中國作家協會第9次全國代表大會。大會11月30日到12月3日與中國文聯第10次全國代表大會同時在北京舉行，參加人數達3,300人。這是傳統上中國文藝界重要的「兩會」，國家主席習近平出席了在人民大會堂舉行的開幕禮和聯歡晚會。應邀參會的海外華文作家只有9人，其中歐華作家僅方麗娜一位。

　　方麗娜，我最初是從《歐洲新報》上知道的，報上經常刊登她的文章。篇篇是精品，不光用詞華美，感情充沛，人物形象鮮明，景物描寫栩栩如生，而且富有知識含量，多次獲得《新報》徵文的大獎。第一次見到方麗娜是在2013年德國南部博登湖畔的一次筆會上，她結合自己的寫作體會，給歐華文學愛好者做了題為《我在海外的散文寫作》的報告，聽後很受益。閒談中得知，方麗娜是魯迅文學院高研班畢業的，那可是培養作家的「黃埔軍校」啊！

人生苦與甜

　　方麗娜生於河南商丘。這是一座文化積澱深厚的古城，她的童年生活充滿了苦澀、艱辛，甚至顛沛流離。父親年輕時曾在國民政府軍隊裡服役多年，抗戰時曾冒著日寇轟炸的生命危險，在滇緬公路上把一車車抗戰物資運往內地，因駕駛技術出色而一度給國民黨軍政要員開車。新中國成立後，這段經歷成了洗刷不清的罪狀，而始終帶著「國民黨兵」的帽子，歷次成為專政對象。三天兩頭參加學習班，到街道辦事處交待問題，連農村老家來個親戚探望，都得向街道小組長報告。滿腹經綸、能言善辯的父親，終日變得噤若寒蟬，如履薄冰。父親在當地人力運輸車隊拉了近20年的架子車之後，才當上了車隊改良的機動運輸車司機。但他的身體已經垮了，52歲便鬱鬱而終。貧病交迫的煎熬下，母親去世更早，48歲便撒手人寰。方麗娜清楚地記得，自己六歲那年，母親躺在床上已講不出話來，靠手勢指點她站在煤火邊的小凳子上煮掛麵，她從此學會了做飯，並練就了擅長家務的本領。窮人的孩子早當家呀！

　　父母相繼去世之後，兄妹四人悲慟悽愴，四顧茫然，不知今後的路怎麼走？當時方麗娜10歲，小哥大她三歲，大姐遠嫁他鄉，大哥插隊回來剛剛在當地一家國營企業工作。貧病交加的雙親僅留下寒室兩間，家徒四壁，舉步維艱。這個時候，大嫂走進他們家門，破敗灰暗的家從此照進了一束暖洋洋的光。長兄如父，義無反顧地擔當起扶養弟妹的責任，並帶著弟弟妹妹一同住進了他們的工廠宿舍。姐姐每月寄錢來，分擔哥嫂經濟上的困窘。從此，哥嫂的屋簷下就成了方麗娜遮風避雨的地方。深明大義的哥嫂，不僅給了她一個溫暖的家，也給了她一份心靈的庇護，使她和小哥在失去父母的世態炎涼中，得以健康而健全的成長。方麗娜至今記得，那個時候的日子實在難過，大哥從鄰居家要來一把梅豆，撒在房前的空

地上，每天澆水施肥，秋日的梅豆角源源不斷，他們便一天三頓，頓頓離不開梅豆角，吃得肝腸寸斷，幾乎中毒。

讀中學時，語文老師兼班主任陳老師，不僅課講得別具風采，還寫得一手漂亮的板書。陳老師課後的黑板上，時常留下一行行錯落有致、瀟灑飄逸的手跡。方麗娜硬筆書法的進步，以及在高中乃至大學校園裡舉辦的鋼筆書法比賽中縷縷獲獎，就是得益於陳老師的鼓勵與鞭策。練字的過程中，她喜歡抄錄名人名言和作家警句，培根、羅素、羅曼羅蘭和托爾斯泰等等。練字和抄錄的同時，方麗娜對文字和文學的感覺，在不知不覺中得到了潛移默化的影響。她常常為自己的數理化成績焦慮和沮喪，而語文和作文水準，卻是班裡的佼佼者。

高考前的衝刺階段，陳老師想方設法鼓舞學生們的鬥志，他用自己獨特的語言激勵大家：「啊，同學們，努力吧，發憤倆月考高中，苦戰三年考大學。考上考不上大學，就是你將來穿草鞋和穿皮鞋的分水嶺！」

那個時候，穿皮鞋就意味著脫貧致富，意味著光宗耀祖。陳老師激情四溢的鼓勵，讓方麗娜熱血沸騰，精神倍增。彷彿頃刻間登上了皮鞋，那由身體片刻享受所帶來的精神愉悅，是支撐她在學習過程中戰勝疲勞、戰勝困倦的無窮動力。她以優異成績升入高中，並考上大學，順理成章地踏上了「皮鞋」的康莊大道。多年後，方麗娜和丈夫見到陳老師，憶起往事戲說：「您的學生已經穿上皮鞋，我們還要給您買雙皮鞋呢！」

定居維也納

由於哥嫂和大姐的支持，幼年失怙的方麗娜讀完小學讀中學，最後如願走進高校的課堂，攻讀英語專業。她經歷過艱苦生活的磨

練，養成了開朗樂觀的性格。在大學裡積極參加各種社會活動，非常活躍，擔任學生會文體委員，文工團長。她不僅組織演出，而且親自登臺演唱。我們歐華文友們聽過她唱豫劇，那字正腔圓、抑揚頓挫的聲調，不亞於專業演員的水準。

大學期間，方麗娜對文學的愛好，更加執著。她時常抽時間去聽中文系的文學課。記得有一次，得知一位教授評講《紅樓夢》，便放下英語課去旁聽。

1987年，方麗娜大學畢業，回到母校擔任高中英語教員。三年後改換跑道，轉入商丘市外辦和旅遊局，從事文秘和翻譯，經常寫總結、簡報，鍛鍊了寫作能力。工作中多次接待外賓，做英語翻譯。好學上進的秉性，促使她萌發了走出國門，進一步深造的欲望。

1998年，方麗娜在北京對外經貿大學進修後，通過考試贏得奧地利多瑙大學留學攻讀工商管理碩士（MBA）的機會。多瑙大學（Donau Universität）成立於1994年，是歐洲唯一一家以大學繼續教育為專項的公立大學。如今已有60多個國家4000多名學生在此就讀。校址設在下奧地利州多瑙河畔的百年小鎮克萊姆斯（Krems）。這座城鎮在維也納以西70多公里，有兩萬多居民。它依山傍水，充滿了靈氣。大多數建築都是優美的古屋，城市就在周圍山坡葡萄園的環繞之中。

多瑙大學特別重視理論與實踐的結合。在完成專業課程的基礎上，學生還必須在企業裡工作實習。方麗娜的實習公司是一家四星級商務酒店，位於德國斯圖加特西南30公里的一個高科技城鎮——海倫貝格（Herrenberg）。實習之餘，她常常往返於德奧兩國之間。有一次，她從德國趕到奧地利多瑙大學來參加學術研討時，寄居在克萊姆斯遠郊風光旖旎的半山腰上，這是一座由中世紀修道院改造而成的酒店，次日的早餐桌上，她邂逅了今天的夫君沃爾夫岡。他是奧地利一家汽車公司的資訊管理經理，對中國文化情有獨鍾，尤其崇拜毛澤

東。多瑙河之波不僅撩起倆人的話題，也撥動了彼此的心弦。2000年畢業並獲取多瑙大學MBA碩士證書之後，她返回商丘老家。

2002年當她決定嫁給這個滿臉真誠的奧地利人時，嫂子如臨大敵，告誡她說：「當年八國聯軍侵略中國的時候就有奧地利，你千萬不要拿自己的終身大事當兒戲，上了這個『鬼子』的當。」方麗娜拍著胸脯說：「這個奧地利紳士願意將功補過，我們應該給他一個機會，再說，現在都什麼年代了，有誰還敢小看咱們！」

4年的相識相戀，兩人終於攜手踏上了婚姻的紅地毯。婚禮是在商丘按照中國傳統舉行的。2003年夏天方麗娜來到維也納定居。這一對黑眼睛和一對藍眼睛，有著共同的愛好和興趣。先生堅持在家中掛上中國江南水鄉圖、洛陽牡丹畫、放置中國景德鎮瓷器和黑色雕花漆器。作為毛澤東的崇拜者，先生還在客廳顯眼處掛了張毛澤東像。

當年，她在大學校園裡高聲朗誦《簡愛》的時候，便想什麼時候能到夏洛蒂的故鄉，去追尋並延續《簡愛》的故事，十年後，並沒有去英國，卻陰差陽錯踏上了歌德的故鄉，如今，由於愛情的姻緣，又來到浪漫之都維也納。

走上寫作路

方麗娜喜愛文學，功底也不錯，但寫作投稿卻開始得很晚。她回憶道，「最初的寫作完全受益於歐洲這片熱土。在中國我大學畢業後當過老師，做過行政，處於工作與生活的應對與應酬狀態，所有時間都耗費在忙忙碌碌中，從未想到過要寫作。自從生活在異國他鄉，歐洲這片土地上的一切——自然、人文、藝術乃至宗教，時時喚起我的新奇感，我以好奇的眼光打量著周圍的世界，一切都在觸發我的思考。在這裡回望家鄉、故土，更讓我百感叢生。新奇與碰撞，回望與眷戀，成為我寫作的強大內驅力，就這麼不知不覺

地，我在異國土地上漸漸走上了自己的文學創作之路。」

2005年，方麗娜偶然看到德國漢堡出版的中文報紙《歐洲新報》（當時叫《歐洲經濟時尚導報》），讀了不少文學愛好者為該報徵文大賽所寫的文章。覺得自己住在歐洲，所見所聞有不少新鮮事，感觸良多，也可以寫啊！於是閒暇之餘投了一篇散文給該報的文學園地，正是這篇名為《雲中漫步》的散文，獲得《歐洲新報》的年度徵文一等獎，這使她受到莫大的鼓舞。從此連續不斷地寫起散文來。次年的散文《我行萬里嫂擔憂》又獲該報主辦的「全球華文徵文」二等獎。

就這樣，寫作的熱情一發不可收拾。2010年《阿爾卑斯山下的慈母情懷》榮獲第二屆「漂母杯」全球華文母愛主題散文作品大賽二等獎，並入選《慈母頌》文集。

2009年，散文集《遠方有詩意》由中國青年出版社出版。這本書收錄了35篇散文和4篇小說。在自序中，方麗娜寫道：如今，「骨子裡深埋的這份『文學情結』不僅沒有隨異國他鄉的風風雨雨變得淡漠、麻木，而是日漸纏綿悱惻、難割難捨，並且在萬里之外的歐洲土壤裡，一次又一次頑強地破土發芽，野草般瘋長起來。

隔著時間和空間，不斷回望來時的腳步——無論是孤獨無助的月白風清之夜；還是勞碌一天夜讀歸巢之時；那不絕如縷的故園鄉愁，那激蕩胸間的難以泯滅的夢，常常令我眼裡蓄滿晶瑩的淚，我只有刻不容緩地打開電腦，舞動十指，將異國他鄉的風花雪月，將形形色色的故事一古腦訴諸文字，呈獻給身邊乃至萬里之外的同胞。」

提升在魯院

寫作才幾年，就頻頻獲獎，而且出版了自己的散文集，這樣的成就令人羨慕，令人讚歎。但方麗娜並沒有沾沾自喜、滿足於現

狀，而是對創作提出了更高的要求，產生了進一步提升自己寫作水準的願望。

在閱讀現當代中國文學作品時，她常常看到「魯迅文學院」這個連綴著一系列中國著名作家的字眼，產生了莫可名狀的衝動與嚮往。2010年3月方麗娜受中國作協的邀請，有幸走進中國魯迅文學研究院高級研討班，成為魯迅文學院創建以來吸收的第一個海外學子。她謙虛地認為，文學乃半路出家，但學習乃一生的事業，什麼時候學習都不晚。就這樣她懷著夙願，帶著執著的文學夢，步入嚮往已久的文學殿堂。

說起魯迅文學院，的確非比尋常。這是一所招收中青年作家、文學評論家、文學理論家等進行研究性學習的專業培訓機構，是中國作家協會直屬的事業單位。前身是由文化部和中國文聯1950年共同創辦的中央文學研究所，1958年因當時的政治氣候停辦。1980年恢復，1984年更名為魯迅文學院，在八里莊南里27號建立了校舍，鄰近中國現代文學館。自20世紀50年代以來，活躍於中國文壇的作家大多在此學習過，如馬烽、鄧友梅、王安憶、莫言。2001年，在此舉辦了首屆中青年作家高級研討班。方麗娜參加的是第十三屆高研班。魯院的校區裡有荷塘、睡蓮、垂柳、竹影，環境幽雅，書香四溢。雖簡潔、樸素、卻有著難以抵禦的精神氣質。多少年來，中國最卓越的文學作品和文學人都與這個院落有關。

方麗娜回憶：「來到魯迅文學院的課堂，見到了那些如雷貫耳的大作家和文學評論家。全班51名來自全國各地的作家當中，當時已有不少知名作家，如：寧肯、盛可以、計文君、付秀瑩、周瑄璞等等。這個特定的文學班級的集體氛圍對我的感染、影響與提升，是難以估量的。我由此看到了自己的差距，並進一步明確了自己努力的方向。」

就在這樣的文學氛圍裡，方麗娜和來自全國各地的作家同學

們共同度過了四個月，在此受到的啟發和提升是不可估量的。她曾感悟：「在應接不暇的聆聽和閱讀中，內心湧起的感覺神聖而奇特。自身創作中的許多缺陷，在老師的條塊分析中被揭開、梳理、驚醒；諸多期許和困惑，已變得切實而明晰。我從中西方文化的差異中，比較和探析中西方經典名著的魅力；從歐洲人尋常的生活愛情婚姻觀中，思考和打量其人文精神的源頭——無數耀眼的火花，在不經意間被激發和點燃。當今中國，經濟發展的腳步已令全球矚目，而優秀的中華文明並沒有隨著中國產品的輸出在世界各地深入人心。強大，遠不是物質堆砌起來的，中華民族終究要以文化的力量贏得世界。作為文學人，我們都應在此有所但當。身處異域，遼闊的寫作資源和獨特的人生經驗，一直是我思索和寫作的動力，我將以新的起點和視覺，繼續呈現不同體制、不同文化和迥異的生存理念之下的人性圖景，力爭為讀者奉獻一片別開生面的閱讀空間。文學需要尋覓和發現生活中的詩性，也需要直指人心的力量。無論中方和西方，都需要寫出獨特的心理感受。四個月，彈指一揮間。回望來時的腳步，匆忙而迫切。我從歌德、雨果、卡夫卡的天空下走來，再一次凝望神情凌然的魯迅，這份心靈的震顫是無法替代的，正如巴黎柏林和維也納，永遠無法替代北京一樣。」

　　魯院的意義，絕不僅僅限於那四個月，它在方麗娜今天的寫作實踐中，已經起到了至關重要的推動作用。進不進魯院，都不妨礙寫作，但從魯院出來，決定了她的寫作能走多遠。

創作與收穫

　　自從進行文學創作以來，方麗娜在大陸、香港的純文學雜誌上不斷發表散文和小說作品。近兩年她以跨國婚戀和文化衝撞為題材，創造了一系列中短篇小說，分別刊登於《作家》、《作品》、

《十月》、《中國作家》、《香港文學》、《北京文學‧中篇小說月報》、《小說月報》原創版等等。發表文字超過50萬字。她的中篇小說《處女的冬季》和《不戴戒指的女人》不僅被轉載，還在2016年度小說總結中得以提名。

可喜的是，方麗娜的第二本散文集《藍色鄉愁》入選「新世紀海外華文女作家文叢」，現已出版；小說集《蝴蝶飛過的村莊》2016年入選「中國文學新力量：海外華文女作家小說精選」。

著名作家和評論家邱華棟評論說：方麗娜是新海外華人作家群中的佼佼者，她異軍突起的寫作姿態，超越了詩情消解的日常生活場景，細膩的筆觸已自覺指向人物的生存境遇和困境。她的小說伴隨著世間行走與穿越、海外漂泊與碰撞、全球異質文化與故國經驗的沉澱，在呈現與反思的過程中，不避生活的陰冷，正視人世的困厄，帶著悲憫情懷，隱隱透出對生命永恆絕境的思考與叩問。

早在2009年，方麗娜就參加了歐洲華文作家協會（歐華作協）。多年來，歐華作協秉承良好傳統，成為全歐最有實力的中文創作力量。他們立足歐洲，堅守文學，筆耕不輟，不遺餘力地弘揚中華文化。在個體獨立寫作的同時，協會還採取各類集體創作的形式，發出集體的聲音，並以此實現以書養會。這些出版物都因其豐厚的資源、瑰麗的想像、獨到的眼光與深沉的思考，深受海內外讀者的喜愛。歐華作協這個特殊的陣營，不斷表達著對生命、生存、夢想的體味，不斷呈現對生活與文化、乃至文明的多層面的理解與感悟，已成為海外華文文學風景線上一道不可忽視的景觀。方麗娜踴躍參與了協會各文集的寫作，並當選為理事。

方麗娜曾任《地球村》雜誌副主編和奧地利《中國人》報主編，《歐洲時報》特約編輯。奧地利中國文化媒體聯合會秘書長，維也納孔子學院中文教育中心教師。還有作品散見於《小說界》、《香港文學》、《散文百家》、《文藝報》等報刊雜誌。2013年方

麗娜的微型小說《婚事》獲得「黔臺杯‧第二屆世界華文微型小說大賽」優秀獎，並入選《2013中國微型小說年選》，散文《情結》獲2015「聖竹杯」全國散文大賽優秀獎。散文《藍色鄉愁：貝加爾湖》入選2014年的《中國文學作品選》。2015年人民日報出版社選編的《成長：請帶上這本書》收入40篇閱讀心語、40種閱讀人生中，就有方麗娜的作品《多瑙河畔夢圓時》，與白岩松、畢淑敏等國內名家的文章並列。

不誇張地說，方麗娜已成為歐華文壇一顆冉冉升起的新星。她的成就引起了國內文學評論界的關注，紛紛打聽方麗娜何許人也，住在哪裡？2015年夏，受首都師範大學中國女性文化研究中心、中國女性文化論壇之托，首都師大比較文學教授、奧地利克拉福根訪問學者易曉明，於6月1日在維也納對方麗娜進行了專訪，發表了《蔚藍天空下回望故土的百靈鳥——奧地利華裔女作家方麗娜訪談》。

易曉明認為，方麗娜是一位情感體驗與理性思考高度融合，並且語言有清新表現力的作家，近年來不斷有新作在國內重要文學刊物上發表，聲名鵲起。方麗娜所發表的散文都彌漫著濃郁的異域風情。結集出版的《藍色鄉愁》、《遠方有詩意》，標題本身就體現了他鄉背景。

方麗娜在接受訪談時說：「通過這些年的寫作實踐與大量閱讀，尤其是從魯迅文學院學習歸來，我對文學的敬畏心日盛，有不敢輕易下筆的感覺。之前我曾有過一段無章無形，隨心所欲的散漫寫作狀態，而當下我對自己的寫作，則有了明確的要求，即在保持清新自然和灑脫本性的基礎上，追求更加文學化的目標。」最後她謙虛地表示：「我覺得自己的創作才剛剛開始，我還在努力中。我希望自己的筆下，不斷呈現有血肉、有質地的人物，其命運不只歸咎於環境與地域的改變，而是共通的人性使然，我期望自己寫出人人心中所有的那種東西。」

就在本書排版的時候，方麗娜又傳來新的喜訊。她的中篇小說《夜蝴蝶》登上了中國重量級的文學雜誌《人民文學》(2018年第三期)。這表明，她的文學水準又攀登上了一個新的高度。

可以預料，方麗娜的文思定然會如多瑙河不停地奔流，更加飛快地「舞動十指」，彈奏出更多扣人心弦的旋律……，把更多的故事，感受，訴諸文字，呈現給身邊乃至萬里之外的同胞。

朱頌瑜
瑞華散文家，獲獎作品多

2014年金秋，南國廣州正是暖洋洋的季節，首屆世界華文文學大會就在這裡舉行。11月20日大會進入高潮，首屆全球華文散文大賽的結果就要揭曉：誰能摘取桂冠呢？人們翹首以待。

全球華文散文徵文大獎賽又稱「文化中國，四海文馨」散文大賽，旨在靈根自植，鼓勵華文創作，以「相遇文化原鄉」為主題，自啟動以來，在臺港澳及海外受到廣泛關注。華文作家踴躍投稿，遍及亞洲、美洲、歐洲、大洋洲十幾個國家和地區。大賽組委經三輪評審，不記名評出獲獎作品。參賽者要想脫穎而出，還真不容易！

當大會主席宣佈，今年共21人獲獎，最高獎勵是二等獎，由三人獲得，其中一位就是來自瑞士的華人作家朱頌瑜，全場響起了熱烈的掌聲。朱頌瑜的獲獎作品為《揮春，遊子紅色的夢》，由國僑辦副主任何亞非親自授獎。朱頌瑜的父母那天也在場，看到女兒獲獎，不禁流下幸福的熱淚。

南國水鄉的女兒

說來也巧，首屆世界華文文學大會的會場設在廣州東北郊增城鳳凰城酒店。朱頌瑜的家鄉就在附近十幾裡的鄉村，難怪可以邀請父母就近前來參加頒獎儀式。

朱頌瑜曾在獲獎散文《荔枝花開》中深情寫道：「祖家筆村是珠江水畔一條甯靜祥和的小村落，村中的景色秀潤，綠意盎然，因

盛產嶺南佳果的荔枝珍品『糯米糍』而盛名遠近。這裡的荔枝樹年代遠古，枝葉繁盛，踩著腳下寬厚的大地綴飾於村頭巷尾，稠密之處自匯成林，就像縱橫交錯的綠色阡陌，盤根貫穿在鄉村的地脈之上，穿越在時光的脈搏當中。清明四月，山林幽靜，蜂迷花間。站在山腰遠遠望去，坡下層聯疊嶂的荔枝林在蕭蕭春雨中撐起一伏宛宛氳氳的墨綠，朦朧深處，有一團一團米白細碎的荔枝花在枝頭緊密簇擁，沉寂綻放。」

景色是美好的，然而生活是艱辛的。朱頌瑜的祖父早逝，祖母30歲開始守寡，含辛茹苦，才把四個兒子硬是拉扯大。大兒子，也就是朱頌瑜的父親，因為年輕時喜愛文藝，得以從衣村考上了第二師範學校，來到了城市，工作和成家。

朱頌瑜出生於中國剛剛實行計劃生育的70年代，卻是背著「超生」罪名出生的孩子，在家中排行第三，趕上了做共和國近代歷史上最後一批擁有兄弟姐妹的人。她成長於嶺南之都的廣州，童年和少年時一直在教育局屬下的教師宿舍長大，由於兒時父母均忙於生計，因此整個童年和少年時期的寒暑二假均在珠江水畔的鄉下渡過。

喜愛文學和美術

朱頌瑜笑言自己是草根出身，喜歡一如既往過樸素的生活，享受暖暖紅塵的人世風景。她的母親是紡紗女工，在紗廠上了三十年的倒三班。為了一份微薄的工資，身體長期處於時差顛倒的狀態中，對老年的健康狀態有負面的影響。在朱頌瑜的獲獎文章《一寸草心念母恩》中，她曾經這樣描寫對母親的養育之情：「在母親為我們姐妹三人哺乳的那些年，不管冬寒夏暑，每天從夜班趕回家，儘管已是凌晨時分，卻無論再累再困也堅持先把我們餵飽，在燈下

讓我們舒坦地趴在她胸前的肌膚上，直到我們滿足地墮入夢中，自己才安心去睡。」

朱頌瑜的父親從小喜歡畫畫和文學，可惜的是沒有趕上好的年代，讓他的追求淹沒於師範學校畢業後養家糊口的柴米油鹽裡。童年時家貧，但是時至今日朱頌瑜依然清晰記得，幼時父親省吃儉用卻堅持訂閱《電影畫報》的習慣。她說：「那是父親的精神食糧，也是對我最早的文藝美學啟蒙。因為遺傳了父親的文藝基因，幼年時我就喜歡習畫。少年時攻讀專業美術學校，主修工藝美術和設計。那時父親經常從二手報攤上給我搜集我喜愛的美學雜誌。看似是漫不經心的培養，但父親的愛卻像一支荷花的天梯，讓我一步一步爬進了美學的天堂。從那時候開始，我就時有閱讀畫冊以及朱光潛，蔣勳等美學大家的書籍，從中文藝吸收營養。」

朱頌瑜的父親有藏老書和每天讀報的習慣，對她後來的文學道路有潛移默化的影響。早在讀小學的時候，她的作文就已經一次又一次被當作範文在班上朗讀，一篇篇被選貼在教室的黑板報上。然而對於文學，朱頌瑜卻喜歡強調自己不是一個規規矩矩的「讀書人」。她說她從小熱愛自然，喜愛讀博物的閒書，而且有比同齡人有更多的經歷，是博物與經歷讓她與文字結緣。

初中畢業後，朱頌瑜考入廣州美術學校，為她後來在民間文化和傳統文化方面日漸加深的興趣和理想埋下了一粒種子。朱頌瑜認為，美術學校的三年是她整個求學階段最美好的時光。她回憶道，美術學校和普通高中不同，那時在校一半的時間都用於作畫和專業學習，接受系統的繪畫及民間工藝訓練。

在美術學校，她一邊上學一邊到市場調查公司做兼職，還堅持上英語夜校，並且在學校裡擔任學生會主席，組織學生活動。16歲時，她得到當時國內最走紅的校園雜誌《少男少女》（半月刊，廣東作協主辦）的編輯賞識，被推薦到編輯部當學生記者，並開始在

全國發表作品。

　　自此朱頌瑜出入雜誌社寫稿，以及到電臺做學生節目主持和編輯，一路與文化傳媒結緣。她的早期作品散見於國內的報紙雜誌。有一次，朱頌瑜利用英語出色的口語優勢客串導遊，帶著外國遊客走遍廣州的大街小巷，讓他們領略嶺南風情，最後，還把他們帶回自己的家，讓外國朋友在他家吃飯，讓他們瞭解中國普通人家的生活。

　　她把這段導遊故事寫出來登到《少男少女》上，一下子成了名人，全國各地的同齡朋友紛紛來信。每天，收信、閱信、回信成了她一項不堪重負的工作。幸好，學生會的一幫兄弟姐妹及時援手，充當「朱頌瑜」的角色，幫她拆信、有時甚至回信。他們也從中享受到樂趣。

北漂京華夢

　　1994年朱頌瑜在美術學校畢業，走上廣州電視臺媒介推廣部的工作崗位，後來又轉身進入一家中外合資的化妝品公司，負責平面設計和廣告宣傳。然而工作了一段時間後，永遠不會止步的朱頌瑜又突然產生了北上發展的想法，加入了北漂一族的行列。

　　然而，理想是豐滿的，現實卻是骨感的。在北京沒有親人朋友，生活談何容易。起初，她在西三環以外西釣魚臺附近村落的院子裡租了一間月租150元的房間，周圍住的大都是四川美院畢業後帶著理想來闖蕩京城的同道中人。家徒四壁，他們就把自己的畫懸在牆上，白天外出找工作或者習畫，晚上一隊流浪藝人湊在一起談藝術，談人生，談理想。衣村平房不像城裡的高樓，室內沒有暖氣，冬夜裡，他們就把被子攤在地上盤腿而坐。窗外，孤零零的樹木抵擋著寒夜的飛雪，他們以清香四溢的濃茶在房子裡禦寒……

在西釣魚臺的村子住了一個多月，朱頌瑜終於在東城區的胡同找到了出入比較便利的落腳地。因為童年的成長經歷，朱頌瑜個性獨立，喜愛思考，而且既能聚眾，也能獨處，很能吃苦，生命充滿張力。當年北漂應該算是她日後遠走他邦的一個伏筆和熱身。

日子雖然艱辛，在北京闖蕩還是有收穫的。她一直夢想的文化北京沒有讓她失望。她在書寫北漂的文字裡曾經這樣記錄那一段生活：「北京真的很大，兼備了質樸和威嚴的氣息，讓我激動。喜歡北方的這種氣息，喜歡北京的人情味，喜歡這樣一個真正下雪的冬天，幫我抹去心頭的躁動。走在東四的胡同，有成群的鴿子在頭頂呼嘯而過，喜歡北京的文房四寶店，沒事三天兩頭往榮寶齋跑，那裡擺滿的書，讓人神馳。有時候，只為聞一聞書的氣息，已覺身心安靜。胡永凱的畫冊是一本都不捨得放過，先買齊了。最近都在臨摹他的畫，上外語課，做題，複習，看書，畫畫，獨獨沒有創作的靈感和熱情。」

北漂一段時間以後，朱頌瑜決定回家鄉發展。上個世紀九十年代，學習設計專業的學生一直被譽為是趕上了好年代的一批人。珠三角地區的經濟騰飛，為他們這批幸運的人創造了很好的機會。朱頌瑜懷著一種初生之犢不怕虎的闖勁和韌性，學習從商，自立門戶。僅用三年的時間就積累到了人生的第一桶金。

瑞士奇緣

有了經濟積蓄的朱頌瑜仍然很年輕。向遠的目光讓她隱隱有了更遠的目標，渴望人生中更大跨度的攀越。這一次，她想走得更遠。她決定要趁年輕去看看世界，要圓少年時的夢想。於是二十出頭的她，出乎所有人的意料，毅然放棄前景一片大好的商業積累，在不花費父母一分錢的情況下，踏上了自費留學歐洲的旅途，重新

返回樸素的學生生活。

1998年春，朱頌瑜飛往萬里之外的瑞士，進入盧塞恩一家由英國北倫敦大學授權專業學位的學校，在領航於世界的國際旅遊管理的搖籃裡，攻讀國際旅遊管理專業。

盧塞恩（Luzern，又譯琉森）位於瑞士中部，偎依盧塞恩湖畔。明豔動人的湖泊加上周圍的群山，構成一幅極具幻想色彩的圖畫。一座全歐洲最古老的木橋斜跨在河面上，是盧塞恩的標識。以它為背景的照片、明信片、圖畫流傳世界各地。這座木橋全部由紅瓦頂覆蓋，供路人避風雨和日曬。在支撐瓦頂的三角形木支架上展現著名家彩繪的連環畫作，描述盧塞恩歷史大事、古聖先賢、英雄人物，不下百餘幅。在這樣美麗的城市，又能遊玩，又能學習，魚與熊掌兼得，真的好愜意。

命運對這個自強不息的女孩子有眷顧。然而，還有更好的幸運等待著朱頌瑜。學習旅遊管理專業，必須要實習。為此她抽時間到日內瓦尋求實習位置。邂逅了一位藍眼睛的瑞士帥哥，她的「真命天子」，當時正在日內瓦大學漢學系讀碩士。這位瑞士青年自小情迷中國文化，對朱頌瑜更是一見鍾情。1999年夏天，他們喜結連理。同年的暑假，他們一起飛到了北京。

那一年，朱頌瑜的先生帶著他研究文革的畢業論文，以交換學者身分來到了北大。而朱頌瑜則在北外和北大的法語系兩邊跑，重新享受讀書和受教育，簡簡單單的人事和校園生活。她每天幫他檢查讀書筆記，他幫她修改外語作業。兩人都在進步，比翼雙飛。

一年之後的2000年夏，他們回到瑞士，又分別繼續自己的學業。次年，朱頌瑜終於完成了在瑞士的大學課程，獲得了北倫敦大學國際旅遊管理專業學士學位，並隨即在日內瓦找到專業對口的工作，作為格里菲旅遊集團遠東市場的瑞士代表，從事瑞士的旅遊推廣。他們夫妻倆一起養育了兩個可愛的孩子，孩子自小就被父母送

到日內瓦中文學校上課，有扎實的中文知識，而且對中國充滿了理解和感情。

重溫文學夢

2010年，朱頌瑜的散文《天地輝映契闊情》榮獲瑞士國際廣播電臺屬下官方門戶網站瑞士資訊（SwissInfo）徵文競賽大獎。徵文主題是「我眼中的瑞士」。朱頌瑜從200多名選手中脫穎而出，獲得了首獎，並獲贈一款高檔的浪琴（Longine）腕表獎品。憑著這篇文章，朱頌瑜不止獲得了獎項，而且被聘為瑞士官方媒體的中文記者。

這是朱頌瑜移居歐洲後榮獲的第一個文學獎項。其實當她在瑞士完成學業後，就已重拾文學夢，為國內的中學生雜誌《新空間》（月刊，廣東教育出版社主辦）寫專欄。作為記者，除了連續多年報導「聯合國中文日」的文化推廣活動，她還採訪過瑞士優秀的中國留學生、進入公立大學漢學系任教的華人同胞、與中國打交道的瑞士政府官員以及瑞士各行各業的人；報導過華人的真實生活、瑞士的各類資訊、瑞士人真實的情感婚戀觀、瑞士和中國的各種文化活動等等。

為了向華語讀者提供一些在瑞士生活上的便利，當她聽到有旅瑞華人抱怨搬家難的時候，就撰寫了《如何在瑞士搬家》；當她知道入境瑞士的中國遊客不時犯有攜帶行李上的違規行為的時候，她又撰寫了關於瑞士海關過境條例的相關報導等等。這些稿件對資訊精準度的要求非常高，每一次，她都必須反復查閱瑞士的官方資料，務求做到文章實用且準確，讓更多讀者受惠。

多年的積累，對中外文化差異的觀察，對周圍環境的觀察，讓朱頌瑜厚積薄發，寫出一篇篇美文，捧回一個個獎項，看：

2010年，瑞士國際廣播電臺「我眼裡的瑞士」徵文比賽首獎，獲獎作品《天地暉映契闊情》。

2012年，第四屆漂母杯全球華人母愛主題散文大賽，她榮獲三等獎，獲獎作品《以寸草心念母恩》。

2014年，首屆全球華人中國長城散文大賽金磚獎，獲獎作品《同輝－和唱，從金山嶺到阿爾卑斯》。

2014年，第六屆漂母杯全球華人母愛主題散文大賽歐洲賽區一等獎，獲獎作品《荔枝花開》。

2014年，「文化中國‧四海文馨」首屆全球華文散文大賽首獎，獲獎作品《揮春，遊子紅色的夢》。

2015年，首屆華夏紀實報告文學大賽二等獎，獲獎作品《最後的古巴唐魂》。

2015年，國土資源作協保護耕地散文大賽三等獎，獲獎作品《大地的英雄》。

幾乎年年都獲獎，有時一年獲好幾項！難怪文友們戲稱她已成了「獲獎專業戶」。讀朱頌瑜的文章，給人的感覺，篇篇都是精品，不光文筆美，而且透著細緻入微的觀察，飽含著人文關懷，很有見解和思想。最近，她把歷年來所寫的文章加以整理，挑選出38篇，結集為《把草木染進歲月》，現已由浙江文藝出版社出版。中國社會科學院研究員趙稀方和河南省作協副主席馮傑寫序，由此可見海外華文研究者和文學界對朱頌瑜作品的重視。

2012年，朱頌瑜加入了歐華作協，抱著無比的創作熱誠來與大夥交融互動，一起在歐華這片文字田園耕耘經營，增彩添輝。在2015年歐華作協巴賽隆納年會上，她做了《先有抱負，再談熱愛——談我個人的寫作理念》的報告，將寫作與民俗風情結合得恰到好處，表達了先有抱負再談熱愛的寫作理念，引起了與會者的極大興趣。

朱頌瑜還擔任香港《華夏紀實》特約歐洲主編、廣東歸國華僑作家聯誼會會員、瑞士中華文化促進會會員、廣州民間工藝家協會顧問。參加不少社會活動，為社會的文化事業做出貢獻。從2013年她開始給德國《華商報》寫稿，發表過《老市長Strauch情系古董店》和《從「無條件白髮基本工資」透視瑞士的民主制度》等多篇文章，已為德華讀者所熟識。

　　近年來朱頌瑜專注於中西傳統文化和民間藝術的對比研究及傳承宣導。也關注民俗學、生態環境、農業科學、鄉村建設、博物館建設和野生動物保護的發展走向，並圍繞此類主題進行文學創作。她自己表示：「願以美學的溫度去修身，以有限的文字能力為當代瀕臨消失的美好事物裡留下記錄，以喚醒工業時代和電子時代人類心靈深處的眷戀和恍若前世的記憶。」

　　朱頌瑜如此感悟自己的人生：「年少年輕的時候，我一直是個不安分的人，從南走北馳到遠走他鄉，擁有過一段沒有辜負的青春。人生至此，家庭，孩子，事業均完整完滿，雖然不曾有過過人的成績，然而四平八穩走到即將中年，驀然回首時憬然頓悟：『中庸』，『平衡』和『無為』乃屬生命哲學的大智慧。」

　　在青春路上一路奔跑過來的朱頌瑜是同齡人中真正靠自己而走到今天的典範。如今的她十分從容，也依然清澈。她有很多的故事和經歷，理想和抱負，但是她依然樸素，依然散淡。如今的她希望在各種人生角色都能平衡得好的情況下，做好兩種文化間的一座橋樑，繼續閱讀，繼續寫作。以追求耐讀而且有美感的文字為目標，努力創作出有自然精神和人文情懷而且能造福社會的文學作品。

西楠
講述留英華人青春故事

　　歐華作協創會會長趙淑俠大姐一向關心協會薪火相傳的問題。早在1991年成立大會上她發表的主旨演講《一棵小樹》中，就把新成立的歐華作協比作一棵才種下的小樹苗，希望它綠樹成蔭，繁花滿枝。她語重心長地說：「我們的目標不僅是以文會友，也要提攜後進、培植新人，做些植根和薪傳的工作，以便將來老的一輩息筆之後，能有新的一代跟上來。」這次撰寫文友小傳系列，趙大姐在審閱之餘，還關心地垂詢，我們協會最年輕的會員是哪幾位？

　　這個問題我還真回答不了，四處求教，結合這幾年新入會的情況，才知道，協會年輕的會員都是70後、80後，有七八位，而且都是女作家，她們的寫作還在發展之中，前途正不可限量。這裡介紹一下最年輕的一位——西楠。

　　西楠是筆名，本名黃南茜。80後作家。她生於湖南芷江，那是1945年侵華日軍派代表接洽投降事宜的地方。正所謂「烽火八年起盧溝，受降一日落芷江」。

　　西楠到英國留學，獲倫敦政經學院比較政治學碩士學位。曾任媒體記者、編輯。現為自由作者，詩人。2013年，我在歐華作協柏林年會上見到她，還是個青春靚麗的姑娘。

　　年輕的西楠已出版了一部長篇小說。這部小說名《紐卡斯爾，幻滅之前》，在作家田瑛和黃土路的幫助下，首發廣西《紅豆》雜誌長篇專號，2012年在重慶大學出版社出版，231頁。小說副標題：致我們無法忘卻的青春疼痛。紐卡斯爾是英格蘭北部歷史悠久的海

港城市，數萬留學生駐紮其中的「活力之城」。小說以它為背景，講述留英華人學生青春故事。

小說以女主人公「左言」的第一視角，通過自述的形式描繪了一個性情率真的留學女生在英國的求學歷程。抵英沒多久，獨自在外的左言遭到了寂寞、孤獨以及常年陰霾天氣的困擾，不期而遇的一位北京男生張天宇，恰在此時介入她原本自認為堅固的「遠距離戀愛」感情生活。紐卡斯爾本是座以夜生活豐富而聞名的娛樂城市，這又促使了左言和「朋友們」最終選擇在那裡，通過「喝酒、狂歡、聚會、跳一隻搖擺舞」來麻醉自己，在「那片夢想與現實之間的灰色地帶」游離。按左言的話說就是「我不快樂，但是我有快感。」

據英國資深媒體人谷陽評論，書中的幾個角色在如今的華人留學圈中都很有代表性。從身堅志殘、最終退學淪為遊戲和賭場常客的張天宇、劉遠「兄弟」，到「霸氣側漏」的富二代徐超，以及終日將自己沉浸在「白富美」幻想中的譚小娜。寥寥數筆，一兩件事例，作者便讓幾位角色的個性輪廓清晰浮現，一個典型留學小圈子的生活躍然紙上。

而中國資深電影人、媒體人江小魚則認為，西楠用洞察一切的雙眼，俯視青少年在成長中的出軌，將成長的青澀和壓抑融入每一段敘事中。放眼當今文壇，記錄海外華人遊學的作品本不多見，描述留英學生的作品更是鳳毛麟角，因此西楠撰寫的這部小說，便可被稱作記錄留英學生生活的的開山作之一，一出版就廣受關注。

英國《華聞週刊》還專門派記者亦川採訪，問道：你的小說在多大程度上反映了留英中國學生的生活狀態？

西楠：書中有很大的成分是真實的，但不一定是發生在我本人身上。可以說，書中包含了我周圍一些人的故事，我只是把這些素材融合到了一起。書中寫到的只能是一部分留英中國學生的狀態。

記者：書中有一些內容可以用頹廢來形容，你會不會擔心這些情節傳達了一種錯誤的形象？

西楠：也會有擔心。國內的一些朋友看了這部小說之後開玩笑說，中國的父母看了就不敢送子女出國了。我覺得，小說畢竟是文學創作，不能夠具體到真實生活中。雖然部分內容的真實性比較高，但反映的也只是一部分人的生活。我接觸過的留英學生中，很大比例的人是積極向上的。

海外華文文學評論家陳瑞琳評說道：「當代80後作家最了不起的貢獻是寫出了青春與生俱來的徹骨之痛，這種痛苦因為遠離了物質，從而站在了人性的精神之深淵。西楠的更了不起，是寫出了青春流落在海外的更加擴張、更加劇烈的痛苦。這種痛苦的深刻，不僅是屬於青春，也是屬於人類，或者就是人性深處的一種無可救藥。」

2013年《紐卡斯爾，幻滅之前》在《人民文學》雜誌社及其編輯徐則臣的推薦下，榮獲首屆「紫金・人民文學之星」長篇小說類提名獎。這個文學獎是由《人民文學》雜誌社、江蘇省作家協會和南京大學聯合主辦的全國性文學大獎。旨在鼓勵有夢想、有精神追求的30歲以下的青年作家，把目光鎖定在那些藝術地探索精神處境、人性狀態以及人的全面健康發展的作家作品上。年輕的西楠的小說能獲此獎，既不容易，也很幸運。

同年9月8日在南京舉行了首屆「紫金・人民文學之星」文學獎頒獎典禮。此次評選中，長篇小說大獎空缺，冬筱、西楠，獲長篇小說提名獎。冬筱的《流放七月》是大學期間創作的長篇小說處女作，以年輕人的視角回望祖輩的人生。而西楠的長篇小說《紐卡斯爾，幻滅之前》則關注了域外年輕人的生活。這是對西楠多年來辛勤筆耕的一個莫大鼓勵。

西楠不僅寫小說，還寫詩。2014年，在孟祥君老師和劉凱老師

的幫助下，北京聯合出版公司出版了西楠的現代詩集／攝影集《一想到疼痛我便想起我的小腹》。

書中的100首現代詩歌呈現了作者身為一位年輕「女性」在全球化現代社會中的自我成長（或是「經歷」）：創作時間由2005年（或更早）至今，內容從最初的表達宣洩，中期的憤怒、反叛與抵抗、追逐自由，到後期，嘗試丟棄不必要的價值評判、與這個世界及生活本身達成妥協。

一個女性，100首現代詩歌，100張隨手拍影像。這是她，在「當代社會中的自我成長，喧囂世界裡的內心追問。」著名詩人沈浩波評論說，「……西楠在誠實地寫她自己。我特別想強調西楠的詩歌中那種乾淨的氣質，連疼痛和陰影都是乾淨的，但又有顆粒、有質感、有味道。她擁有賦予殘酷以溫柔、賦予悲傷以明亮的天然反轉能力，像兩枚釘子，釘在愛與孤獨之間那片巨大的原野上。」

西楠還翻譯過《室內設計哲學》（阿伯克隆比著），與人合作翻譯了海明威的《老人與海》，由中國對外翻譯出版公司，2013年出版。

西楠勤於寫作。各類文字，包括新聞報導、採訪類，散見於：中國新聞社倫敦分社、《南方日報》、《羊城晚報》、《北京青年報》、《花城》雜誌、《詩歌月刊》、《紅豆》雜誌、《廣州文藝》、《都市》、《中國婦女報》、《中國女性文化》、北美《僑報》、《世界日報》、《詩天空》、《新大陸》詩刊、《英中時報》、《倫敦時報》、《華聞週刊》、《新歐華報》及若干英文雜誌等。網路及其他媒體亦有大量轉載。

詩歌作品入選《中國詩人詩典》、《中國當代詩歌選本》、《2011-2012中國詩歌選》、《當代中國海外詩人》、《第33屆世界詩人大會年選》等。西楠曾在英國BBC中文部網站「英倫網」，國內廣州《新快報》等海內外媒體開設有專欄。在文心網建有專輯。

她的網易名博，點擊量達200多萬。

2013年西楠加入歐華作協。在協會文集《餐桌上的歐游時光》中發表了《英國國菜：炸魚和薯條》一文。她還是世界詩人大會會員、海外華文文學創作團體「文心社」成員，廣東省作協會員。

西楠認為，寫作是生命過程中的發問與探索，是在生命過程中構築的一個世界。她稱自己願在文字中「以善意與玩笑的姿態憤世嫉俗」。

作家盛可以評論，「西楠的作品中呈現出幾近裸露的真實與自我剖析，試圖記錄洶湧澎湃的生活本質，不擇美醜，直面破碎，同時針對當下道德與價值觀提出質疑和哲思，推崇自由、獨立的精神。」江小魚則認為「其寫作語言展示出她的膽識與內在激烈的生氣，在王家衛加王朔加塞林格的雞尾酒似的輕盈與靈性中，純淨與殘酷輪流出現，恰似一顆珍珠，渾濁不清的顏色，掌心盡皆細小的棱角，讓你知道裡面必定有一粒沙，不然何以形成。」

歐華作協創會會長趙淑俠大姐更是高度讚譽，說西楠年紀輕輕就已發表長篇小說，其他作品也不少，「可能就是未來的大寫手，讓人看到歐華作協美好的明天」。

加油啊！西楠！

岩子
德華詩人，譯寫兩栖

當前，隨著中國經濟的高速發展，中華文化也需要更好地走出去，在這一方面，非精通中西文化的外語人才不可。好的作品如果沒有好的譯本，則難以推送世界。在德華作家中就有這麼一位，把中國的唐詩，用優雅的德文翻譯出來，傳播給德語世界。她的譯品，就連十分挑剔的德國文化人也交口稱讚。這位作家就是岩子。

岩子，德國僑界對這位作家並不生疏，人們經常在《歐華導報》、《歐洲新報》和德國《華商報》上讀見她的詩作和文章。可是很多人並不知道，她還是一位翻譯家，翻譯過《戈培爾傳》這樣的大部頭著作。

從小博覽群書

岩子是筆名，本名趙岩。說起她的家世，先從母親這一脈說起。她母親姓蘭。本是藍姓。藍姓在中國不算大姓，但在明朝出過一員開國名將，叫藍玉（約1341-1393）。曾率軍征戰川滇，大破北元，官拜大將軍，封涼國公。朱元璋盛讚藍玉可比漢之衛青、唐之李靖。但後來這位皇帝濫殺功臣，以「謀反罪」處死藍玉，牽連致死者達一萬五千餘人，史稱「藍玉案」。80多年後的明孝宗皇帝為藍玉昭雪，並追封為「開國勳臣」，肯定了藍玉的歷史地位與豐功偉績。藍家被抄斬九族之後，一支後裔死裡逃生，落戶山東乳山，

改姓蘭。傳到岩子的外祖父，一位飽讀詩書的愛國青年教師，盧溝橋事變後祕密參加共產黨，投身於抗日戰爭。上世紀50年代至60年代文革爆發之前，擔任青島市人民檢察院檢察長。女兒，也就是岩子的母親，考上了山東省建築材料工業學校（現山東建材學院，地處博山），與一位天資聰穎，才華過人，但早年失去父母成為孤兒的英俊同窗相愛相識。

畢業後，他們結為伉儷，被分配到遼寧錦西水泥廠，這就是岩子的父母。岩子即出生在渤海灣的葫蘆島。才半歲多一點兒，就隨著父母工作調動，來到陝西耀縣水泥廠。該廠是國家「第一個五年計劃」期間156個重點項目之一，規模堪稱「亞洲一號」。耀縣亦為唐代醫學家孫思邈的故鄉，如今還留有名勝藥王山。岩子說：「小時，發了一次高燒後，突然就癱瘓了，怎麼治也不好，數月之久。可把母親給愁壞了。後來，一位同事給她出主意，去藥王廟求求神拜拜佛，媽媽真地就去了，想必把我也帶上了。結果，也神，我真的就好了，又會走路了。」

約摸三四歲的時候，一紙調令，岩子又隨其父母來到寧夏，籌建青銅峽水泥廠。六十年代初，青銅峽簡直就是一個兔子不拉屎，荒涼至極的山溝溝。5歲多時，她被西河口小學破格錄取，開始了讀書的生涯。雖然在班級年齡最小，但成績卻最好。窮鄉僻壤的，沒有什麼圖書館，母親就為她訂閱了一份《中國少年報》，除此之外，家裡還訂有《人民日報》和《參考消息》。當年的以巴衝突、坦贊鐵路、波札那（又譯博茨瓦納）獨立等等消息都是從報紙上懵懵懂懂看來的。

岩子說：「親友們欣喜不已，驚訝我這麼一個小小孩竟然能夠閱讀大人的報紙。其實，裡面有許多字我並不認識，渾在那裡順著杆子溜棍子呢！兒時，自己可以過目不忘，毛主席的37首詩詞，看過一遍就能復誦。記得有一回晚飯後，母親突然地把我叫過去背

書，語文課那天上的是《駱駝和羊》，而我放學回家一直在玩耍，僅僅憑著白天的記憶，竟然在母親那裡蒙混過關。」

岩子記憶中的父親是個文學青年，喜愛看書，偶爾，還會讀書給孩子們聽，時不時寫寫弄弄，給報刊投個稿什麼的。後來父母雙雙被調到銀川，他在自治區建材局工作，還當過一份專業雜誌的主編哩！岩子回憶說：「我生命最初的有些書，是在父親後面跟著看的。還清楚地記得有那麼一套書，是跟隨父親走了很遠的路，在一家書店裡買回來的。那是一套短篇小說選，其中有一篇是茹志鵑的《靜靜的產院》，印象特別深，連作者帶標題都記住了。還有一篇寫秦嶺的，說是的一位女少先隊員，在寶雞火車站花圃前，為漂亮的花朵所吸引，描寫她特別想偷偷地摘一枝的心理活動。結果當她走進大山之後，在那裡發現了同樣的花朵，美麗有加。我的文學啟蒙和讀書生涯大致如此起步的吧。」

因為落後偏遠，除了報紙、收音機、學校，知識的來源再就是家中的兩個書架，和一隻跟隨父母從山東輾轉到寧夏的木箱子。那裡面的書，但凡能看的都被囫圇吞棗了。最最喜歡的恐怕是那一套《十萬個為什麼》了，岩子說，她還試著做書裡給出的實驗，解其中的數學題呢！

剛剛升入小學4年級那一年，文革開始了。岩子的父母因莫須有的罪名被批鬥和關進牛棚，而她自己也因此不斷遭人欺辱。母親為她初小最後一年專門買的新書包，第一天開學，就被壞同學捅了幾個窟窿眼。上學之於她幾近一件十分恐懼的事情。某一天放學回家，媽媽見她的新課本變成了「陳伯達和江青的講話」，隨手把那油印件扔向一邊，說：「不去了，什麼破學校！」

岩子大哭了一場，哭得很傷心，很傷心，為了那個讓她又愛又怕的學校。

青島就讀，打下深厚基礎

1970年，母親在親戚的幫助下，把剛剛升入初中的岩子和弟弟妹妹，送回了老家青島就讀。沒多久，岩子便由一個默默無聞的新來生，成為班裡引人注目的拔尖學生。語文課上，她的作文經常被老師作為範文評講。英語，也漸漸地趕了上來，因為之前在寧夏，學的是俄語。

1973年，岩子考入了當時的嶗山一中讀高中。該學校是現在的青島五十八中，山東省的重點中學之一。那是一個十分美好的校園，明亮寬綽的教舍，林蔭路兩旁爬滿了葡萄藤，秋收的時候有成筐的果瓜梨棗分著吃。學校還有一座校辦工廠，學生們時不時到那裡勞動實踐。文藝方面該校在青島市也是鳳毛麟角。非常幸運的是，入學不久，她就被學校主管文藝的音樂老師發現，培養成為學校宣傳隊的領舞和隊長。代表學校參加過兩次青島市中學生匯演，分別獲得了二等獎和四等獎。

岩子回憶說：「在嶗山一中的兩年，可謂我生命中最最難忘和如花開放的一段時光。那個年代沒有什麼了不起的功課，玩的時間比學習的時間多。正好，在校宣傳隊裡，有一位每逢演出，必然回校為我們充當伴奏的老畢業生。從他那裡，我開始接觸到除了蘇俄文學以外的一些外國經典名著。那些書，全是他當年破四舊立四新時，從學校圖書館將要被焚毀的書堆裡偷偷搶救回家的。或許是右派的兒子，所以他比較清醒和早熟？

嶗山一中的老師可謂個個強大和優秀，他們給予我的知識和恩惠從某種程度上甚至超過了我的大學老師。數學老師講課講的精彩極了！無論多麼複雜的數學公式，幾何函數，一經他推導，全部變得明明白白，輕而易舉。語文老師就更不用說了，變相地教給我們如何讀書做人、不要人云亦云。批林批孔時，他非但沒有帶著我

們批，反而把孔子的《論語》搬上課堂，滔滔不絕地講給我們聽。至少我當時覺得，孔子說的沒錯啊！況且，我自己就是被家裡人用《三字經》給教出來的。後來，我問過我的語文老師，他當時是怎麼想的，因為他的這種行為堪稱冒險。老師對我說，他是想變相地點撥我們，獨立思考，吃別人嚼過的饃不香！」

德語科班，留校任教

　　1975年岩子高中畢業，分配到青島一家汽車運輸公司擔任品質檢查員。除了吃飯，岩子把所有的工資剩餘都變著法兒訂報買書了，譬如《中國青年報》、《人民文學》、《大眾電影》、《當代》等等。那段時間，岩子白天上班，下班後，去夜校旁聽機械製圖課。1977年恢復高考，落榜之後，她考入了青島市業餘大學中文系。其中有位教授文藝理論的宮肇智先生，引導她走上文學道路，給她不斷地輸送《斯巴達克斯》等等經典世界名著。後來才知道，他來自於青島市文聯，是某文學雜誌的編審。有了業餘大學的基礎，1980年岩子又考了一回，且順利考中。岩子說：「我執意學習法律，概因耳聞目睹文革時期無以數計的冤案假案和錯案，以及極權、專制和愚昧所釀就的國家的和個體的悲劇與災難。然而卻受到了父母煞費苦心的勸阻。最終以一句『黨比法大』和一位畢業於北京政法學院的茅阿姨的現身說法，打消了我非學法律不可的念頭。母親說那就學習德語吧！只因她和父親在錦西水泥廠化驗室期間，曾經與東德專家有過那麼一段接觸，印象蠻深。媽媽隨口而來的一句建議，決定了我今後一生的命運。」

　　就這樣，岩子又來到了陝西，入讀西安外國語學院德語專業。從走進大學的第一天，岩子就決定，隱姓埋名，兩耳不聞窗外事，一心唯讀聖賢書。她覺得自己被耽誤和荒廢的光陰太多啦！因此，

入學之後岩子所做的第一件事情，就是鑽進圖書館，惡補文化。她開讀的第一部書籍是《莎士比亞全集》，接下來，德國史，德國文學史，《第三帝國的興亡》等等，一些之前在家裡撈不著閱讀的雜書，如饑似渴。

岩子的專業成績在同學當中也是佼佼者，畢業後留下做了教師，教德語精讀課。當時擔任中國日爾曼協會主席的系主任對她重用有加，交給一些德語作品讓她幫忙翻譯，譬如楚克邁耶（Carl Zuckmayer，1896-1977）的《魔鬼將軍》（Des Teufels General）的部分章節，甚至審稿。譬如，上海復旦余匡復（1937-2013）的《德國文學史》，實際上是岩子幫忙審的。也正好，這本書的德語原著，她在大四的時候就通讀過。所以，審閱起來，從某種程度上可以說是輕車熟路。

散文寫作，成果累累

岩子九十年代留學德國，二十一世紀走向寫作。她自謙，是一名徘徊在文學圈圈邊緣的散兵游勇。其實成就斐然。2005年，她就開始在德國華文報紙發表文章。最早的一篇是《釣魚與翻譯》，見《歐華導報》2005年5月號

迄今刊登在德國三大華報，以及《新大陸》（海外華文詩刊）、《僑報》、《紅杉林》、《世界詩人》（以多種語言對照出版的現代詩季刊）、《詩刊》、《詩歌月刊》等刊物上的岩子文章有二三百篇之多。此外她還與文友合作，出版了《在德國，我們這樣讀中學》（編輯兼作者之一），時代文藝出版社，2011年。《小鎮德國》（作者之一），紅旗出版社，2013年，2016年再版。其散文隨筆多次榮獲《歐洲新報》金鳳凰杯文學獎項，其中第一次獲獎是散文《埃及男人》，刊登在2008年2月號。散文《八月十五月兒

圓》入選2014年「文化中國，四海文馨」——首屆全球華文散文大獎賽100篇優秀作品，收入中國世界華文文學學會主編的《相遇文化原鄉》。

新媒體方面，岩子也不落人後，2008年，她就建立了新浪博客，至今已發文670多篇，點擊量接近20萬，2012年她又在文心網上開了專輯，現已發文170多篇。此外在「海外文軒」亦有專欄。

回顧多年來的創作，岩子認為值得提及的有以下幾樣東西：

> 影響最廣，讀者回饋最多的是有關德國基礎教育的長篇連載《乘著鷹的翅膀飛翔》，2007年1月首次刊登在《歐洲經濟時尚導報》，後更名為《歐洲新報》，一直12個月刊登完畢。這個長篇原載於2006年度的《遼寧教育》，被國內多家網站多次轉載，譬如《萬方資料》、《中國科技期刊資料庫》等等。「讓我有點兒小小沾沾自喜的是，跟季羨林先生的文章一起被收進了《中國基礎教育期刊文獻總庫》。」

還有一篇報告文學，可以說是她寫得最動情的一篇：《細說吉澤拉》，見《歐華導報》2008年9月。「這篇有關我的德國詩人朋友吉澤拉的文學報導，後來被上海作家俞天白先生推薦給了國內的《文學報》，標題為《我本想打一個書架，卻做了一行詩，詩中藏書千百卷》。」

「最愛國的一篇《尋找西藏問題的答案》，三部分，連載於《歐洲經濟時尚導報》2008年6月至8月。此乃跟德國人打了20年嘴仗，自己也一直想搞搞明白的結果。」

從上述岩子文章來看，不僅有抒情散文，而且透著人文關懷和家國情懷。就在採訪的這兩天。岩子微信告知：「剛才收到一個來自上海的文訊，我的散文《高迪，巴賽隆納美麗的傳奇》，榮獲第五屆

「禾澤都林杯」──「城市、建築與文化」詩歌散文大賽三等獎。」
據報導,此次賽事共收到來自全球10多個國家7600多篇徵文。

無論格律詩,還是自由體,都是高手

自2008年下半年起,岩子開始「迷」上了詩歌,又譯又寫,一部分發表在《歐華導報》、《新大陸》和《詩歌月刊》,大多詩歌集中在她的博客裡。而詩歌可以說是岩子最突出的創作成就。其詩歌《我與未來》獲首屆《萬年上山,千年月泉》全球華語詩歌大賽銅獎。最近一次獲獎是2017年「亞洲詩人翻譯獎」。

歐洲華文詩歌會會長老木寫過一篇《於細微處見高遠──淺評岩子的詩歌》,評論說:

我手上有岩子的格律和自由體兩種詩歌。無論是詩歌的意象捕捉還是詞語的表達選擇都是我喜歡的樣式──情感細緻、節奏舒緩、格局高雅。看上去,我這種一味的表揚有刻意吹捧的味道,但只要我們看看岩子的其他作品,比如她在華商報上為他人的文章寫的引子或注評,其思慮之深刻、筆調之老到,就會明白她是個文字功底深厚,深諳文學門道之人。尤其是她翻譯的德語詩歌,信達美之上,更是多了少見的靈性。這才是文學最難做到的。

這裡選她的兩首作品,從中可見其功力:

〈如夢令・憶青島〉
紅瓦白牆深院
碧水瓊漿長棧
知了唱梧桐
拾貝女孩礁澗
遙遠

遙遠

月老不覺荏苒

〈今晚，月沒來〉

夜醒了

潮濕升起

夏在燃燒的餘爐中堅持

流雲低迷

遠方開始枯萎

期待的感動

失約

一樹青蘋果

壓抑著如花盛開的記憶

在這個沒有月光的中秋

低向塵埃

如今，岩子被推舉為鳳凰詩社歐洲總社社長，在短短的幾個月內聚集了來自16個人國家的50餘名詩人、作家和翻譯家，創辦《鳳凰詩驛》並出品了包括《現代篇》《格律篇》《翻譯篇》等三種形式的微刊36期。與《歐洲時報》聯手開闢了《鳳凰詩驛》歐洲詩人專欄，將於今年9月與讀者見面。期待在不久的將來能夠為大家出品一本歐洲詩人精品詩歌集。

翻譯唐詩成德文，好評如潮

岩子在外語方面頗有天賦，精通德語、粗通英語，略知法語和世界語。德華文壇元老譚綠屏形容岩子是，「一位遊弋於東西文化

之間、譯寫兩栖、既傳統又現代的知識女性。」的確，岩子不單寫作，更重要的還搞翻譯，特別是難度極大的詩詞翻譯，不僅把德語詩和英語詩翻譯成漢語，而且把中文詩翻譯成德語，這對於非母語為德語的中國人來說，著實一件難能可貴的事情。

說起德語唐詩集《輕聽花落》，岩子做驚人之語：「那是玩博客玩出來的一本書」。一天，岩子被好友拉著去了電影院，看了一場美國故事片《朱莉與朱麗亞》（Julie & Julia）。影片的主角朱莉，是一位做過作家夢的中年女子，面對單調乏味的家庭日常，不禁有些悵然若失，尋思著找點兒刺激的活計以填補空虛。老公於是給她出了個主意——玩博客。可玩什麼呢？什麼東西可以天天玩？想來想去，想到了朱麗亞，一位曾經的美國駐法國外交官夫人，以及這位外交官夫人所編譯的一本《法國烹調》。就這樣，朱莉每天一邊學炒菜，一邊寫博客，抑或一邊寫博客，一邊學炒菜。沒想到，竟然炒出了名堂，炒驚了媒體，炒出了一本書——《朱莉和朱麗亞：365天，524道菜譜，1間小廚房》。

岩子也開始玩博客，像這部電影裡的女主角一樣，但不炒菜，而是與網上偶然邂逅的幾位詩友＋譯友，切磋譯技。岩子說，「本來在我的腦子裡，詩，還是讀原文的好。翻譯過來的詩難免有所缺失，翻譯不當，無異於一種糟蹋。」然而，詩歌必須要翻譯，因為不是人人都有能力直享原語詩歌的。出於對詩歌的熱愛，岩子一首接一首地翻譯起來。英譯漢，德譯漢，後來，變本加厲地漢譯德。就這樣，慢慢地積攢了不少譯詩。一天，曾有過交道的出版社來電話，說有一位德國人對中國詩歌頗有興趣，問岩子是否願意與他合作。哈，有德國人在那裡壓陣，那還有什麼可顧慮的呢？岩子欣然應許，立即小試了幾首，電郵給夥伴，經他稍加潤色，詩歌頓時變得靈動起來。就這樣，在接下來的幾個月中，岩子全身心地沉浸在詩歌的學習和翻譯之中。

2009年，由岩子主譯，與人合作而成的唐詩德譯《輕聽花落》在Hefei Huang Verlag出版。該書共收選了13位著名唐代詩人的40首詩歌，以及他們的生平和時代背景。她不止一次地聽讀者回饋說，意境非常之優美，中國的唐詩！尤其是獲得了一些熱愛中國文化和從事文學翻譯的德國同仁和友人們的肯定。《輕聽花落》出版後，岩子不僅被自己所在的小城請去做讀書報告，而且還接二連三地被邀請到弗萊堡和薩爾布呂肯等地講座，受到了聽眾的普遍好評。其中有一位名叫瑪格麗特・封・博爾吉西（Margareta von Borsig），本身也是一位從事翻譯的學者，後來寫信給岩子說，「翻譯得有聲有色，不僅語言流暢自如，而且意境優雅傳神。」說她又去書店買回了3本準備送人。2015年，《輕聽花落》再版。岩子不無感慨地說，「一首譯詩，如果能夠穿越語言和文化的屏障，打動目的語受眾者的心弦，並引起他們無限的遐思和共鳴，夫復何求？」

　　讓我們再聽聽專家的看法吧！

　　先介紹一位漢譯德專家戴世峰先生，1943年生。1965年畢業於上外（今上海外國語大學）德語專業，進入位於北京的外文出版社，工作到退休，具有翻譯專業最高的職稱譯審（相當於教授）。在他的工作生涯中，主要任務是將中文書籍翻譯為德文，翻譯出版了一系列介紹中國的德語叢書。參加過《毛澤東選集》德文版第一至四卷的校對工作，《毛澤東選集》第五卷和《鄧小平文集》的翻譯與定稿。2010年11月被中國翻譯協會授予資深翻譯家稱號。

　　戴世峰深知中譯德的酸甜苦辣。在一篇文章中，他如此評價岩子：

　　　　岩子，可能算不上是一個美女，但是，她絕對是一個才女。

　　　　我不知道她是什麼時候開的博。但是，打開她的博客，你肯定能得到一種享受。她的博客賞心悅目。她拍的照片非常精

美，她寫的詩沁入心扉，她翻譯的短詩更是令人叫絕。

詩歌，是她的最愛。她是詩人。她自己寫詩。她的詩，清新，真摯，感人。譯詩佔據她博客的很大部分。她學德語出身，西外畢業的，又常年生活在德國，生活在美因茨，翻譯德國或德語詩歌，是在情理之中的。然而，她還熱衷於從英語原著翻譯詩歌，膽量與文采令人佩服。我不懂英語，但我相信，她的英語譯文一定很美，同她翻譯的德文一樣美。在她的博客中，有不少從中文翻譯成德語的詩歌：她不僅翻譯中國古典詩詞，還喜歡翻譯中國現代詩人的作品，還翻譯網路或博客中她自己喜歡的小詩。她說過：「……欲罷不能，每每見到喜愛的詩歌，中了邪似的。惟一的辦法是戒網，不上博客……」詩歌譯文之準確生動，清新華麗，令我這個從事40多年漢譯德的專業人士都自歎不如。我們翻譯界常說的「洋拐棍」，是指我們中國人翻譯的洋文，必須經過洋人的修改、潤色，才能登上大雅之堂。漢譯外事業對洋人的依賴，是翻譯界長期難以克服的難題。岩子翻譯德文之純正，使我有一種「其背後一定有高人」的印象。我給她發了一個紙條，貿然地說：「你翻譯得真好。我敢肯定，你背後一定有高手。問候他了。我搞了一輩子漢譯德（漢德翻譯、德文編輯、審稿定稿），我知道。」但是，我沒有想到的是遭到了她的否定。她回復說；「是我自己鼓搗的，那些個詩歌。」這麼好的德文，這是才呀！不可多得。

在2015-2016年第四屆中國當代詩歌獎投票公選中，岩子被提名，進入了前8強，榮獲優秀翻譯獎第5名。參加投票的除戴世峰外，還有很多頂尖級的專家。如岩子的大學老師吳麟綬教授，有深厚的文學造詣，也是一名卓有學術成就的學者和翻譯家。吳教授留言說：「我非常喜愛岩子翻譯的德文詩歌。她的文字優美傳神，無

論是德譯中還是中譯德都能較好地把握和表現原詩的韻味和精華。她得獎是當之無愧的。我投她一票！」這是對岩子多年來潛心於詩歌翻譯的肯定和鼓勵。

合譯《戈培爾傳》

　　作為德語科班，岩子很早就開始翻譯德語作品。她回憶：「畢業後不久，德國當年的發展部部長施普林格攜夫人到西安外院訪問，系裡派我作陪同翻譯。部長夫人回國後，從德國給我寄來了3本從幼兒到少年的精美德語讀物。我看了之後十分喜歡，故而動了把它們介紹給中國少年兒童的念頭。於是，便騎著自行車，兩眼一摸黑地跑到了北大街等等幾個出版社，問人家要不要。出版社告訴我，他們是5年計畫，也就是說近5年內根本沒有考慮的可能。不過，我可以每本書先翻譯上3千字，拿給他們看看。結果，其中一本最小的幼兒讀物，被陝西未來出版社一位頗有眼光和膽識的美術編輯看中，破例出版，時值1987年。」

　　最先翻譯的這本少兒讀物，叫《吃不飽的小毛蟲》。後來她還譯過幾本，如《遭遇火怪》（德譯漢），遼寧少兒出版社，2003年；《狼堡魔影》（德譯漢），遼寧少兒出版社，2003年；《上鉤的魚都很美》（德譯漢），中國言實出版社，2004年；《七角魔印》（德譯漢）遼寧少兒出版社，2006年出版。

　　在德國，岩子與貝特爾斯曼公司合作，翻譯過《機會與挑戰》（德譯漢），一部對中資企業頗有參考價值的經企管理方面的文本。此外，她還是中國首次在德國舉辦的最大型紀實攝影展覽《中國人本》漢譯德文本的牽頭人，Edition Braus，2006。並且翻譯過2009年諾貝爾文學獎得主赫塔・穆勒的《中國玻璃眼球》（德譯漢），原載《禿頭戈女》，臺北自由文化出版社，2012年。

令人驚奇的是，這位女詩人不久前編譯了一本《西歐社會民主黨的過去與未來》，《歐洲新報》2015／16年進行了部分連載。岩子怎麼會想起編譯這樣一本書呢？她告訴筆者，「外祖父離休後，開始研究孔孟學說，重讀了《四書》《五經》和馬克思經典著作，試圖在中國傳統文化和現代世界文明，尤其是民主和社會主義運動之間尋找一條相容並蓄的通路，於上世紀90年中期出版了一本《孔孟學說之精華》。書中試圖將如『大同』學說，『天下為公』，『民為貴』，『仁者愛人』等思想，與民主運動、人權、人道主義、社會主義理念接軌，讓孔子的哲學思想與馬克思主義哲學思想接軌，為中國的物質文明和精神文明建設，以及民主運動和社會主義運動服務。為此，他很想瞭解一下西歐的社會主義思潮和民主進程。」於是岩子就四處找材料，為外祖父編譯了這本書稿。

　　由此，我們可以知道，岩子不僅在詩歌、文學方面是高手，而且在政治、社會等非文學類的知識也堪稱淵博，任何翻譯都能拿得起。

　　業內對於岩子的功力也是有口皆碑。翻譯大部頭作品《戈培爾傳》（Goebbels. Eine Biographie）的任務又找到了她。這本書系德國拉爾夫‧格奧爾格‧羅伊特（Ralf Georg Reuth）所著。戈培爾（Paul Joseph Goebbels，1897-1945）是希特勒的智囊，也是第三帝國的靈魂人物之一。這位納粹宣傳部長，一生給德國、給歐洲、給世界帶來了災難，但對後人來說，他也是一個謎一樣的人物。《戈培爾傳》以翔實的史料為基礎，勾勒了戈培爾的一生。全書共507頁，由周新建、周潔、岩子等人合譯而成，2016年7月由人民文學出版社出版。

　　眼下，岩子又在與專家學者合作，參加國家社科基金重大項目，即由上海外國語大學衛茂平教授領銜的「《歌德全集》翻譯」項目：翻譯當今最高水準的德文原版《歌德全集》，即40卷法蘭克

福注釋本。擬打造「世界範圍內最全、最權威的《歌德全集》評注版漢譯本」。衷心祝願岩子早日完成翻譯任務，為中德文化交流再立新功。

青峰
三代詩書傳家，三語創作詩人

　　2016年，歐華作協理事會一致同意，接受了一名新會員。他只是業餘寫詩，卻出版了一本很有分量的中、英、法三種語文的詩集《瞬間》。他就是國際作家及詩人，世界詩人大會的終生會員青峰。能用三種文字寫詩，這在華人作者中是罕見的，也是當前向世界推介中華文化所需要的。青峰能有這樣的功力，來源於深厚的家學淵源。他的父親是世界詩人大會主席楊允達。

詩書傳家

　　青峰是筆名，本名楊岡，西文Albert Young。他出生於一個書香門第，三代詩書傳家。爺爺那一輩就有著傳奇的故事。

　　楊家祖籍北京。爺爺楊承煦（1895-1966），出身貧寒，但發憤向學。15歲喪父之時，楊承煦正在滿清兩江總督端方創辦的北京陶氏學堂讀中學，因為家計已不能負擔學費，請求退學。校長認為他每試輒列前茅，中途輟學未免可惜，就告訴他：如果無力繳納學費，可向學校申請豁免，並可寄食校中免交伙食費。但楊承煦認為學校體念寒士，其情固屬感人，但一般同學都是滿清貴冑，受此特殊待遇，恐怕會被訕笑，乃婉言謝絕。校長看出他的心意，即刻公佈，凡有月考成績平均90分以上者，免繳學費。這樣，楊承煦才欣然接受，繼續上學，並堅持繳納伙食費。

　　楊承煦就是這樣，人窮志不短，活著要有尊嚴。他奮發學習，

在直隸（河北舊名直隸，包括北京）各中學舉行畢業生會考時，榮獲冠軍。蒙端方召見，並暗許以長女相配。端方（1861-1911）曾任閩浙、兩江總督，是清末有名的封疆大吏，曾領銜五大臣出使西方，考察憲政，足跡遍及美英法俄日等十國。回國之後，端方總結考察成果，上《請定國是以安大計折》，力主以日本明治維新為學習藍本，盡速制定憲法。端方還獻上自己所編的《歐美政治要義》，後世認為此乃中國立憲運動的重要著作。他推動建立圖書館，中國最早的幾個官辦公共圖書館，如江南圖書館、京師圖書館等館的創立，他出力甚多。為完成中國封建藏書樓向近代圖書館過渡，起了重要的推動作用。他也是中國新式教育的創始人之一，在各地廣辦學校。楊承煦就在他所辦的中學讀書。能攀上這樣的人家，很多人求之不得。但楊承煦的母親認為齊大非偶，不願高攀作罷。

楊承煦不負眾望，憑自己的優秀成績，進入民國開國元勳宋教仁創辦的國民大學。一邊讀書，一邊在京師圖書館打工，與館員魯迅等人相識。他在館中整理編目，博覽群籍，朝夕與魯迅切磋請益，詩文精進。22歲畢業，25歲時參加全國第二屆文官高等考試，考場設在故宮太和殿，就像清朝開科取士的場面。應考的有全國各省大學畢業生5000多名，真是群英畢集。筆試三場，口試一場。錄取450名，楊承煦名列第107名，榮耀堪比進士。

楊承煦性格耿介，雖有優越學歷，從不鑽營權位，長期擔任鐵路系統高級職員。妻子出身於官宦世家，名門閨秀，勤儉理家一輩子。她沒有讀過學堂，只念過幾年私塾。但是，家中四個子女認識的方塊字，都是她教的。最感人的是抗戰期間。楊承煦先期隨鐵路局員工撤退貴陽。家屬被迫滯留淪陷區漢口。她後來賣掉房子，帶著四個三至十四歲的孩子，不畏兵荒馬亂，跋山涉水幾千里，用三個月時間，歷經千難萬險，到達貴陽與丈夫團聚。她雖然柔弱纖小，但外柔內剛、勇往無前的大無畏精神，永遠激勵著楊家後人。

父親為世界詩人大會主席楊允達

　　青峰的父親楊允達1933年出生於武漢。抗戰勝利後，中國人揚眉吐氣。1946年楊承煦從平漢鐵路局任上調職臺灣，參加接收日本殘留的臺灣鐵路系統。楊允達隨雙親遷來臺灣，那時剛13歲。後來他在臺灣大學歷史系學士畢業，是政治大學新聞研究所碩士，法國巴黎大學文學博士。精通歷史、新聞學和文學三大專業。這為他日後的發展奠定了非凡的基礎。

　　楊允達曾在亞、歐、非三大洲駐點，作為記者走遍世界。天天分別以中、英文寫作，稿件不僅為中文報紙所採用，英文稿（用名Maurus Young）還為韓國、日本、美國等許多國家報紙採用。他撰發的新聞專電、特寫專欄，字數超過1000萬言，非但著作等身，亦足謂文稿堆積如山，這種記錄和國際採訪經驗，在臺海兩岸三地，當屬罕見。

　　這些對於一般人來講已經足夠豐富的經歷，還不是楊允達人生最精彩的部分。更令他自豪，並貫穿他一生的主旋律，卻是詩歌。60多年來，無論走到哪裡，他都不停地寫詩。從1985年起，楊允達就與世界詩人大會結下了不解之緣，曾擔任世界詩人大會秘書長15年，2008年10月在墨西哥舉行的第28屆世界詩人大會上，他以全票當選為世界詩人大會主席暨美國世界藝術文化學院院長。

　　在楊允達擔任秘書長和主席期間，世界詩人大會獲得進一步發展。起初，詩人大會或一兩年，或三四年不定期召開。從1996年第16屆世界詩人大會開始，每年舉辦一屆。歷屆世界詩人大會已在27個國家舉行，2011年在美國威斯康辛州的基諾沙，2012年在以色列的特拉維夫，2013年移師馬來西亞。2014年在祕魯首都利馬，2015年在臺灣花蓮，2016年在捷克布拉格，2017年在蒙古，都是由楊允達主持的。

楊允達夫人王曼施也是一位作家，長期擔任世界詩人大會執行委員，輔助楊允達做了大量工作，默默做出無私的奉獻。

三語詩人青峰

爺爺影響到父親，父親影響到兒子，寫作一代代傳承下來，現在輪到介紹青峰了。青峰1962年出生於臺灣。由於父親工作的原因，他從小隨著家人先後在衣索比亞，臺灣和法國長大。在臺灣讀到小學4年級，在法國讀完中學。受父親的薰陶，青峰自小即展現出寫作天賦。他的作品無論是在臺灣還是在法國的學校，均多次得到高度讚揚。初中時創作的一首詩「La Liberté（自由）」，曾獲得法國巴黎市政府頒發的最佳少年詩篇大獎。高中時，被當時就讀的全法國最著名Lycée Louis-le-Grand高級中學選中，代表該校參加全國寫作大賽。

然而青峰沒有走上職業文科的道路，而選擇了理工科。他畢業於法國頂尖工程師學院之一的Ecole Centrale de Lyon（法國里昂中央理工學院）。這裡稍微介紹一下，這樣的學院也翻譯為「大學校」。法國的高等學校分綜合性大學、專業技術學院和「大學校」三種類型。「大學校」（grande école）是具有法國特色的精英高校，是法國教育不同於全球教育發展的一種表現。「大學校」歷史悠久，並享有國際聲譽。規模一般都不大，只有幾百人，個別的上千人，但招生條件嚴格，學生品質高，畢業後很受歡迎，成為各行各業的中堅。前總統蓬皮杜、德斯坦和希拉克，都是「大學校」的畢業生。青峰能在這樣的「大學校」獲電腦工程碩士學位，實力可見一斑。

青峰隨後進入美國康奈爾大學留學。該校位於紐約州中南部小城綺色佳（Ithaca，又譯伊薩卡），與哈佛耶魯齊名的康乃爾大學，

同列美東八大「常春藤盟校」（Ivy League Schools）。胡適、趙元任和茅以升等學者名流是在康奈爾畢業的。青峰隨後以優異的成績獲得康奈爾大學全額獎學金，進入該校就讀研究所。在校期間擔任電腦工程系助教，並於一年後獲得這所名牌大學的電腦工程碩士學位。

自康奈爾大學畢業後，青峰進入一家國際大型跨國石油公司工作，先後擔任該公司法國，加勒比海和亞洲資深經理職務。他於2008年搬到瑞士居住，目前擔任瑞士一家跨國工業集團的資深管理。

對文學的熱愛，深深地融化在血液中，促使青峰在中年事業穩定後，又拿起筆來。他以中、英、法、三種語言寫作，成為一位國際作家及詩人。在他多元化的背景下，將其心靈深處的情感以最簡單，樸素，卻能打動人心的方式表達出來。他的夫人是一位畫家。兩人平時喜歡出去旅行，做義工服務社會，也共同進行創作。

說起新出版的詩集《瞬間》，青峰在序言中自述了創作之路：

> 我從去年開始就有股寫作的衝動。有一天我去國外出差時，我的妻子Stella，就像往常一樣，會送我到車站搭乘去機場的火車。這幅我們兩人相偎坐在長椅上，一邊享受片刻的寧靜，一邊等著火車到來的畫面，在整個飛行時間裡，不斷地出現在我腦海。當我一下飛機，在機場去酒店的車上，我迫不及待在小記事本上草草地寫下幾個字句，這就是詩歌《這是愛嗎？》的雛形。
>
> 這些我累積多年的情感，就像是突然找到了宣洩的缺口，像決堤的河水，滔滔湧出，無法阻擋。我想要寫給我最珍惜的人，跟他們說以前沒勇氣說出口的話。我想寫出一些雖然簡單，但卻在我生命中留下深深烙印的故事，以及一些迄今為止仍讓我激動且心跳不已的瞬間。
>
> 我發現要描寫這些情感，其實不需要太精美的字句。相反

地，越簡單的話語和簡短的字句，才更能表達和還原我所經歷過的感情。我希望以這樣的方式來形成我個人的風格。

青峰回憶說：「我一直以來都非常喜歡寫作。還記得，當我在臺灣上小學的時候，國文課老師經常將我所寫的文章念給全班同學聽。在法國上初中時，我的一篇描寫自由的文章《La Liberté》榮獲了巴黎市政府所頒發的優秀詩篇獎。雖然在此之後，我沒有繼續寫作，而是選擇了理工之路，進入了職業生涯，偕同我的妻子走遍五湖四海。但現在才意識到，這個豐富的人生經歷卻成為我最珍貴的創作靈感。中文，英文和法文都是我的母語，我覺得必須以這三種語言來寫作，因為有時某一個語言會更貼切的傳達出我內心的真實感受。

現在想起來，我雖然繞了一大圈，還是無可避免的跟隨上我父親的輝煌腳步。如果命運沒有將我帶到法國，如果我留在臺灣繼續念書，相信我可能會成為像父親一樣的記者和作家。命運將我再度放回我從一開始就應該在的位置上。我衷心的感謝在一旁默默鼓勵和支持我，讓我重新找回自己的父親。

在這個詩集裡，我共挑選出20首最新的創作。每一首詩敘述的都是我生命中某一個特殊的瞬間。希望讀者在閱讀它們時，也能感受到我這些珍貴「瞬間」裡所傳遞出的濃烈感情。

老父親楊允達是這本詩集手稿的第一個讀者。他讀後，按捺不住喜悅的心情，欣然命筆，為《瞬間》做了序。他寫道：

> 青峰「最近把他發表在臺灣《秋水詩刊》的中，英，法三種語文的詩篇和近作總計二十首，結集成書，命名《瞬間》出版問世，可以說是世界詩壇的一件喜事，我很高興為他的第一本詩集寫序，因為他是我的長子，而且我們父子都是同時能用中，英，法三種語文寫作的詩人，這的確是很稀罕的。

詩人寫詩，畫家繪畫，音樂家作曲，追求的是真，善，美。青峰說：『他想寫出一些雖然簡單，但卻在他生命中留下深深烙印的故事，以及一些迄今為止仍讓他激動且心跳不已的瞬間。』

　　青峰在他的詩創作中用簡潔，直接，透明的手法表現他的意象。他選擇的創作道路，是一條康莊大道。

　　作曲家撲捉到的美妙音符，畫家速寫的畫面，和詩人追逐的瞬間，都將是永恆和動人之美。青峰所描繪的瞬間意象：『車站』，『父親』，『飛翔』，『回家』，『這是愛嗎？』，和『路旁小館』都能引發讀者共鳴。身為青峰的父親，我特別欣賞他的『父親』和『飛翔』，能夠使我這個年屆八十三歲的耄耋老頭兒讀後感動得流淚！」

　　青峰有著雄厚的三語功底和豐富的人生歷練，又有澎湃的激情，相信他會在詩歌創作的道路上，取得更加豐碩的成果。

　　下面就讓我們共同欣賞一下《父親》這首詩，作為本文的結尾：

　　你獨自坐在桌前
　　深夜裡
　　沉浸在你的世界
　　寫著故事，寫出生命

　　你能看見我嗎？
　　饑渴的望著
　　期待有一天
　　我也能像你一樣

你抓住我的手
我們拉起釣竿
看呀，一條活蹦亂跳的魚
我高興的尖叫

你感覺得到嗎？
我心跳有多快
因為你讓我成為
那天的小英雄

我的臉上掛著淚水
不願與姥姥分開
你把我抱在懷裡
告訴我，男兒是可以流淚的

還記得我的悲傷嗎？
你輕輕將它拭去
讓我知道
明天又將是新的一天

現在我經歷了人生
也到過很多地方
但為何就找不到
當年的快樂呢？

親愛的父親

現在我獨自坐在桌前
寫下這些故事
希望能再回到
那些簡樸的日子裡

夏青青
少年來德，能賦善文

今年以來，在《歐洲新報》上，開始刊登「百名德國華人生活路」系列，這些文章寫出了他們千姿百態的人生之路，文筆也是上乘。我不禁暗問這位署名「夏青青」的作者是誰呢？

可巧在歐華作協華沙年會上（2017），我見到了一位文靜秀氣的女作家。「敢問芳名？」「夏青青」。這個名字太熟了，在德國華文媒體，經常可以看到署名「夏青青」的文章。想不到，在這裡遇見真人啦。在年會和隨後的波蘭文化旅遊中，有一周時間，文友們天天在一起，正如夏青青感言「中華子孫會中歐，歎腳步匆匆時間有限；華夏文友聚華沙，喜友誼深深快樂無涯。」大家漸漸熟悉起來。我才知道，夏青青（本名宋麗娟）竟是一位少年來德、事業有成的華文作家，這更是不簡單！不要說少年來德，有的人讀大學才來，留德幾年，中文都退化了。相比起來，夏青青對華文文學的愛好和執著，就更是難能可貴了。

華北農村培養了文學愛好

我喜歡讀夏青青的散文，從中讀出了她的喜怒哀樂，她的人生脈絡，她的文學之路。

夏青青出生在河北平原的農村。她的散文有不少回憶故鄉的，如《五月槐花香》中寫道：

我的老家是普通的北方農村小院，房前屋後種滿樹木。在北屋後面臨街種著一棵槐樹。在我的老家不流行種植果樹，也幾乎沒有人專門種花，所栽種的基本是容易成活、容易成材的樹木。樹木長大後，可以蓋房子，可以打家具。農村人更注重實用。所以在我的老家能開出美麗花朵，芳香四溢的樹木，僅此一棵槐樹。每年春天，槐樹開花的時節，我都會爬上梯子，來到房頂，深深的呼吸槐花的甜香，摘一兩串槐花，把一朵朵槐花慢慢送進嘴裡，細細品嘗。槐花香味清淡，入口細細甘甜，可以回味良久。

　　還記得兒時奶奶和父母總對我們訴說，饑荒年代槐花榆葉都可以救人一命。我沒有經歷過饑荒年代，但是小時候，我們為了嘗鮮，每年也總會做一兩次「苦累」吃。「苦累」是音譯，不知道該用哪兩個字寫。它是用新鮮的嫩榆葉和槐花拌上家中能夠找到的雜面蒸制而成，吃時佐以搗碎的大蒜加上醬油和醋。如果說好吃，那是言過其實。但是每年春天如果不吃一次，就好像春天沒有去踏青一樣，令人若有所失。

《故鄉的冬天》描寫北方的寒冷和家庭的溫馨：

　　故鄉的冬天是寒冷的，寒冷的冬天在我身上留下終生烙印。

　　三十年前農村的生活條件艱苦，我小時候身上穿的是母親一針一線縫製的衣服，冬天穿厚厚的棉褲棉襖，腳上穿棉鞋。棉褲棉襖裡面絮的是棉花，棉鞋的鞋底是用一層一層母親在夏天用碎布頭、舊衣服加漿糊打成的「夾紙」縫製而成，鞋幫裡面絮的也是棉花。如果天氣乾燥，那麼棉衣棉鞋也足以保暖。可是下雪後，特別是天氣回暖雪化時，不到半天棉鞋就濕透了，凍得雙腳冰冷。幼時家貧，沒有襪子手套保暖，每年冬天

雙手雙腳都會長凍瘡。在寒冷的地方還不覺得什麼，可是來到溫暖的地方雙手雙腳便麻癢難耐。每年春天天氣轉暖，在學校上課時總坐不安穩，課桌下的雙腳悄悄互踩，稍解麻癢。

故鄉的冬天更是溫馨的，溫馨的冬夜改變了我的一生，在我的人生之路上刻下難以磨滅的印痕。……

農民一年從春忙到秋，只有在冬天才稍有閒暇，但依然不是無所事事，在冬天也有許多事情要忙，其中之一是織布。三十年前買布需要布票需要錢，布票和錢都是有數的，一大家人要穿衣蓋被，就必須主婦自己紡線織布裁剪縫紉。用來紡線的棉花有的是生產隊分的，有的是我們從分到各家當柴燒的棉秸上摘下來的。……

織布的工序繁複，最勞累的是一家主婦，但是家裡其他人，包括孩子們，也要幫忙參與工作。記得在故鄉漫長的冬夜裡，一家人聚在北屋，母親坐在炕上的角落裡搖動紡車紡線，父親坐在八仙桌旁的太師椅上，幾個孩子坐在小板凳上。父親和我們的手裡都拿著棉花，父親一邊和我們一樣把棉籽從棉花裡摳出來，一邊給我們講故事。有時候也有一位本家伯父坐在另外一把太師椅上，加入講故事的行列。

那時候我們最愛聽《西遊記》的故事，猴王出生，學藝，大鬧龍宮取得金箍棒，大鬧天宮，三打白骨精，三過火焰山……，我們百聽不厭。至今記得父親做出猴王從耳朵裡掏出金箍棒的樣子，把金箍棒放在手裡，吹一口氣，嘴裡說「長長長！」，然後金箍棒就長長了！多麼神奇！……

在故鄉溫馨的冬夜裡聽到許多名著故事，那便是我接受的啟蒙教育，是我最初接觸文學，從此愛幻想愛看書，文學從此成為我一生的摯愛。

夏青青的父親是鄉村中學的語文老師，給她教語文，也把文學愛好傳給她。她《明月梅花一夢》中說：

　　那是初一那年的寒假，當時《紅樓夢》剛剛解禁，父親一位在大學中文系讀書的學生拜託幫忙購買。父親跑了幾天四處尋找，好不容易買來兩套。人民文學出版社出版，定價三四塊錢的樣子，當時可算「重金」了。那天黃昏父親再次從省城回來，帶回來厚厚三大本書。站在堂屋，父親手撫書本，表情複雜。《紅樓夢》是我慕名已久的書，跟隨進屋，兩眼放光直勾勾盯著那暗紅的封面，恨不得一把搶過來，全然不曾留意父親的目光。知女莫若父，恰巧寒假，沒什麼功課壓力，父親笑笑把剛買來的書交到我手上。拿到書，如獲至寶，即刻轉身回到和姐姐同住的南屋，迫不及待地翻開第一頁。

　　那個寒假兩個多星期，我上午讀《紅樓夢》，下午讀《紅樓夢》，晚上還是讀《紅樓夢》。在南屋的書桌前燈光下讀《紅樓夢》，在西屋（廚房）風箱邊藉著灶火讀《紅樓夢》。有客人來，打過招呼馬上逃走去讀《紅樓夢》。飯後麻利地刷鍋洗碗收拾打掃，然後跑走去讀《紅樓夢》……

　　讀《紅樓夢》，第一遍囫圇吞棗，第二遍不求甚解，第三遍……

　　在北方農村簡陋的房屋內，當然不無嚮往大觀園奢華優雅的環境，不無羨慕紅樓中人錦衣玉食的生活，但是那些離我太遠太遠了，真正觸動我心的是大觀園結社吟詩的風雅。通讀《紅樓夢》，喜歡上古典詩詞，開始有意識地尋找古典名篇，學習背誦。《紅樓夢》中詩詞曲賦，短到對聯、五言詩，長到《葬花吟》、《桃花行》、《芙蓉誄》，都能背誦如流。一首首詩歌，一場場熱鬧，恨不能親身參與。

南德都會成長為白領精英

夏青青雖然喜歡《紅樓夢》，但鄉村畢竟不是大觀園，那時，連進縣城都很稀罕，更不用說走出國門了。出國機緣來自爺爺。夏青青的爺爺早年赴臺，後來輾轉到了德國。那個時代，因海外關係，她家吃了不少苦頭，但一直和爺爺保持著藕斷絲連的書信聯繫。兩岸不通郵的時候，都是轉寄到第三方，請朋友拆掉信封，另外封好，再次寄出的。直到1980年夏天，老人第一次回國探親，夏青青等四個孫輩才第一次見到爺爺。之後決定申請全家團聚，那時改革開放剛剛開始，這種情形非常之少，申請護照就花了三年時間，到1983年夏天才拿到護照。夏青青和弟弟年齡小，不用簽證，所以趕在年底之前來德國慕尼克陪爺爺過耶誕節。而她的父母和姐姐是84年春天才來的。

夏青青還清楚地記得，1983年12月18日這一天：

> 那是一個寒冷的冬天。那天上午，柏林時間早上九時許，當法蘭克福的人們揉著惺忪的睡眼邁著匆忙的步伐趕去上班的時候，一架在雲層中盤旋許久的中國民航客機終於徐徐降落。若干時間後，一個十多歲滿臉稚氣的女孩，一手提著一個黑紅方格的小箱子，一手拉著一個更加年幼的男孩的手，走出海關，東張西望，遲疑片刻後眼睛一亮，走向一位頭戴禮帽的老派紳士。

> 那個小女孩，就是我。三十年前，我帶著弟弟來到德國投奔祖父，三年前他回鄉探親才第一次見到的祖父。那是我生平第一次遠行，一下子跨出巨大的一步，一步從故鄉北方農村來到歐洲的大都市，一步從前世來到今生，開始我的新生活。

夏青青人小志氣高，剛學了半年德語。就強烈地要求插班上德國中學。她以驚人的毅力，與母語為德語的同學同臺競技，苦讀5年，拿下了Abitur（文理高中畢業證）。順利進入慕尼克大學深造，取得經濟學碩士學位。畢業後在國際四大諮詢公司之一的KPMG從事諮詢工作，積累多年經驗後，於2002年更上層樓，通過嚴格的考試取得德國國家認證的稅務諮詢師（Steuerberaterin）資格，這對於德國人都是非常難考的，更不用說母語非德語者。現在她擔任南德日報（Süddeutsche Zeitung）專業諮詢師。這是受人尊敬的白領精英。

厚積薄發寫中文

從剛才引用的幾篇散文來看，夏青青的文學功底確實不錯，很難想像，這些文章出自一個十多歲就來到德國的華文作家之手。

這一方面得力於夏青青在中國打下的扎實基礎，也有賴於她在德國的繼續努力。在《青燈黃卷憶故人》中她寫道：

> 三十年前，我少年出國遠涉重洋，初履異鄉，語言不通，風俗不同，驟然失去從小一起長大的朋友，異常苦悶。在課堂上變得沉默寡言，不再談笑風生。思念故鄉的一草一木，思念故友的一顰一笑，課餘不思痛下苦功攻克語言關，反而大量閱讀中文書報。手撫方塊字，如見故友；翻閱中文書，如聞鄉音。……
>
> 那時在歐洲能夠看到的中文報紙只有三種，《中央日報》、《大公報》和《星島日報》。《中央日報》的副刊水準很高，不乏名家，可是文章通常較長，字體小，看起來比較累，是需要好好消化的大餐。《大公報》和《星島日報》有一兩版文學雜談專欄，每個專欄板塊不大，長的文章分期連載，

是很好的小品。……

　　當時《中央日報》在臺灣印刷，空運到歐洲，看不到當天的報紙。《大公報》和《星島日報》在歐洲印刷，訂閱客戶郵遞家中，也不準時，但是每天傍晚在火車站專售世界各地報紙的書報亭，可以買到空運過來的當天報紙。為此祖父每天不辭勞苦跑到火車站去零買，而我每天傍晚都期待祖父回家的時刻。

　　夏青青中學幾年，就是如此這般埋頭中文書籍報刊，在書籍中尋覓故國，在文字中尋訪故人。進入大學痛下決心告別中文，揮別舊夢埋頭苦讀。畢業後在職場拼刺，她感到「倏忽人到中年，驚覺故土遙遙，故人渺渺，舊夢飄飄，不勝惶恐惶惑，提起筆來試圖挽留時間的腳步，伸出手去試圖尋摸故人的衣角。」夏青青成家後，有了「陽光王子「和「調皮王子」。看著兩個幼小的嬰兒一天天長大，看著他們彷彿重回自己的童年。從他們牙牙學語開始，夏青青即努力教他們學習中文，讓他們瞭解父母生長的國家。孩子的琅琅讀書聲驚醒了她沉睡已久的舊夢，於是人到中年再次提起筆來。

　　從2011年起，夏青青開始活躍於德國華語文壇。她的作品以散文為主，主要發表於德國華文報刊《歐洲新報》和《歐華導報》，並有作品在國內文學期刊發表。她的處女作《故鄉的冬天》獲得2011年《歐洲新報》有獎徵文三等獎，散文詩《濤聲依舊，月落風霜》獲得中華散文網主辦的2014年「中外詩歌散文邀請賽」散文組一等獎。

作品結集《天涯芳草青青》

　　辛勤筆耕多年，夏青青積累了不少作品。她說：「筆者近年來業餘拾筆寫作，題材多是個人生活，今年父親去世後決意篩選整理所書所寫，從二百餘篇文字中選出六十八篇，連同文友所寫的數篇

評論文章，編輯成冊，定名為《天涯芳草青青》。」這部文集2017年3月由中國文聯出版社出版，全書300頁，20萬字。

剛才所引用的那幾篇散文都收入其中。懷念故鄉的文章還有不少，如《故鄉的年味兒》、《最後一個春節》、《黃花正年少》等等。還有一些旅遊文學作品，如《大西洋，一天的四季》，描述海濱變幻的景色；《夢回康橋》，令人想起徐志摩。

作品集中還透出她對西方生活文化的體驗，如《紅與白》是她對東西方文化的比較，很受讀者的關注：

> 結婚是每一個女人一生中最重大的日子，出生在東方成長在西方的我接受中西方文化，婚禮也是中西合璧，東方婚禮的紅色和西方婚禮的白色貫穿我的婚禮。
>
> 那天我身穿雪白的婚紗，緩緩步入教堂，和心上人攜手步上紅地毯，走向神聖的祭壇，發下神聖的誓言。
>
> 那天我身穿大紅的旗袍，快步走進飯店，和心上人一起鞠躬答謝來賓，一起切蛋糕，一起對賓客舉杯。
>
> 白色的宗教典禮，紅色的世俗婚禮，紅色和白色交會。莊嚴神聖的西式典禮，熱鬧喜慶的中式喜筵，東方和西方交融。
>
> 白色是西方，冷如清風，淡若白水。
>
> 在西方，親友到飯店吃西餐，每人各點自己喜好的，每人各守一盤，安安靜靜吃自己的，決不會推來讓去。不想吃什麼，不想喝什麼，也不會有人硬勸。
>
> 請客送禮，別擔心，盡可以大大方方地問對方想要什麼樣的禮物。主人如果想要紅包，也會毫不遮掩地告訴你。沒準收到喜帖的時候，準新人會附上一個地址，告訴你在哪家商店有一整套新人選好的家居用品，大到客廳櫥櫃臥室床鋪，小到廚房杯盤刀叉，由你自己選擇，避免新人收到第五個咖啡機的尷尬。

到友人家做客，主人提前問你喜歡吃什麼別歡喜感動，主人要求你自己帶吃的喝的來，也別驚訝意外。上門做客，不知道送什麼的時候，帶去一點自己親手製作的東西，即使細微到一瓶自己製作的果醬，或者從自己花園剪下的一束花，主人只會更加喜歡熱情道謝。

這樣的作品，沒有在歐洲多年生活的經歷和思索，是很難寫出來的。喜歡中文的夏青青也深深地浸潤過德國文學，《溫柔的光》就改寫自德國女詩人德羅斯特・許爾斯霍夫的的詩歌《月出》，這要求對雙語都要有深邃的理解和極好的文字功夫。

夏青青的賦

夏青青極好的文字功夫表現在她還能寫「賦」。最讓我讚賞，驚訝的是收入《天涯芳草青青》的一篇賦《白玉蘭詩會序》：

> 青青出身寒微，素喜詩文。彎月斜掛，朝露打衣，樹下吟哦神遊天外；四壁蕭然，一燈如豆，夜深捧讀微笑拈花。父為嚴師，傳道解惑；女侍庭前，厚望殷殷。
> 惜少年赴歐，對高鼻深目，苦習ABCD歌德莎翁。然靜夜懷思，終不忘之乎者也李杜蘇辛。
> 及長，斗米難求，輾轉兮奔走；白居不易，蹇蹇兮風塵。職場熙熙，終棄舊夢；柴米碌碌，愧對前盟。
> 倏忽紅衰翠減，感流年似水；高堂明鏡，羞兩鬢星星。長夜漫漫，夢回鐵馬冰河；芳草萋萋，忍看斷壁殘垣。回首前塵，悟已往之不諫；重尋舊夢，知來者之可追。遂敲打鍵盤，燈下碼字。流連網路，百度交遊。小溪奔大海，堪歡浩淼；蜜

蜂醉花間，長嗅芬芳。

偶識藍晶飛月，齊魯才女也。善工丹青，巧繪玉蘭，形神俱備，淡雅天然。盼余題詩。而余自恨才短，恐汙雅繪，心下惴惴。

夫四大名著，唯愛紅樓，嘗慕大觀園海棠雅集，乃傳書廣邀，行「白玉蘭詩會」。幸諸友赴會，冠蓋雲集。吟詩作詞，談文論道，網路恍似大觀；舊雨新知，古典現代，天涯依稀蘭亭。

詩會作品，幾近百篇。佳作疊現，精彩紛呈。觀諸君之作，或清麗典雅，或瀟灑疏狂，詠物言志以抒懷，因寄所托而喻意，洋洋灑灑，絕不相類。蓋言為心聲，文以敘志，故命題相同，立意殊異。

竊思人生亦如是，生老病死，亙古不變。然生時或頂天立地，名留青史；或結黨營私，遺臭萬年；或營營役役，名隨身沒。此，皆書寫傳記也。而余為文不喜華麗奇詭，但求平實明瞭。處世亦然。不思進取，不冀聞達。朝八晚六，歸來且伴嬌兒；隔三差五，舉案以奉嚴親。閒蒔花草，悶讀詩書。朝樂日出，暮賞晚霞。園內多草，不嗟籬下少菊；心中有壑，何歎眼前無山。待人以誠，交友以心。庶幾，無為亦無憾矣！

嗚呼，知音難覓，聆聽高山流水，念古人曠世奇緣；幸哉，足不出戶，結交五湖四海，借今日科技之便。人云網路虛幻，人心不古，空恨世風日下；余見友誼真實，以文會友，欣喜玉蘭飄香。

昔蘭亭雅會千古佳話，海棠詩社萬世流芳。玉蘭詩會，網路美談，豈成過眼雲煙？故而拙筆撰文，後日覽之，必將有感於斯文。

時維辛卯，序屬蘭秋，芳草青青，天涯謹記。

我們知道「賦」是一種很特別的文學體裁，半詩半文。《文心雕龍‧詮賦》說：「賦者，鋪也」。它既像詩又像散文。說它像詩，是因為它要押韻，也就是一定程度上講究對仗；說它像散文，是因為它在寫法上講究鋪陳。這種文體的雛形，是以屈原的《楚辭》為代表的「騷賦」。定型流行於西漢，曰「漢賦」，氣象壯闊，文辭華麗，以司馬相如和楊雄為名家。到魏晉南北朝發展為「駢賦」，趨向綺麗，辭藻益茂，江淹、庾信成就最高。到了唐代，產生了科舉考試專用的試帖賦，叫做「律賦」。與此同時，在唐宋古文運動的影響下，形成散文式的賦，稱「文賦」，杜牧的《阿房宮賦》、蘇軾的《前赤壁賦》就是膾炙人口的範文。

賦的特點是排比對偶的格式，辭句的雕飾。因而「賦」就成了「遍搜奇字，窮稽典實」的代名詞。由於在藝術上注重鋪敘和形容，在語言上就要使用華美的辭藻，著上絢麗的色彩。這也就是「鋪采摛文」的意思。另外，賦也講究聲韻的美，它把散文的章法、句式與詩歌的韻律、節奏結合在一起，借助於長短錯落的句子，靈活多變的韻腳以及排比、對偶的調式，形成一種自由而又謹嚴，流動而又凝滯的文體，既適合於散文式的鋪陳事理，又能保存一定的詩意。這是「賦」這種文體的重要特徵。

明白了賦的源流和特點，就知道「賦」對文字的功夫要求極高，一般作者，輕易不敢嘗試。而少年來德的夏青青竟然知難而上，寫出這樣優秀的作品，令人稱道。單憑這篇賦，就可以肯定，夏青青的文學底氣深厚，筆力可嘉。

以文會友促寫作

《白玉蘭詩會序》這篇賦寫的是夏青青以文會友，「吟詩作詞，談文論道」的雅興。《天涯芳草青青》的最後一部分，名「高

山流水」，就收集了不少知音文友們交往的文章。這裡用高山流水比喻知音難遇。古時有位名叫俞伯牙的琴師曾在武漢龜山腳下彈琴抒懷，山上的樵夫鐘子期聽懂其志在高山流水，俞伯牙便視鐘子期為知音，知音為知己的意思便由此「高山流水覓知音」的典故而來。幾年以後，伯牙又路過龜山，得知子期已經病故，悲痛不已的他便將琴摔碎，發誓從此不再彈琴。夏青青在《葉子，生命之歌》中感歎：「平生唯愛讀書，家中藏書若干，不乏中外名著，可是有的百讀不厭，有的翻看兩頁就擱置一旁，因此體會到人和書之間，也和人與人之間一樣，能夠相遇相知是莫大的緣分。」書中「高山流水」，正是講夏青青與文友們相知唱和，互相點評的內容。

夏青青在《打磨文字，雕刻生命──試評悠揚琴風的「生命的雕刻」》一文中回憶道：

> 生命中總有一些人一見如故，生命中總有一些文字一見難忘。琴風便是這樣的人，《生命的雕刻》便是這樣的文字。
>
> 記得四年前無意中踏足百度文學類貼吧，茫茫網路不知如何偶遇琴風，應邀來到當時成立未滿一周年的慶雲文苑吧流覽，第一次看到這篇《生命的雕刻》，大為震撼，想不到在充斥風花雪月的網路也有如此文字，想不到在急功近利的時代也有如此雕刻生命的人。

就此夏青青結識了遠在萬里之遙的文友悠揚琴風（本名信書勇）。俗話說：「物以類聚，人以群分」。夏青青又通過慶雲文苑及其吧主悠揚琴風，結識了一大批文友，相互唱和，砥礪切磋，其樂融融。

2012年夏青青回老家石家莊，順便到山東慶雲拜訪了以悠揚琴風為代表的文友們。不過兩三天時間，夏青青在慶雲先後和二十幾

位文友見面，後來大家寫了不少詩文，書畫名家也贈送夏青青書畫作品。2013年2月，《歐華導報》用整版刊登了與夏青青的慶雲之行有關的詩文書畫。這也是歐華作家與國內文友民間交往的一件軼事。

在《天涯芳草青青》出版後，夏青青進一步擴大了與文友交流的圈子，加入了歷史悠久、會員覆蓋十幾國的歐華作協。正是在歐華作協華沙年會上，我得以認識這位新文友。

夏青青在籌備出版文集的同時，決意走向社會擴大視野，開始新的篇章，開拓新的寫作領域。她說：「筆者在少年時代即來到德國投奔祖父，在這裡生活30多年了。祖父在60年代來到德國，生前交遊廣闊，通過祖父我認識了很多資深旅德華人，每每為他們和她們的生活奮鬥史打動、感動，有意為德國華人畫像久矣。今年下定決心付諸行動，要採訪100位德國華人，寫一寫他們和她們千姿百態的人生之路。」

目前，夏青青正處於創作的盛期，歐華文壇的一顆新星正在冉冉上升，相信她必將有更多的好作品問世。

米格爾·張
《地中海曉風殘月》留心聲

　　2015年初夏時節，溫暖宜人，5月8日在北京語言大學會議中心舉行了米格爾·張作品《地中海曉風殘月》發佈會，由北語大漢學研究所主任黃卓越教授主持。參加會議的有米格爾·張的夫人張琴和親屬；生前好友北航教授、中國作協會員馬自天，中國電影資料館研究員付郁辰，舞蹈學家丁良欣等；國內外嘉賓還包括歐華著名作家虹影，世界詩人大會中國辦事處主任北塔，《中國女性文學》學刊主編王紅旗，《詩歌月刊》國際欄目特邀主持人趙東，北京青年報社社區傳媒分社長兼主編趙國明，中國藝術報記者馬李文博，軍旅作家、女詩人康明，旅美作家朱啟以及著名畫家華國良乃至西班牙僑胞和哥倫比亞留學生等幾十位各界人士，可謂群賢畢至，濟濟一堂。大會從上午9時30分持續到下午1點，與會者發言非常踴躍，把發佈會變成了國際研討會。其間穿插中、英、西班牙語詩歌朗誦，放映電視採訪米格爾·張的錄影，著名畫家華國良還現場揮毫作畫，為發佈會帶來一個個讚歎。

享譽國際的電影人

　　為什麼會舉行這樣一個隆重並頗具規模的新書發佈會呢？黃卓越教授說，由北京語言大學漢學所牽頭主持這樣的一個會議，是因為漢學所本身就是以各種國際化交流為主要工作方向的，每一個曾經為中國與海外各國之間的交流做出過重要貢獻的學人、作家、

藝術家等，都會得到漢學所的積極關注。

　　米格爾·張（Miguel Chang，1931-2013）是享譽國際的著名電影攝影師、設計師，原名張寶清，1948年在安徽省安慶市高中畢業。他是當時由中國天主教會保送國外深造的六位安徽學生之一（人稱留學六君子）。米格爾·張在西班牙電影學院畢業後幾十年來，曾與斯皮爾伯格、大衛·林奇等諸多國際大牌導演合作，擔任攝影師和美工師任務，負責設計不同時代與地區的佈景、陳設和道具。曾參與設計製作的電影上百部，其中絕大部分是美國好萊塢和英國的巨片，對於國際電影事業做出了重要的貢獻。米格爾·張在西班牙定居64年，他海外生活的主要經歷就記錄在由他撰寫的《地中海曉風殘月》一書中。

米格爾·張為中西文化交流做出了貢獻

　　從歷史和文化的角度來看，米格爾·張為中西文化交流做出了突出的貢獻，在中西文化交流史上應有一定的地位。通過《地中海曉風殘月》這套書，能看到米格爾·張是如何介入到其轟轟烈烈的國際電影事業之中的，瞭解他的人生的主要軌跡。他幾十年浸潤在西班牙文化的氛圍裡，對西方文化藝術獲得深層次的瞭解。他是西班牙電影學院的科班，又擅長建築設計、繪畫，多才多藝，並具備中國文化的扎實功底。在西方人為主的電影世界裡，要比西方的同行更優越，才能脫穎而出，遊刃有餘。如在影視劇碼《北京55天》、《四劍客》、《王子與窮漢》、《大班》、《太陽帝國》、《堂吉訶德》、《瘋女王》、《十字軍東征》、《羅馬帝國衰亡記》等，他都做出了突出的成就。特別是《堂吉訶德》，這是西班牙的文學瑰寶，拍片選由華人米格爾·張擔任美工設計，曾轟動西班牙藝術世界，其意義相當於華裔建築師貝聿銘在法國改造盧浮宮

修建小金字塔一樣。米格爾‧張的工作，每一個細節都不能出錯，不能穿幫，這要有多大的知識積累，要付出多少艱辛。

　　難能可貴的是，米格爾‧張不僅掌握西方藝術達到爐火純青的地步，還在中西文化交流方面也做了許多工作，他寫下了西文著作《中國藝術介紹》和《中國私家園林》，把中國的優秀文化推向整個西語世界（包括西班牙乃至拉丁美洲）；還為張琴的《田園牧歌》和詩集《天籟琴瑟》寫出西文譯本。把一篇篇充滿濃濃鄉情，飄蕩著泥土芳香的作品介紹給西方的讀者，讓他們瞭解大中華的文化傳統。他曾受邀在中央美術學院、臺灣大學、臺灣新聞學院以及西班牙高等學府和著名博物館做有關藝術、電影、中國園林、書法的演講，起到了溝通中西文化的作用。在西班牙作家藝術家協會為紀念米格爾‧張舉辦的詩歌朗誦會上，西班牙作協主席Jose Martinez說：「米格爾‧張用自己人生的60年，讓世界瞭解了中國文化的魅力，也讓西班牙、歐洲、美國甚至世界知道了中國人和中國文化的神奇。我們懷念的不只是米格爾‧張，更是懷念一位工程師，一位架起世界與中國聯繫橋樑的工程巨匠。」這是國際友人對米格爾‧張的高度評價。

　　今天，中國經濟總量已躍居世界第二，但中華文化在國際上的影響力還遠遠不夠強。我們需要更多的人擔負起向世界推介中華文化的任務，這需要從一點一滴做起。米格爾‧張的經驗是值得參考的，這就是在深入瞭解對方文化的基礎上，來介紹中國的文化。米格爾‧張作為中西文化交流的推動者，意義超出了個人的範疇。

《地中海曉風殘月》一書也傾注了張琴的心血

　　米格爾‧張的夫人、旅西作家張琴是個在逆境中與命運抗爭、成長起來的優秀海外女作家，歐華作協會員。1994年，張琴踏上西

班牙的國土，她像所有無依無靠的海外遊子一樣，從底層開始四處打工，在餐館涮過碗，在街頭擺過地攤。終於辦起了自己的公司，生活逐漸走向正軌。在西班牙張琴接觸了許多華人，他們的生存狀態，就成了張琴寫作的第一手資料。寫成長篇紀實文學《地中海的夢》出版問世。這本書記錄了近百位華人在西班牙生活創業的事蹟。源於採訪，她結識了米格爾‧張。1998年，米格爾的西籍太太因病去世，就在他對生活絕望時，張琴走進了他的生活。

米格爾‧張亡妻是西班牙人，工作夥伴都是歐美人，活動範疇是西方世界。在西歐半世紀，他幾乎和中國的傳統文化完全隔絕。米格爾‧張曾說：「自從結識張琴以來，她的執著進取沖淡了我的踟躕頹廢，她的毅力豪情，消弭了我的懶散淡漠。見到她日以繼夜地無間寫作，不斷向華文報章發表各式文章，每一兩年出版新作，感染了我恢復寫作的興趣。」正是在張琴的鼓勵協助下，米格爾‧張2008年寫出了《地中海曉風殘月》，在大陸新星出版社出版，副題「一個華裔電影人的浮生箚記」。米格爾‧張還和張琴一起參加了2011年在希臘首都雅典舉行的歐華作協年會。

2013年2月米格爾‧張因病去世，張琴非常悲痛。在她的努力下，米格爾‧張遺作《地中海曉風殘月》終於在今年4月由臺灣的獨立作家出版社全文出版，分為上下集，約780頁。既有史料價值，又富文學色彩，是不可多得的自傳性紀實文學。這個繁體字全本的出版，是對米格爾‧張的最好紀念。

林湄
荷華文壇多產作家

　　那是2014年在廣州舉行的首屆世界華文文學大會上，專門闢出一個場所，展示海外作家的作品，我注意到一個大書架上滿滿兩層擺得全是一位作家的作品，這位作家就是來自荷蘭的女作家林湄大姐。她的作品，不僅量多，而且質高，其中代表作《天望》和《天外》，更是煌煌巨著，受到了海外文學研究界的廣泛關注。這讓我對林大姐敬佩有加。

　　2016年，我在布拉格舉行的歐華文學會首屆國際高端論壇上又見到了林大姐。通過幾次接觸和會議前後的電話採訪，我對她的人生和創作有了一定的瞭解。梅花香自苦寒來，林湄的人生旅程從大陸到香港到歐洲，堪稱三部曲。其中頗多坎坷，她卻獨自接受了生活中不幸風浪的襲擊，在逆境中奮力前行。始終滿懷創作激情，譜寫人間百態，道出海外炎黃子孫的心聲。林湄的創作引人注目並為許多讀者所敬仰，早在上世紀90年代初，她就被譽為「歐洲華人文學的新星」，如今這顆新星已成為歐華文壇的耀眼巨星，發出更加絢麗奪目的燦爛光輝。

人生三部曲之一：在大陸被樹為知青標兵

　　林湄，原名林梅，出生於福建泉州華僑世家。原籍福清上逕鎮梧崗村，祖父為新加坡華僑，父親林敦淵出生於新加坡，年輕時在上海求學時參加過抗日救亡運動，國共合作抗戰時期在浙江麗水任

軍郵局長。抗戰勝利後調任於杭州、泉州等郵電局。她從小跟隨父親的工作輾轉調動，長大。先後就讀於梧崗小學、虞陽中學、福清一中。她和祖母在鄉間，因有僑匯接濟，生活優越，度過了快樂的童年時光。兒時水稻田裡抓青蛙、玩泥巴的經歷，讓她受到大自然美的薰陶。

她母親是浙江蕭山的一位江南才女，在母親的薰陶下，林湄自幼愛好文學，閱讀了大量中外文藝作品，進而喜歡寫作。小學期間，第一篇作文《遠足》就得了95分。還曾兩次在學校作文比賽中奪魁，林湄考初中，作文《難忘的一天》獲滿分。

福清在福州以南四五十公里，是著名僑鄉。印尼巨富林紹良（1916-2012）就出生在福清。林湄悠悠回憶，「那個村子的男人們都下南洋了，留守在家的女人們就一天天地等，然後就是寫家書，她們不識字，就讓我代寫，我覺得寫這些信很容易。」寫作生涯從此展開，當時她上小學三年級。「寫完信便送給我一條繡花手絹」，林湄回憶起來，小小的獎勵讓她非常開心，「我念書時作文很好，拿起筆來就能寫，很小就有當作家的夢。」

她13歲就開始在校刊發表詩歌散文，如《故鄉》、《借柴》、《江陰島》等。初中畢業後，因成績優秀而保送到高中。作文常常被老師作為範文張貼在課堂牆上，如《讀〈勸世歌〉感想》等等。

18歲林湄高中畢業，就在她躊躇滿志準備報考大學時，某領導看中了她這個出生於「華僑世家」的代表，想把她樹立為紅旗下的「時代典型」，便千方百計動員她到廣闊天地插隊當農民。在那個紅色鋪天蓋地的年代，她只有順從而無其他路可走。在福清音西公社農村，她懷著純真的信念和青春的熱情戰天地鬥風雨，成為先進「青年標兵」、「勞動模範」、「讀毛選積極分子」。

說起知青下鄉插隊，不少人以為是文革期間1968年開始的運動。實際上，60年代初就已動員部分中學畢業生上山下鄉，以解決

就業問題，當時還樹立了幾個標兵如邢燕子，侯雋，董加耕等等，都是北方人，而林湄被樹為「南方的邢燕子」。

時代的大潮將豆蔻年華的林湄推向了浪尖。由於帶頭到農村插隊鍛鍊，1966年，她被福建省教育廳樹為歸僑子女先進典型。到處作報告，在千人的大會上談自己下鄉的體會，可謂大紅大紫。林湄回憶說：「在我面前都是鮮花、政府官員對我的期望和祝願，我好像被一條條紅錦段包裹著的小青樹。」

正當她以「又紅又專」、「優秀青年標兵」的身分被保送到北京一名牌大學深造時，文化大革命的暴風驟雨降臨了，不僅革去了她上大學的青春夢，而且把她打入了地獄深淵，一夜之間，她從「紅標兵」變成「黑標兵」，在「文革」中飽受衝擊，受盡了人間的屈辱和苦難。

人生三部曲之二：在香港成為名記者

「文革」的經歷讓林湄傷透了心。心灰意冷，萌生去意。她和丈夫結婚後住在上海外國人居住的特殊公寓。由於都是僑眷，丈夫於1972年被批准移居香港。林湄次年才到港島，昔日的雄心壯志都已幻滅，曾打算相夫教子，做個小女人。但在香港，生活環境變了，她的丈夫也變了，1981年，林湄終於結束了多年煩惱不安的婚姻，拖著兩名幼兒艱難地開始獨自謀生。她先後當過玩具廠工人、珠寶店售貨員、廣告營業員。

為了生活，她開始經商，想掙一筆錢後再從事她喜愛的文學創作，然而天不隨人願，她被奸商所騙，血本無歸。這是林湄人生的又一次災難。

她直面悲慘的不幸，沒有沉淪，而是撫平心靈的創傷，重拾年少時對文學的執愛，毅然地拿起筆來，並將名字林梅改為林湄，其

意是：將快要枯死之林，移種於「在水之湄」，以寫作來恢復自己的青春和生命。

林湄自知自己性情與個性不適合經商，決心吃「文字飯」。當時她一面在香港《經濟導報》廣告營業部供職，一面利用業餘時間頑強地進行文學創作，一篇篇精美的散文和短篇小說在她筆下湧現出來，見諸香港各報刊。她以優美的文筆和豐富的情愫開始在香港文壇嶄露頭角，一步步走上文壇。

第二年，林湄如願地來到中國新聞社香港分社任記者編輯。在這裡，如魚得水，施展才華。她從小就對中國老一輩作家充滿愛慕與尊敬，改革開放後，她開始關注那些命運多舛的作家與高級知識份子。從1985年起旋風般頻繁地出入內地，採訪了一系列大名鼎鼎的學者作家藝術家，如錢鍾書、楊絳、馮友蘭、湯一介、張光年（光未然）、巴金、丁玲、冰心、沈從文、蕭乾、蕭軍、俞平伯、夏衍、陳景潤、梁漱溟、馮牧、楊沫、茹志娟、王蒙、劉海粟、趙少昂、范曾等等，寫出一篇篇訪問記。林湄能夠接連採訪這麼多大家，足見她作為記者的功力。這些文章發表在五大洲幾十家華文報紙上，在海內外引起很大的反響，其中數篇專訪被世界47家華文報紙同時轉載，震動了海外文壇。林湄也從此躋身於香港的名記者之列。

難得的是，很多名人從此與林湄結下友誼。中國現代文學館收藏的沈從文先生手跡中，就有給林湄的一封信；巴金也為她的書題字。而林湄的記者生涯中最有趣的，則是成功「撬開」了錢鍾書的嘴巴。

當時錢鍾書對新聞界人士避之惟恐不及，聽說他連英國電視臺記者的採訪都斷然拒絕了。1985年初冬，林湄通過文藝報總編吳泰昌先生聯繫，但錢鍾書在電話中回答「謝謝她的好意，這次免了。」吳泰昌便約林湄來個「突然襲擊」，沒有打電話預約就直接

找上門去。他們按了門鈴，出來開門的正好是錢鍾書本人……錢老客氣地招呼他們坐下，林湄單刀直入地提問，錢老就用幽默來抵擋「這分明是引蛇出洞不成，來了個『甕中捉鱉』。」由於林湄有備而來，隨之對錢老請教自己讀《圍牆》後的一些看法和想法，錢老隨和地一一回答了她提出的問題。當問到錢老對諾貝爾文學獎的看法時，錢老笑答了一段重要的講話。事後，林湄發表了一篇題為《「甕中捉鱉」記》的人物專訪。文章中關於錢老對諾貝爾文學獎的那段精彩陳述，引起中外文壇的震撼。不久，錢老寫信給林湄幽默表示是非只因口多言，因他先後收到三位讀者來函的抨擊。當然，錢老一笑了之，不予回答。

回憶此事，林湄說「錢先生當時還議論了幾位紅得發紫的人，但不許我記錄和公佈。」事後才知道，這是錢鍾書平生唯一一次接受記者的採訪。

1989年，林湄把30篇中國學者名家專訪結集在香港明報出版社出版《文壇點將錄》。著名翻譯家、老記者、作家蕭乾為她作序。蕭乾很欣賞林湄的採訪技巧，說她「能拆除採訪者與被採訪者之間的藩籬，把採訪變為談心」，「有一種不尋常的本事，使被採訪者向她啟開心扉」。這本書很有文學和史料價值。2006年「深圳報業集團出版社」再版時，書名改為《精神王國的求索者》。

在從事新聞工作的同時，林湄也進行文學創作。1986年，她的散文小說集《誘惑》出版了。一問世，即得到了各方面的好評，祝賀的信、電如雪片般飛來。著名老畫家劉海粟大師專為《誘惑》題簽和題詩道：「嶺上紅梅得古馨，高寒出手氣無論，萬花敢向雪中出，一枝獨先天下春。」因林湄原名林梅，老畫家在詩中以梅花的高潔來稱讚她。

一炮打響，並沒有使林湄沾沾自喜，她認為，只有長篇小說才能更廣泛、更深入、更全面、更細緻地反映香港女性的現實與命

運。1990年，她的第一部長篇小說《淚灑苦行路》由中國文聯出版公司出版了。這部小說以上世紀80年代的香港為背景，以動人的筆觸、細膩地描寫了3個「受傷」的女人因選擇人生路向有別，反映出不同的生存態度與存活的方式。小說以敘述和回憶的形式透視了她們在遇到坎坷後的心理反應，在愛與恨、靈與肉、生與死的各種層面作了精彩的描寫。小說一問世，立刻在海內外引起了很大的反響。文學大師巴金讀了這部長篇小說後，在扉頁上寫了大大的一個「路」字，誇獎她寫出了「女人難走的路」。《淚灑苦行路》僅在中國內地，一年內就重印了3次。回憶起寫作背景，林湄皺著眉頭說：「一個女性要是不同流合污，在社會上該有多麼難！我當時寫這個小說，就是想回答『娜拉離家出走之後怎麼辦』的問題。」挪威劇作家易卜生（1828-1906）的劇作《玩偶之家》中娜拉遇到的問題，也正是林湄在香港經歷和看到的。她用生花妙筆，描繪了東方娜拉們的多樣人生路。

《誘惑》、《淚灑苦行路》及短篇小說集《羅經理的笑聲》是林湄步入香港文壇的里程碑。《淚灑苦行路》，更是她的成名作，奠定了她在香港文壇的地位。

人生三部曲之三：在荷蘭潛心寫作

1989年，林湄開始她人生的「第三部曲」。那年夏天，林湄為了尋找新天地，毅然離開香港，闖蕩西歐。先到比利時，受聘根特國立大學漢學院任特邀研究員，第二年移居荷蘭後，為香港《文匯報》寫了10年的專欄。由於隨筆和小說兩個專欄需要每天撰稿，熬夜、加班是家常便飯。日復一日握筆寫作，手指甚至出現了肌肉粘連。手術後手掌還裹著厚厚的紗布，回家就拿起筆來，堅持寫作。可以想像，初闖異國他鄉的不易與艱辛。

到荷蘭不久，林湄便以她的詩歌風靡了這個風車之國。1991年，她的《春之頌》榮獲荷蘭文化基金會主辦的國際詩歌節詩賽獎，這是基金會主辦13年以來荷蘭華人第一次獲此殊榮。1995年11月，又以《相逢》一詩再獲此獎。事隔數年又是同一位華人詩人再度蟬聯此獎，一時傳為佳話。

定居荷蘭的林湄，擺脫大都市的喧囂，潛心寫作，尊從獨立思考的文學觀與內心的大自在，操守自我的作家生存形式與姿態，每次出門習慣性帶上紙和筆，一旦靈感湧動，立即記在紙上。此外，她十分珍惜時間，即使做家務，都會巧妙安排。「我一邊在廚房裡開著小火煲紅燒肉，一邊在書房寫作，這樣兩不耽誤。寫作倦了的時候，就起身洗洗碗、掃掃地，當作調換腦體活動。」

就這樣，林湄在創作這塊園地上廣種深耕，迎來了創作的豐收：除了詩歌《春之頌》和《相逢》之外，還出版了散文集《如果這是情》、隨筆《我歌我泣》和散文詩集《生命‧愛‧希望》、遊記《帶你走天涯》、中短篇小說《不動的風車》、《西風瘦馬不相識》，長篇小說《漂泊》、《浮生外記》、《紅與藍》（原名「艾瑟湖」）等。

期間出版的長篇小說《漂泊》、《浮生外記》再次引起華文文學界的關注。前部小說反映中外戀情，由於東西方社會文化、價值觀差異、兩種文化的碰撞、影響與發展所產生的悲歡離合的愛情故事。後部寫荷蘭四代華人的滄桑命運與現實生活的投影。以上作品大都深層次的反映了海外華人的生活和命運，引起了許多海外華人的共鳴，獲得荷蘭僑界的讚賞。幾位僑領倡議合資於1995年6月16日至18日，在荷蘭南部的安特霍芬市（Eindhoven）舉辦「林湄文學創作研討會」。來自中國內地、香港和德、英、法、荷、比、盧等國家和地區共40多位作家、評論家、翻譯家、出版家、教授和記者參加，對她的文學創作給予高度的評價。

在開幕式上，研討會籌委會主席林德華先生（歐洲華僑華人社團聯合會第一任主席、中國海外友協顧問、荷蘭德臨集團主席）致開幕詞說：「這次華人女作家研討會，在西歐歷史上還是第一次。它對弘揚中華文化，加強中西文化交流，奠定華人文學在歐洲的地位有著重要的意義。林女士移居歐洲以後以嚴謹的創作態度和堅忍不拔的精神，排除種種困難而取得了很高的文學成就。這不僅是她個人的成就，也是我們歐洲華人的驕傲。」

　　中國作家協會書記處常務書記張鍥說：「林湄是一位勤奮有才情、有熱情、有追求的作家，也是海外華人作家隊伍中有生氣的一顆新星。對於人生她有不倦的追求，她的長篇小說《淚灑苦行路》以深刻、感人的社會內容打動著讀者。林湄有著苦難的經歷，但她對祖國的感情沒有改變，她的許多作品都在祖國出版。」

　　法國著名翻譯家李治華說林湄創作的題材均是我們日常關注的社會問題——比利時根特國立大學漢學院東西文化研究所所長魏查理（Willemen Charles）教授在會上表示林湄的文學作品貴在兩種文化的讀者均能接受，會後「林湄文學創作研討會」被中外數十家報刊及數家歐洲國家電臺報導，中國的《人民日報‧海外版》也作了報導。

　　研討會之後，林湄在文學創作上更如同東風化雨一般鼓起了新的風帆。1995年底，其短篇小說《邊教授》榮獲臺灣《中央日報》主辦的第一屆海外華人文學創作佳作獎，1996年底她受臺灣新聞處、僑委會和文化部邀請隨團到臺灣參觀訪問。

　　1997年2月24日，荷蘭國際廣播電臺中文臺訪問林湄，問及對一些海外華人作家一鳴驚人、名利雙收的看法，她開誠佈公地表示：「我不會迎合洋人的趣味寫作，更不會損害祖國與自己的尊嚴去換取個人的利益和好處，因為沒有民族自尊的作家不是好作家！」赤子之心可見。她始終堅持以華文寫作，並說：「漢語是世界上美麗

而悠久的語言之一。我相信只有母語才能準確深刻地表達作家的思想與情感。」

廿年磨兩劍：《天望》和《天外》

閱歷是作家創作的「資本」。林湄用一句高度概括、濃縮的話，形容她的人生之路：「我先後在社會主義的中國、殖民地的香港和資本主義的歐洲生活。」三種不同社會制度的人生經歷，鑄就了她與眾不同的認識世界的角度、寬度和高度，造就了她的作品的錯綜複雜的背景和深刻的思想內涵。

林湄說：「海外華人作家創作主要有兩類，一類是表現過去的家鄉情結；一類是關注海外華人在生存國的命運和思想。我屬於後一類。」她認為自己受教育在東方，現在生活在西方，跨越兩種文化，比當地土生土長的作家有優勢。她認為「作家應忠於良知，忠於民族自尊，把時間和精力放在怎樣寫好作品上，像挖礦一樣把好的東西挖出來。要耐得住寂寞，不受誘惑，讓作品給人以力量、智慧和思考，經得起時間和讀者的考驗。」

她身體力行，用「十年磨一劍」的精神打造具有深刻思想內涵的傳世精品。由長江文藝出版社2005年10月份推出的50萬字長篇小說《天望》，可以說是林湄對東西方文化、對人類命運思考的一個成果。

這部小說以荷蘭莊園主弗來得的傳道生涯及其與來自福建閩南漁村的妻子微雲悲歡離合的情感發展為主線，交織出一幅世紀之交的歐洲社會生活圖畫。在這幅歷史畫卷中，作者將視線主要放在兩個方面：一方面表現了在歐洲的中國移民的真實生活，另一方面展現了歐洲現代化社會的病態景象。當今人類社會面臨的錯綜複雜性，形而上者如靈魂拯救、價值重建、終極關懷問題，具體如戰

爭、種族歧視、人權、環境污染、非法移民、同性戀、吸毒、戀童癖、失業、破產與企業外遷轉產等問題，這部作品都有涉及。作為小說，它凝聚文本的不是曲折離奇的故事，而是一個關於人生意義與人生選擇的問題。正如作者望天興歎：「作為個體的你，將何去何從？」

林湄解釋說：「《天望》就是天人相望，現代人往往自視甚高，每天忙忙碌碌，但要問他到底忙個什麼，在生活中到底要什麼，他又說不上來。這說明人活得聰明還不夠，還要活得有智慧。」她又說：「我也在尋找這種智慧，並在尋找的過程中獲得了世人難以理解的平安與喜樂。」

談起這本新作，林湄的自信便一覽無餘。她說，要寫好這本書是不容易的，需要作家有跨越東西方的豐富的人生經歷。"我在中國受過完整的教育，又在西方社會生活了十餘年，這種獨特的經歷對拓展我的視野，有很大的幫助"。換句話說，只有所謂的「邊緣作家」，才能寫出這本書來。

林湄是這樣解釋邊緣作家的概念：「我既不完全屬於東方，也未完全融入西方，可以說是生活在東西方的邊緣。」人在邊緣，就有了距離，有了距離，才容易去觀察，去思考。林湄一再強調思考的重要性，她說，這本書融入了她對多元文化的思考，對世界的思考、對人類未來的思考。她甚至宣稱，「要讀懂這本書，必須邊讀邊思考」。

有評論家說，《天望》這本書，既不同於傳統意義上的自傳體小說，也不同於一般的移民小說。她在關注東西方文化衝突、碰撞、相互接納和融合的同時，更注重的是人的精神歸屬問題，也就是要尋找「靈魂」的家園。《天望》體現的是一種對人的生命價值和生存意義的探討。

此書曾在《歐洲時報》全文連載，引起了強烈反響。一些評

論家讀後認為，這是一部對人類精神家園終極關懷的巨著。法國巴黎大學比較文學教授韋遨宇教授稱讚《天望》是這場新千年、新時代的文藝復興和啟蒙運動的一隻報春之燕。2008年《天望》被越南漢學家翻譯成越文，越南國家「文藝報」全版刊登當地評論家的好評。2009年，《天望》獲中國女性文學獎。

　　2014年由中國國際出版集團新世界出版社出版發行的長篇小說《天外》再度引起了文學評論界的重視。又一個「十年磨一劍」。該書系林湄出版《天望》後的新一部扛鼎之作。

　　長篇小說《天外》以歐洲華裔移民郝欣、吳一念夫婦的「婚姻危機」為切入點，牽扯出五個不同樣式的家庭，構成西歐社會、以及華人的日常生活與情感世界。描敘30多年來中國崛起對海外華人的影響。作者用地球村的視角關注人性與命運的關係，認為文化、教育等必須與科技、物質同發展才能提高人的素質，獲得一個民族的真強大、真文明。

　　2015年1月9日在北京舉行了《天外》作品研討會。林湄稱，作為《天望》的姊妹篇，小說的每一章、每一個人物都寄託了她對社會、人性、生存、高科技發展的沉思。社科院文學評論家楊匡漢研究員認為，《天外》把傳統和現代聯繫起來，小說中不同文化觀點、不同文化氣質融匯，作者以傘狀結構鋪展小說，最終集於一條思想的主線。中國人民大學文學院楊恒達教授談到了《天外》中人物的浮士德精神。他認為當代社會發展中，人的平庸化是一個總的傾向，怎樣在當代社會背景下看待浮士德精神，浮士德身上所體現的人文精神，是否可以在當代或東方的社會中繼續發揮作用？小說主人公郝欣受到了各種誘惑，也面對著各種矛盾，這些問題幾乎是每個現代社會的人都會面對的，是否還需要精神上的追求，林湄通過郝欣這個人物給出了答案。

　　《天外》付梓，林湄並沒有因此鬆懈下來。她認為，文學是一

項慈悲的事業，寫作是她祈禱式的生存方式。小說雖然結束了，但人間的故事沒有結束，生命短暫，文學則是無窮無盡的。她告訴記者，只要頭腦一天還清楚，她就會繼續寫下去。

創辦文學會，組織研討會，發出「世界文學」最強音

在林湄看來，文學是人類思維中的一項美好藝術，要用心血、靈魂去追求。她在荷蘭創辦了一份名為《荷露》的海外華文文學雜誌，就充滿感情地說：「荷露晶瑩剔透，出污泥而不染，雜誌取名『荷露』，就是要保持一片淨土。」林湄曾多次應邀參加國際性的華文作家大會及在歐洲和中國大陸舉辦的學術研討會。2010年秋她在深圳參加香港報告文學研討會中提出「中國也要來一次文藝復興和精神賑災。」令在場者聽後，驚然而讚賞。

她不僅忙於自己的寫作，還為歐洲華文文學的發展竭盡勉力。1991年，林湄創辦了荷比盧三國華人寫作會，並出任會長。以後會員又擴展到其他國家，在此基礎上，2013年2月12日宣告誕生了「歐華文學會」。

在林湄的籌畫組織下，2016年5月在捷克首都布拉格舉辦了「歐華文學會首屆國際高端論壇」。為籌辦這次會議，林湄忙了一年多，終於把大會舉辦得非常成功。《歐洲新報》、《歐洲時報》和中國《文藝報》，《中國作家網》，《中國僑網》，《華文文學》等華文媒體都做了報導。

這次文學論壇會約有40多人參加。多虧了林湄的信譽人脈，海內外作家學者濟濟一堂，國內的學者教授更是大腕雲集，還有新聞出版界代表與會。

5月8日上午九時研討會舉行開幕式，會場設在布拉格查理大學的一座階梯大講堂裡。這是中歐最古老的大學，創建於1348年，古

色古香的校舍顯出其悠久的辦學傳統。

首先由歐華文學會會長林湄致歡迎詞。她說：「今天，我們這些來自十幾個國家地區的華人專家學者教授與歐華文學會作家在德沃夏克、卡夫卡、哈威爾、昆德拉等藝術大師們的故鄉談論文學藝術，闡述不同觀念，探討歐華文學的現狀、困境、發展與出路是何等的有意義有價值。」接著強調這次論壇沒有任何的政治經濟背景，也不同於一般規模的文學聯誼會，而是順應時代的發展將文學藝術視為生命一部分的同行們，在關注大時代局勢的同時對形而上問題的現狀進而思考、反思、於求索中尋找出路，發出活在當下變幻莫測社會的一種聲音。

接著，捷中友協主席烏金女士、世界華文文學研究會會長王列耀教授，捷克華文作家協會會長汪永（筆名溫妮）致辭向論壇大會致以熱烈的祝賀。論壇分四場進行。第一場主題為「大時代中的『歐華文學』」。第二場為「歐華文學的現狀與發展」。下午舉行第三場，主題為「個體命運於地球村裡的際遇與思考」。第四場為「經典文本的經驗與構成」。

林湄在高端論壇上做了「世界文學的春天」的講話，發出「世界文學」的最強音。她從歌德提出世界文學的概念講起，探討什麼是世界文學，地球村人的命運，世界文學的特點、目的、意義等問題。強調「作家必須往前走」，創作更高更美的東西，作家的高尚心靈常在作品中體現，而讀者又能在作品裡受到高尚心靈的薰陶。

這次的文學論壇確實高端，一是群賢畢至，二是探討問題多樣而且深入。會上，著名文學評論家王紅旗發表了「以社會眾生相探究「人類靈魂」生態嬗變──論林湄長篇小說《天望》《天外》的世界性價值」的論文。她認為，「林湄是世界華文文壇的重要代表作家之一。她的作品視野宏闊，觀照深遠，富有俯仰天地的睿智境界，悲天憫人的宗教情懷，經典普適的價值追求。其巧妙多變的敘

事方式，往往以縱橫開合的畫卷式、開放式結構，把詩歌、散文、美學、史論、哲學、宗教等等，如數家珍般融入到她的小說裡。牽動讀者不可釋懷的不是故事情節，而是其思想和精神的流向，以及對人物靈魂隱秘世界的複雜性探索。難怪評論家常說她不僅是一個作家，更是一個深刻的思想者。」這是對林湄及其作品的高度評價。

章平
比華詩人小說家

　　記得2011年，在福州舉行的國際新移民筆會上，我認識了章平。隨後應江蘇太倉市僑辦和作協邀請又一起前去參觀訪問，那次海外華人作家有陳瑞琳、章平、譚綠屏、融融、王威等。大家熟悉起來。章平給人的印象，正如陳瑞琳所言：「第一次見到章平，就覺得這是一個『奇人』。他的眼睛依舊如孩子般清澈和明亮，靈動地閃爍著一股來自大腦的激情。他的頭髮總是立立的，儼然是將身體裡的能量向外擴展和散射。他的臉上帶著明顯的火傷烙印，嘴角處更增加幾分倔強和頑皮。那時我還沒有讀到他的小說，卻深刻感覺到他的身體一半在現實、一半在現實之外。直到近年來，不斷進入他的創作世界，才確切證實了，這是一個將燦爛的幻想與深刻的理性結合在一起的『奇人』」。章平真的是個「奇人」，不光詩寫得好，而且出過好幾部長篇小說。他住在比利時，卻寫出了「文革」系列小說——「紅塵往事三部曲」。近年來，他一直是國內海外華文文學研究的熱門作家之一，也被視為「歐華文學界的代表作家之一」。

比華文壇重要作家

　　其實，歐華文壇很早就關注到章平。2003年第13屆世界華文國際研討會在山東威海舉行。比利時作家黃志鵬、郭鳳西夫婦應邀參加。黃志鵬在會上報告了比利時華文文學的現狀。他說，比利時是天主教國家，西歐的一個文明古國，與中國有悠久的交往歷史，早

年留學比國的人士寫過許多描述比國的文章，但真正具有「華文文學」屬性的作品應該是60年代以後的事。接著他介紹了幾位作家：

第一個是王鎮國（1927-2001，江蘇常熟人），他留學義大利，落根比利時，終老在比利時。60年代他在臺灣的報刊上發表了許多散文，深受青年人的喜愛。

第二個要介紹的是席慕蓉，60年代初她留學比國，寫了許多留學生散文，回臺後繼續創作，聲名鵲起，但已逐漸脫離了「華文文學」的範疇。

隨即他介紹了郭鳳西，60年代她經常在中副上投稿，如《泰山老奶奶》和《錢姑媽白蘭芝夫人》。後者被改編為電視劇《蓋世太保槍口下的中國女人》。

然後，黃志鵬坦言；「其實比利時目前真正稱得上『作家』的只有一人，他就是章平。70年代末他從故鄉青田移居荷蘭再轉來比國定居，也從中國帶來成熟的寫作技巧和充沛的寫作熱情。他在繁忙的日常工作中不停地創作：寫詩、寫散文、寫小說、長篇短篇都有。得過詩歌和小說大獎。」由這段話可見章平在比利時華文文壇的地位。

早在90年代初，章平就參加了荷比盧三國華人寫作會。後來該會發展為「歐華文學會」。章平也是文學團體文心社成員。文心社在2003年辦有全球最早的華文文學網站，如今已聚集2100多位海內外作家，在文心網站上開設專輯。章平早在2004年就建有專輯，迄今已發表500多篇文章，點擊量達40萬。

海外重拾文學夢

章平的早年人生並不順。他1958年生於浙江青田。經歷過「三年饑荒」和「文革浩劫」。八歲在溫州上小學，「文革」開始後回

到青田，在青田完成小學、中學及高中教育。1975年到青田縣北山區白岩公社廊回村插隊。

章平從小喜歡讀書作文。他的文學之路是從詩歌開始的。從17歲起，就在省級文學刊物《浙江文藝》及《浙江日報‧副刊》上發表詩歌作品。

1979年11月章平移居荷蘭；1981年再因婚姻關係而移居比利時，此後一直在比利時根特經營中餐館。

根特是比利時第三大城市，人口25萬。這是一個中世紀古城，一座美麗的城市。市內多運河，多橋樑，有著濃郁的水城風光。並以中世紀和文藝復興式建築而聞名。古老的市政廳，1531年竣工的聖巴馮大教堂（內有魯本斯、凡愛克兄弟的名畫），14世紀的鐘樓、織業大廳，以及佛蘭德伯爵古堡，都是比利時有名的古跡，還以眾多的市場和廣場而聞名。貝居安修女院（Begijnhof，指為獻身上帝，卻又不脫離世俗世界的婦女而建的修院）甚至被評為世界文化遺產。根特作為比利時的重點旅遊城市，餐飲業生意不錯。章平在自己的餐館當老闆，也在廚房幹活，一干就是三十年。不說大富大貴，至少算衣食無憂。

有了安身立命的基礎。章平就重拾文學夢。每天完成餐館工作之後，他就一頭紮進書房讀書，並埋首於方塊字的壘築工程之中，書房裡有他闊大的心靈空間和豐沃的精神樂土，大概除了異域「淘金夢」之外，他還有另一個追求，那就是「寫出不辜負這個時代的作品」。

剛來歐洲不久，也即1980年後，章平開始在歐洲各大中文報刊雜誌發表作品，多數為詩歌和小說。到了1980年代後期，章平將更多精力用於小說創作，成為歐華文壇知名的作家。

1994年，詩作《飄雪》獲《詩刊》雜誌社與中國人民保險公司舉辦的「人民保險杯」一等獎，同年1月章平赴北京，在人民大會

堂接受時任人大副委員長程思遠及政協副主席馬文瑞頒發獎盃，10月，發表於上海《小說界》的短篇小說《趕車》獲世界華文微型小說「春蘭杯」第一名。2009年10月章平詩集《飄雪的世界》獲中山華僑文學獎。

1995年，章平到浙江大學參加國際學術研討會。此後國內的研究者逐漸認識這位作家。江少川教授採訪時問道：「你一手寫詩，一手寫小說，詩集《飄雪的世界》還獲得首個華僑華人文學獎，請你談談創作小說與詩歌的不同心境，你更偏愛哪種寫作？」

章平認為：「從這兩類文體的長期寫作中，我體驗到，這是兩種完全不同的藝術表現形式。詩歌寫作追求的，是瞬間爆發的想像力與靈感，詩歌需要天分與激情；小說是講究你對結構的組織能力，以及有沒有系統控制方面的能力，這是一個長時間的不斷深入探索的過程，最需要一種刻苦耐勞的精神。打一個不成熟的比喻，寫詩歌好像有一種跟隨突擊排去襲擊敵人的感覺，寫小說有點像在組織一次大規模的集團軍作戰。詩歌寫作可以體驗生命的快感，小說寫作只能是一起考驗人意志的強力勞動。」

「在中外文學家中，對你影響最大的小說家與詩人有哪幾位？他們給予你什麼樣的影響？你最喜歡讀哪些書？

章平回答：「我受影響與喜歡的中外作家有許多，如硬要選擇，在中國我選曹雪芹、魯迅、沈從文等，在外國我選托爾斯泰、陀思妥耶夫斯基、卡夫卡等。

我最喜歡的中外詩人，在中國的有李白、杜甫、蘇東坡等，在外國的有藍波（法國詩人，Jean Nicolas Arthur Rimbaud，1854-1891）、雪萊、惠特蔓、馬拉美（Stéphane Mallarmé，1842-1898）、瓦雷里（Paul Valery，1871-1945）、普希金等。

至於我讀的書，就比較雜，無論政治經濟文化哲學歷史文學的，我都會關心，也都會去讀，年輕時我也讀金庸與古龍的武俠小

說。我似乎什麼都懂點，什麼都不懂。我最擅長的本事，大概就是胡思亂想吧。」

詩歌創作

章平說自己喜歡胡思亂想，從某種意義上說，也就是有豐富想像力，這對於詩歌和小說的創作非常有幫助。文學評論家倪立秋評價章平：「早年那些構思精巧、溫潤雅致的詩作，湧動著當時尚處於青少年階段的章平的激情和理想，記錄和浸透了他剎那間的靈感和妙悟，被不少讀者看成是一種無拘無束、發自肺腑的天籟之音。在多年異域輾轉飄蕩的求存掙扎中，寫詩更是章平抵抗異域文化厚障、排解內心思鄉煩憂的重要情感宣洩方式，這些從靈魂深處流出的文字，往往是一種樸素與克制的喃喃低語，是他借此回味自己在他鄉經歷過的疲勞與憂傷，其文字中流露出清蒼的澀感，顯露著瘦硬的質地，體現出其成熟與克制的心理狀態，讀者能從這些詩歌中看到他擁有一顆強大的內心。」

章平的詩作大都收入《心的牆／樹和孩子》（1993年，中國文聯出版公司出版）、《飄雪的世界》（1999年，人民文學出版社出版）、《章平詩選集》（2004年，澳大利亞原鄉出版社出版）等詩集之中。下面我們選錄他的一首代表作：

《雪地烏鴉》
雪地白了一片，烏鴉只黑一點
仰頭看，還是白茫茫的雪
路邊堆的舊輪胎，也被鋪白
如誰故意擺下，一局黑白圍棋
白子占了所有聲勢

白茫茫，一曲楚歌，唱盡一子英氣

一雙眼睛轉動，黑黑的

微微一點弱勢，勾了唯一動靜

找誰扮演別姬？怎麼突圍

一棵倒塌柏樹，壓斷電話線

朝右手，山舞銀蛇；向左邊，原馳蠟象

千萬銀盔玉甲，紛紛揚揚

沒有退路，白茫茫讓人心寒

忽見烏鴉拍翅，越空飛去

如撒子不圍，落它一派白裡獨自迷惑

我這個觀者，怦然心動

正想走開，忽有一事不明白

我這一生人，究竟是白子還是黑子

從這首詩可以體察章平詩風，觀察細緻，敏感多思，除想像力豐富，也不忘探索人的內心世界。

在海外開始寫小說

章平早在出國前，就已開始發表詩作，但寫小說，則是移居歐洲以後的事。他回憶說：「我最初是給荷蘭華僑總會的一份僑報寫點東西，後來在阿姆斯特丹的中文書店裡買到一本《香港文學》雜誌，為香港著名作家劉以鬯先生所主編，我第一次給雜誌寫了一個名為《駝背》的小說，想不到劉以鬯先生發了小說頭條，還給我寫了一封親筆信，從那時候起，我許多年來一直在劉以鬯先生主編的《香港文學》發表東西。」他在《香港文學》以及《文匯報》、《大公報》、《明報月刊》、《開放》、《歐洲時報》、《聯合文

學》、《聯合報》、《小說界》、《江南》、《上海文學》、《世界華文文學》等國內外各大報刊上發表的中短篇小說達20多篇。

從打工到自己經營餐館，可以說章平實現了在異域有生活立足之地。但在這種「為錢博命」、尋找棲身之所的艱難過程中，他體味到的不僅是華人餐館打工族的辛酸，更多的還是華人餐館市儈思維以及內鬥外怯的風氣對從業者心靈的扭曲。章平以親歷者的深刻體察，不但表現了華人餐館打工族的艱難生存狀態，也真實地表現了新移民在巨大生存壓力下所造成的心理扭曲。這些具強烈的個人生存體驗色彩的小說，使他成為歐美華人「餐館文學」的代表作家。1997年中國青年出版社出版的《冬之雪》可謂章平「餐館文學」的代表作。《冬之雪》涉及的是留學生題材，反映的是海外華人的移民生活。小說題目是從主人公鴻雪、秦冬和之臨的名字中各取一字構成，他們是來自中國大陸鶴村的三個青年藝術家，彼此性格不同，經歷各異，但在海外，他們都得面對生存困境、精神焦慮和心靈迷茫，也得以自己的方式尋找生存之路。在這部作品中，異域謀生的複雜心緒、同胞之間的傾軋與隔膜、主流社會的文化偏見，在他的筆下得到了充分的體現。同時，在西方主流文化的強大壓力下，如何保存華人的文化根性，也成為他的關注焦點。

在這一時期，章平還創作了許多優秀的短篇小說。《顧輝死了》《狗肉的道歉》這兩部作品中，主人公在餐館這個亞社會中無法立足的事實，反映了新移民在割裂自身傳統文化臍帶時的痛苦立場。

紅塵往事三部曲

儘管「餐館文學」的親歷寫作使章平成為「新移民文學」的領軍人物，但「海外創業」小說的大量出現，卻使這一嶄新題材迅速陷入了模式化的怪圈，章平很早就注意到「新移民文學」寫作中這

種難以為繼的現象，批評過「新移民文學」老是沉湎於「發財的夢想，生存的窘迫和困境」，擔憂這種題材「從最初具活力的話語敘寫，導致這種話語寫作的快速衰落」。「海外創業」小說在盛極一時之後迅速衰落的事實，證實了章平的這種判斷。隨著這股創作潮流的衰退，他也漸漸地淡出了公眾的視野。在經歷了較長時間的沉寂後，章平於2006年在原鄉出版社出版了80多萬字的「文革」系列小說——「紅塵往事三部曲」，表明了他在關注新移民的現實生存狀況的同時，更從文化根上反思造成這種狀態的歷史根源。

　　儘管這三部小說沒有一以貫之的人物和線索，但主題卻都是「文化大革命」歲月中的青春記憶，因此章平把這一系列小說命名為「紅塵往事三部曲」。這是章平近三十年創作生涯的重要收穫，也是這近幾年「文化大革命」題材小說中少有的力作。

　　《紅皮影》的主角是仲龍，《天陰石》的主角是憶光，《桃源》的主角是李亞賓。三人的背景和經歷截然不同，但都是在「文化大革命」進行得最為熱烈的時候度過了他們的青春期，「文化大革命」思維是他們建構自己知識體系和世界觀的根本出發點。在狂熱的意識形態影響下，整個世界圖景都是顛倒錯亂的，但生活於這種世界圖景中的人們卻絲毫察覺不到生活的荒謬和無意義。仲龍為了躲避抓捕而逃進了深山；憶光在所有愛他的人都悲慘地離開這個世界後，只能一個人孤獨地生活在天陰石下，靠回憶來打發日子。最可憐的要數李亞賓，在秦小月自殺以後，他在桃源潭邊搭起了窩棚，為自己鑿了墓牌，永遠停留在了那個時代。從仲龍到李亞賓，形成了一個巨大的隱喻體系，即在「文化大革命」這個世界圖景中長大起來的那些人很難走出「文化大革命」陰影，「文化大革命」將會伴隨終生。回憶往事，療救傷痕，應該是章平在彼岸重提舊事的動機。儘管在敘事中，章平始終以調侃的姿態對待那些青春期的荒唐事，不斷與自己的主人公玩起了黑色幽默，而在骨子裡卻以悲

天憫憫的達觀反思「文化大革命」留給自己那一代人的「傷痕」。

這套小說章平早在1983年就開始了構思寫作，於1992年發表了他第一部「文化大革命」題材小說——《子營遊魂》（學林出版社出版）。經歷了接近十年的深潛思索，他於2000年又對小說的語言和結構進行了大幅度的修改，並更名為《紅皮影》。接繼《紅皮影》的思路，隨後完成了《天陰石》、《桃源》兩部小說。這三部小說耗費了章平將近23年的沉澱與思考。要在如此長的時間跨度裡保持一以貫之的思考，無疑是件非常困難的事情。但章平說，「選擇一次有創造意義而可能失敗的寫作，比起那種四平八穩的寫作，對我具有更大的誘惑。」

反思「文化大革命」思維對親情倫理的殘害，是「紅塵往事三部曲」貫穿始終的主題。章平認為：從某種意義來說，我的三部曲也就寫了六個字，《紅皮影》寫了那段特定歷史中人的命運之「荒唐」，《天陰石》寫了人的命運之「悲涼」，《桃源》寫了人的命運之「恍惚」。在「紅塵往事三部曲」當中，肯定存在我在國內那段時期的生活經驗，故事是虛構的，並不是我的親身經歷，但包含了我的生活經驗，與經歷之後的思考，以及在不斷回憶當中的重新發現。還有一點是，因為我在79年離去，也就把那一段的生活經驗比國內許多作家更為鮮活地保存在記憶當中。在有距離的書寫當中，也就更為有效地把它呈現了出來。

學術界評論界都發有諸多探討「紅塵往事三部曲」的文章。其中饒芃子和楊匡漢教授主編的海外華文文學教程，對三部曲有過這麼一段概述，指出：「小說擺脫了以往在政治文化層面上反思『文革』的模式，以仲龍、億光、李亞賓三個年輕人在『文革』中的不同的經歷，在民眾日常生活經驗的層面上體察與反映民族集體無意識的歷史，從而反思『文革』傷痕——《紅皮影》寫人類在非常力量操縱下盲動的荒唐性命運，《天陰石》寫仇恨意識的長期灌輸對

人類良知的可怕吞噬，《桃源》寫追問終極真理的悲涼結局，從而思考了人性的脆弱，以及人類何以保護自己精神家園的問題。」

《阿骨打與樓蘭》及其他

　　評論家陳瑞琳女士給章平的小說做過精到的評價「小說中湧現大量的奇幻事象，構成強烈的神祕色彩。望氣、超視、異象、災變，章平描寫的這一切景象，具有強烈的巫文化特色。章平正是在對江南巫道文化的漫憶中，為他後來走入魔幻小說做出了成功的鋪墊。」章平豐富的想像力，又一次明顯地表現於北京新世界出版社2010年出版的長篇小說《阿骨打與樓蘭──樓蘭秘史》。

　　《阿骨打與樓蘭》，說的是流落巴黎的窮華僑阿骨打，因為尋寶誤入到古樓蘭，從而把現代人的生活經驗帶入了古樓蘭，而他最終成為一代被樓蘭人不斷打斷手腳的「先知」。這真是一部神奇的作品，處處都是美妙的故事。

　　《阿骨打與樓蘭──樓蘭秘史》是章平在寫完三部曲之後的作品，第二部《阿骨打與孔子之神州行》也已完成，章平表示，如果有可能，願意圍繞阿骨打這個人物多寫點故事。我們期待他更多的作品問世。

施文英
能寫會畫的旅法才女

　　2016年在北京舉行了第二屆世界華文文學大會。大會最引人注目的任務，就是舉行華僑華人「中山文學獎」和第二屆「文化中國，四海文馨」散文大賽的頒獎儀式。

　　「中山文學獎」是由孫中山的家鄉廣東省中山市2009年創辦的，以進一步增強華僑華人對母語文化的認同，推動華文文學事業為宗旨。這次4人獲優秀獎，其中包括荷華作家林湄的長篇小說《天外》。而這次「文化中國，四海文馨」的全球華文散文徵文大獎賽主題是「夢想照進心靈」。到底誰家獲獎，備受關注。激動人心的結果終於揭曉：其中歐華文壇有兩人獲優秀獎，即奧地利的方麗娜和法國的施文英。這裡就單說一下施文英。她是歐華文學會的會員，無論寫作繪畫，都很拔尖。

《珍貴的傳承》

　　施文英獲獎的散文名《珍貴的傳承》。從這篇散文可以看到其家族的歷史：

> 　　幼時蝸居香港，近海之濱。望向水涯時，父親總說：「故鄉，在白雲的另一端。」那時的故鄉福建泉州，只是一篇朦朧的雲影。
>
> 　　直到定居臺灣，父親向我們講述那一片紅土地、藍海洋

後，原本在地理課本上沉沉昏睡的地名才悠悠轉醒：像樂譜上靜止的音符、自父親的口中、躍出了生命的動感與活力，在我們的心靈展臺上典雅起舞，蔚成了一首雋永的故鄉啟蒙詩。

施文英還寫道：

祖父早年辛勤創業，經商有成。他回鄉建造了一幢四層樓的房屋，讓家人得以安居樂業。這艱苦打拼得來的財富其後卻不容於人。許多年後當政局動盪，這份產業被沒收了。家人被迫離開故土，移居到菲律賓和香港。

這一遷離，原以為只是暫時的，誰知回鄉的路隨即被海峽阻隔了。但路雖斷而夢未斷，家人仍然熱切地編織著返鄉的美夢。

父親在一瞬間，從富裕變成了一貧如洗；但離家時，他的行囊依然滿滿，裝下了對故鄉的全部記憶。……

父親常年在菲律賓經商，卻把我們安頓在臺灣。他希望兒女接受傳統的華文教育，不忘記自己的文化和傳統，尤其不忘自己的故鄉。……

父親買了許多歷史書籍，一有閒暇就展讀。他雖然經商，卻不喜歡燈紅酒綠，獨愛閱讀史書。他要我們常讀書，溫故而知新，心靈永葆清澈，就像池塘有活水不斷從源頭流來一樣。……

父親一回來，我們的生活內容就豐富了，他教我們背誦《三字經》《千家詩》、講述故園的一切，還不忘記準備好大小禮物，獎賞名列前茅的兒女。我們的世界，依著父親規律的節奏而轉動。……

透過這些優美的文字，我們知道，施文英在臺灣長大。她在臺灣師範大學攻讀美術專業，畢業後又考入臺北陽明山上的中國文化

大學，獲藝術碩士。

施文英後來又負笈海外，在法國巴黎高等社會科學院取得文史碩士學位，並參加博士班研究。其後在法國華文報刊任記者、編輯、翻譯，以及美術設計，並為法國《華報》繪作時事、生活漫畫。

施文英現為法國《華報》副總編輯，並為法國插畫家協會會員。多年來，在海內外各地報章雜誌發表了不少新詩、散文、藝術報導及評論等。譯有法文小說《難忘里昂情》，著有《中國剪紙的形式與演變》、《禪宗思想與中國繪畫》等。

現在我們再回到《珍貴的傳承》這篇散文。施文英寫道：

> 人生的幾個小小夢想，幾乎都達成了。只有故鄉夢，仍時時縈繞在心田，遲遲未能落實。……
>
> 兩岸開放，父親卻早一步駕鶴仙逝。那曾經被當局充公的晉江樓房，歸還給我們。但重男輕女的家庭傳統，卻要我們姐妹放棄繼承權。哥哥喜滋滋地回鄉，我們卻有灰沉沉的失落感。他的興致昂揚，映照著我們的情緒低落。
>
> 我並不戀棧那有形的物質，心中卻有一絲隱約的傷痛。那是一種故鄉不要我們這些女兒的黯然與惆悵。……
>
> 去年，終於以作家的身分，踏上了神州大地。雖然不是泉州，而是廣州，但和故土第一次親密接觸，卻讓我渾然忘形，完全醉倒在它的懷抱裡。……
>
> 哥哥繼承了大陸的房產，我卻繼承了更珍貴的無形資產。那是傳承自父親對閱讀的愛好，以及對故鄉美麗的夢想。這份傳承，伴隨一生，為我開啟了一扇心靈的窗，照亮了異鄉孤寂黯淡的歲月。……

就摘錄這些吧。這篇美文收入《夢想照進心靈，第二屆全球華文散文大賽作品選》（花城出版社）一書，共有6頁，不下四五千字。如此文情並茂的文章，又非常切題，果然在大獎賽中脫穎而出，榮獲優秀獎，由此也可見施文英筆頭的功力，的確非同一般。

散文集《巴黎單親路》

施文英法國生活，一邊寫作繪畫當記者，一邊操持一個單親家庭。一個女子在無親無故的異鄉，帶著兩個稚女生活，是怎樣一種光景？追求充實自我和照料孩子的幸福感，能否互相滋養、相輔相成？有了孩子就意味著要告別藝術家生涯？客居異域，如何面對許多無可避免的偏見與誤解？看似柔弱實則堅強的施文英，終於含辛茹苦，把兩個女兒撫養大。她把自己的親身體驗，寫成《巴黎單親路》。這本200頁的書，2007年由位於臺北的張老師文化事業公司出版。

《巴黎單親路》一出版就好評如潮。人們讚歎施文英「結婚生女後勇於追求一種與潮流背道而馳的幸福。全書不見人們慣常對單親生活的既定印象，反而從文中的詩詞藝術與音樂藝術裡，品味出生活與思想的開闊細膩。讀者不單讀到一位母親慈愛堅強的心，也讀到一位樂於、勇於探索新生活的新女性的心。」

這本書很有特色。

這是一本單親生活態度的指南書：近十年來，單親、離婚、夫妻分隔兩地的家庭型態不斷增加，而本書書寫的時間很長，正因為時間夠長，讓讀者有機會見證或佐證作者所持教育理念與生活態度，所造就的正面效果，書中點滴，也就更有值得參考之處。

本書分享所有家長關心的親子問題：工作和親情如何取捨？單親的孩子人格都不健全？分偶家庭有幸福的結局？追求充實自我和

照料孩子的幸福感，能否相輔相成？客居異域，如何化解偏見與誤解？《巴黎單親路》「讓我們看到一位願意用心、勤於安排，更重要的是，正面看待生活的母親，能夠給孩子多麼豐富、多元、自主的成長歷程與人生態度，因而讓『家』有了不同的氣氛，也讓兩位在異國生活的孩子，有個健康、自信的生活態度，這是最讓讀者感動與學習的地方。」

書中提供我們不知道的巴黎風景、法國印象：本書迥異於眾多書寫巴黎的旅遊休憩書，也不同於在花都留學、工作的生活體驗，是本品味出眾的異國生活體驗書，生命的開闊、豐盛躍然紙上。

《巴黎單親路》提供移居者、政府和民間借鏡：本書作者是法國教育體系、醫療系統、社會福利政策的觀察者與使用者，以及法國人道主義的受惠者，可提供臺灣移居者、社會福利、內政、教育、醫療、文化等政府機構借鏡。

這本書不僅對臺灣，對大陸的家庭也有參考價值。這本書不僅有文學價值，也有社會意義，因此獲得各方面名家的誠摯推薦。

小說《菊花湖》

除了散文，施文英還寫了中篇小說《菊花湖》，在法國《華報》上連載。

《菊花湖》這部小說，寫一個亂世中悲歡離合的故事，有濃濃的悲情；場景橫越中國、越南、法國、日本、東南亞，交織著跨國的愛情故事，親子之情，愛與背叛。

故事主人公出生在第二次世界大戰末期，在一個日軍從得勝到失勢的交叉點上。時代造就了悲劇，也對這時代的人物造成了深刻的傷害。

「三十位士兵在產房前，排成一列，舉槍向天空射出槍彈，發

出鳴響，來宣告我的誕生。

中國人奔走競相詢問，到底是怎麼回事？當他們得知，是為了慶祝我，一個日本人的孩子誕生時，他們就更加憎恨我們了。

誰能驕傲的說，他是在三十聲槍響的歡迎下，來到這世界的？我，我卻能夠。這很特別，完全與眾不同。

但我的一切不幸，也來自於此。」

看到書中這一段，不禁要掩卷興歎：一時的驕傲，需要在一生中，付出多少苦難作為代價？

故事的經緯線，是人世的苦難折磨。作者以雅麗的文筆，在時代低沉陰暗的氛圍裡，在曲折的情節中緩緩穿梭而過。敘事清逸，引人入勝，兼具藝術性與故事性。

作者施文英的文字細緻婉約，韻味悠遠，時而遠愁濃重，時而恬淡靜謐，作品中充滿著詩意與深情。

……滄桑過後如果不感歎酸楚，才能真正戰勝逆境，超越自我。施文英寫起故事主人翁艱難的童年，令人扼腕。但歷盡苦楚的主角對於過往的時日，沒有哀怨憤懣，反而因為經過歲月的淬煉，鑄就了堅持體悟的性格，小說中蘊含著人本的悲憫情懷與藝術的空靈美感。即使在敘述故事時，刻意籠罩上一層時代的光暈，追懷往昔，未免傷情。充滿傳奇的人生經歷，對照時代輾過的創傷與悲情，令人唏噓。

書中漂泊的靈魂在記憶、想像中尋驥、建構理想中的家。明知追尋肇始於匱乏，最後仍終歸於失落，追憶似水年華，持續不絕，未曾斷線。

即使在苦境中，主人公仍不失信心，忍著艱困，以記憶中的陽光，期待著不可知的未來。正如作者在序言中說：

「願歲月的篩子，篩去生命中的一切苦痛，而不隔斷成長記憶中的陽光與歡笑。

每一段人生，都是豐富獨特的；只要我們用獨特的眼光，重新看待自己的生命。

重要的是，用真誠，看待生命的每一刻。生命中，或許錯過了許多我們希望得到的東西，錯失了許多機會；追悔或怨懟，都無濟於事。只要自己真正的活過來了，並且活得踏實，活得真誠。這時，審視自己的心靈狀態，就覺得自己無愧於生命，並且有了一種精神的高度。」（讀《菊花湖》，黃影評論，刊於法國「華報」2010年6月第46期）

畫家風采

筆者注意到《巴黎單親路》這本書不僅文筆好，封面設計和書內的插圖也很精彩。仔細翻看版權頁才知道：封面和內文繪圖全部都是由施文英親歷親為。真是能寫會畫的才女啊！

其實，施文英是美術科班出身。早在法國研習藝術及文學史之餘，就曾在巴黎國際大學城舉行畫展。近些年來，施文英在寫作當記者的同時，重拾畫筆，除了插畫、油畫之外，也以水墨揮灑出一片獨特的天地。2013年，施文英先以畫作《水火之詩》，入選巴黎秋季藝術沙龍（le Salon d'Automne）。隨後，再以另一幅作品《第一樂章：天地之間》，參加巴黎大皇宮《藝術至尊沙龍》（Le salon Art en Capital）中的水墨畫沙龍。2014年春節期間，她在巴黎十三區區政府展廳，展出了水墨畫作品。

施文英這次畫展的主題是《家園》（chez soi）。這是海外華人恒常的感觸：身心飄泊的異鄉客，哪裡才是自己真正的家園？哪裡才讓我們感覺在自己的家？故鄉？夢土？家，對我們的意義是什麼？寄託理想的所在？身心安頓的地方？或是遮風擋雨，遠離塵囂的庇護所？這次畫展轟動了法華世界和主流社會。

施文英的畫作雖然特別表現的是海外華人在異鄉漂泊中尋找自我的心路歷程，但前來觀看畫展的一位法國女性說，在中國水墨畫的獨特美感以及這些作品命名流露出的詩意外，其實懷念故土的情愫，尋根的願望也是世人共通的。

楊悅
事業有成寫作忙

　　楊悅是活躍在德華文壇的作家，曾經翻譯出版《格林童話全集》，為中國讀者所熟知。她的散文也很精彩，擁有數不清的粉絲。

學德語專業，譯格林童話

　　楊悅出生於重慶，青少年時期一直生活在這裡，可說是地道的重慶妹子。父親楊武能是著名德語文學翻譯家，曾榮獲德國總統頒授的德國「國家功勳獎章」，終身成就獎性質的洪堡學術獎金，以及世界歌德研究領域的最高獎——歌德金質獎章這三大獎項。母親王蔭祺是北外才女，賢妻良母，在川外德語系任副教授。楊悅從小耳濡目染，喜歡外語，喜歡文學。在川外附屬外國語學校畢業後，被保送上了四川外語學院，攻讀德語專業。父母都是德語教授和翻譯家。楊悅生長在這樣的家庭，真是幸福，有父母耳提面命，諄諄教誨，自然是近水樓臺，積累起雄厚的德語和文學功底。

　　楊悅以優異成績畢業，分配到位於成都的華西醫科大學，擔任德語教師。那時楊武能也調到川大工作，父女倆一起合譯了《格林童話全集》這部德語文學的鴻篇巨制，譯成中文約50多萬字。楊悅回憶道，她翻譯了大約三分之一，收穫真是不小。

　　楊武能這樣的大翻譯家翻譯格林童話莫非大材小用？不，他沒有把童話當作「小兒科」，而是認真嚴肅地把翻譯和研究結合起來，以期探尋德意志民族文化的靈魂，再現格林兄弟的藝術魅力，

他努力在新譯文中營造出富有童趣的語言環境，為此他對合譯者提出了更高的要求，他選定的合作者是楊悅，當然有提攜後進的意思，把女兒培養起來，但並不因為楊悅是自己的女兒而放鬆要求。

其實楊悅也有年輕而貼近童話，更瞭解兒童心理和接受能力的優勢，何況很多童話都是她從小就喜愛的。「上陣父女兵」。就這樣，格林兄弟的童話由楊家父女來譯了。權力的世襲遭人非議，而學識的家傳則永遠是受讚美的。楊悅也端的不弱，在她父親的督戰下，硬是出色地完成了任務，然後高高興興地到德國留學去了。於是我們的書架上多了一本好書、文壇上留下了一段楊家父女合譯格林兄弟的佳話。

創業在德國：從打工學生到辦公司

楊悅父母都教授德文，又都是德語翻譯家。「他們對德國的訴說，勾起了我對德國的嚮往，那裡也是歌德、席勒、巴赫、貝多芬、勃拉姆斯的故鄉。」楊悅如是說。

1992年，楊悅自費到德國留學。就在德國駐華使館辦簽證的時候，遇到了她生命中的另一半。盧序，那是一個帥氣的小夥子，中南工業大學電腦科學系畢業，當時也正準備赴德深造。他的父母都是北京科技大學的教授。父親盧壽慈，陝西城固人，早年留蘇，在莫斯科有色金屬學院及黃金學院研究生畢業，獲副博士學位回國，是我國選礦專業的著名專家。母親田薇是材料系的教授。我們不說門當戶對的傳統習俗，但楊悅和盧序都出身於書香門第，就給兩人帶來說不完的共同話題。

來到德國，楊悅先在馬爾堡大學，後到杜塞爾多夫海涅大學研究日爾曼學，而盧序則在杜伊斯堡攻讀電子工程。對於楊悅來說，來到德國，迎接她的卻並不是鋪滿鮮花的文學之路。「首先就是要

生存下去！自費留學，要自立，不應該再向父母伸手。」其實，楊悅的心裡還有著自己的小小打算，骨子裡與生俱來的要強性格，讓她決定憑自己的能力在德國打工賺生活費。

「理想很豐滿，現實很骨感」，對自己曾經做過的每一份工作，楊悅都記憶猶新。

「第一份工作，是在一個德國家庭做幫工。」這份工作，每天工作的時間為6至8個小時，每小時能得到11馬克的報酬，「一天的工作就足夠支撐我一個星期50馬克的生活費」，但這份工作卻讓她幾乎沒有時間學習。

楊悅也曾到工廠做過手工活，換過幾次工作。時常很辛苦，但那種倔強、不服輸的性格，讓楊悅一次又一次堅持著，「還沒開始，我怎能放棄。」

直到1994年，楊悅進入一家臺灣電腦企業駐德辦事處做文員，有了一份較為固定的工作，「每個月收入1800馬克」，也就是在這家企業，她開始接觸當時方興未艾的電腦產業。在電腦公司，每天的工作繁瑣而枯燥，但楊悅卻從這日復一日繁瑣的工作中，發現了機會。「那時候，這個行業興起不久，蘊藏著無限的商機。如果能自己代理品牌，或者創立自己的品牌，無疑有著良好的前景。」

「年輕人就是有這股勁，怕的不是失敗，怕的是不敢去嘗試。」楊悅決定先成立自己的公司，從代理品牌入手，但她打工的錢，只夠支撐自己的生活費，到哪兒去尋找成立公司的啟動資金？

思前想後，她只有求助父親楊武能。「其實很忐忑，甚至想好了一堆解釋的話語。」讓楊悅沒有想到的是，父親對女兒的想法極為支持，鼓勵她走向創業之路，並借給她一筆資金。

於是1996年7月，楊悅在德國成立了迅馬電子科技有限責任公司（SIMAC）。租了一間房子，就正式開業了。不久盧序加盟，擔任總經理，他富有電腦和電子專業技術知識，公司業務蒸蒸日上。

遠離家鄉親人的外國留學生，沒有學過經濟學，沒有經商的經驗，沒有雄厚的財力，要想和土生土長的德國人競爭，談何容易？這時，中國古老的諺語和經驗激勵著楊悅，「早起的鳥兒有蟲吃」、「笨鳥先飛」、「不恥下問」……

　　當年華人在德國開辦的貿易公司很多，但幾十年大浪淘沙，不少都淘汰了，而迅馬公司卻在勤勞、努力和誠信經營下，一步步發展壯大。從一間屋開始，進駐到工業園區，有了自己的大倉庫和生產線。公司很早就意識到，單憑打價格戰是不行的，轉而針對客戶（主要是各種企業）的需求，量身製作他們需要的電子和電腦產品，提供全套的服務，闖出一條新路。如今，迅馬公司不僅是微軟、富士康、華碩等知名企業的代理商，還擁有自己的品牌Joy-IT以及兩條組裝電腦的生產線，為包括德國亞馬遜在內的許多客戶製作電子和電腦產品。迅馬公司的產品除德國外，還銷往法國、丹麥等多個國家。精美的產品介紹用德英西法以及荷蘭、波蘭和土耳其等7種語言印出，由此可見其國際化的程度。

　　迅馬公司按照德國企業的嚴要求，高標準發展，經過當地工商會的考核，取得了與職業學校合作、培訓以下三類學徒的資格：即商務文員（Bürokaufmann），系統技術員（Systemtechniker）和倉庫管理員（Lagerist）。學徒出師後，最優秀的就留下來，充實公司的員工隊伍。如今，他倆領導著幾十位員工，除了德國人，還有來自不同國家的已經融入德國社會的外國人。不少員工已在公司幹了十多年。盧序和楊悅這兩位公司領導，以高超的技術水準，親切的人文關懷，贏得了全體員工們的尊敬。

　　楊悅、盧序的公司在行業內有口皆碑，而長相秀氣的楊悅也令人側目，她的一些合作夥伴都驚歎，沒想到這樣一個秀氣的中國女孩，有這麼大的能量。她還做過德國北威州中國企業家協會首任副會長，但絲毫沒有女強人的做派，很有親和力。

隨著中國與德國經貿往來的密切，尤其是起於重慶、止於德國的渝新歐鐵路貨運的開通，更緊密地連結了重慶與德國，「如果可以，我願意做連接中德兩國貿易和文化交流的使者。」楊悅如此道。

回歸文學夢

楊悅從小就喜歡文學，「歌德、席勒、荷爾德林、海涅、里爾克、湯瑪斯·曼……對於一個有著文學夢的女孩子來說，這些名字無疑充滿著不可思議的魔力。」她這樣「一個懷揣文學夢想的少女」從不曾想過，自己會創立一家電子科技公司，並以此在德國立足。

公司發展步入良性軌道，深埋在心底的文學夢，又開始萌芽。楊悅不僅開設了自己的博客，記錄著自己生活中的點點滴滴，還成為德華報紙專欄「悅讀德國」的主筆，用自己的文字，介紹德國文化，架起中德文化交流的橋樑。

楊悅回憶，那是在明德中文學校成立10周年的時候，使她走上給德華媒體的投稿之路。明德中文學校位於克雷菲爾德（Krefeld），2001年創辦，已成為下萊茵地區最具規模的中文學校，楊悅的女兒就在這裡學中文。楊悅所寫的《明德中文學校10周年慶典》一文，得到大家交口稱贊，並被推薦登報，從此楊悅就開始為德華媒體寫稿，逐漸成為德華文壇的知名作家。

如今，翻閱德華幾份報紙，我們經常會讀到楊悅的文章，文筆優美，沁人心脾。她的文章，一方面緊扣人們所關注的話題，如中德的文化差異、社會差別、怎樣關懷下一代等，有著深刻的人文關懷；另一方面又有極高的藝術修養，西方的美術、音樂、名人事蹟等信手拈來，給人以陽春白雪般的享受。她的文章不但深受德國華

人讀者的喜愛，而且在國內也擁有廣泛的讀者群，不少文章還刊登在《北京青年報》上。

她的新浪博客（楊悅在德國的博客）粉絲無數，點擊量已超過100萬人次，可想而知，人氣是多麼的旺盛！這是很多寫作者幾十年也難以企及的高度。

楊悅的博客，迄今已貼上150多篇文章，其中「感知德國」這個欄目就有70多篇，大部分都標記有「薦」字，即被推薦到新浪博客首頁乃至新浪首頁的文章。如《漫步德國美術館》、《德國人婚戀面面觀》、《德國學校的家長會》、《德國中小學生守則什麼樣？》、《德國音樂會的禮儀》、《德國小升初為什麼不用考試？》、《德國富二代的教育》、每篇都吸引成千上萬的粉絲流覽，其中《我所認識的德國商人》、《德國人如何對孩子進行素質教育》都有好幾萬人點擊閱讀，而《中國女孩在德國受歡迎嗎？》和《中國與德國之間的最大差異》竟然吸引了十幾萬人的眼球。從這些標題就可知道，楊悅對德國瞭解的是多麼廣泛和深入。

楊悅還有一個欄目叫「故鄉故人」，她把自己對故鄉重慶的思念都深藏其中，用文字娓娓道來。2010年的中秋節，思鄉的她寫下了第一篇博客，從此一發不可收拾。

在博文《月是故鄉明——懷念家鄉重慶》中，楊悅這樣寫道：「重慶的步行街解放碑，如今在全國家喻戶曉；重慶的三張名片：美女、美食、美景也在網路上廣為流傳；於是，一句在解放碑打望美女的順口溜也不脛而走：三步一個林青霞，五步一個張曼玉。這些美譽在我看來，不過是全國人民的厚愛與笑談，解放碑於我的意義遠遠不止這些，它是我童年的回憶、少年的輕狂與青年的匆匆一別。」

這樣的記憶，源於楊悅幼年時的經歷。她的外婆，家住解放碑的八一路150號，就在今天大都會商廈的對面，是解放碑最熱鬧的地

段。楊悅記得，樓下就是賣各種鹵菜、炒菜和麵食的陸稿薦，出門的左手就是大陽溝菜市場，往右一拐就能看見解放碑，而過一條街就是如今遊人如織的好吃街。

從她記事起，母親差不多每個週末都會帶自己去外婆家。那個時候，楊悅一家三口住在沙坪壩烈士墓的四川外語學院，「當時在人們眼裡屬於郊區，我們管到解放碑叫『進城』，要先乘16路汽車到沙坪壩，再乘2路電車到解放碑。大舅舅和兩個姨媽五孃六孃都住在現在的渝中區，離外婆家不遠，她倆常常打趣我，說：『小鄉巴佬又進城來了』。」

看了這些文字，就知道，楊悅有著很強的語言文學功底，而且流露出充沛的感情。

堅持讓女兒學習中文：讓她不忘自己是中國人

楊悅的女兒璐璐在德國出生、長大。雖然定居在德國，也完全融入了當地的生活，不過，楊悅一家人都堅持讓女兒學習中文，瞭解中國文化。

「外婆教她唐詩宋詞，外公教她寫毛筆字。暑假時，爺爺奶奶跟她講解《三國演義》，每個週六要在中文學校上3個小時的中文課，還要跟中國老師學習古箏和聲樂……」楊悅把孩子的中文生活安排得豐富多彩。而且，她和丈夫在家裡從來都是跟女兒用中文交流。「我們希望孩子能夠盡可能地說好中文，盡可能多地瞭解中國文化，畢竟，我們是中國人。」

2015年10月楊悅帶女兒參加了楊武能著譯文獻館開館儀式。隆重的開館儀式是在璐璐鋼琴演奏的貝多芬奏鳴曲中開始的，演奏奏鳴曲是有一定難度的，而璐璐演奏得非常完美嫻熟，這讓外公楊武能感到格外開心。

葉瑩

《德國婆婆中國媽》的作者

　　2015年9月在德國舉行的中歐跨文化作家協會年會上，有一本名叫《德國婆婆中國媽》的小說引起了與會者的青睞，這本書的作者就是德華女作家葉瑩。會後，我翻開這本書，立刻就被吸引住，一口氣讀完，非常的令人感動。進而用電話採訪了這位70後的作者，瞭解了她的人生軌跡和文學之路。

中國媽的培育

　　葉瑩是廣東羅定人。羅定毗鄰廣西，東距廣州250多公里，地處山區，出產大米、紅薯。葉瑩的家鄉在羅鏡鎮龍星村，到縣城八九十里。

　　葉瑩的爸爸，是這個偏僻山鄉裡走出來的大學生，攻讀冶金化工專業。六十年代大學生不多，國家包分配，他畢業後被分到貴陽鋁鎂設計研究院。貴州是三線建設的重點地區。「三線建設」是毛澤東於1964年做出的一項決策，為加強戰備，在西南、西北這些遠離沿海（一線）的三線地區進行大規模建設。鋁鎂作為製造飛機的重要材料，備受重視。可是當時妻子是農村戶口，不能帶到貴陽落戶。造成兩地分居的情況。他一年只有一次探親假，春節回家鄉十來天。家裡平時全靠葉瑩的媽媽維持。

　　自從50年代以來，中國實行嚴格的戶口制度，所有人被分為「農業戶口」和「非農業戶口」兩大類。城鎮家庭每家發一個糧

本，憑糧本供應糧食。在市面上要是沒有糧票，有錢也買不到一口吃的。農轉非受到嚴格的控制。而葉瑩的媽媽，是農村姑娘，太平鎮中學畢業後就在鄉下教小學語文、算術和音樂，稱為民辦教師。戶口依然是農民，工資很少。她除了教學外，還要種地，撫養葉瑩和哥哥、弟弟這三個孩子。真的不容易。可她是那種性格倔強不服輸的人，還擠出時間自學函授課程，到鎮上進修，最後成為公辦教師，轉為城市戶口，以高級教師職稱退休。她還竭盡心力把三個孩子都培養成大學生，一門三學士，引起當地人的讚美和羨慕。

葉瑩從小就幫媽媽幹農活，還會插秧呢。她回憶說：她是那個年代的「半留守兒童」，缺乏父親的陪伴；但那時候，天是湛藍的，溪水是充滿遊弋魚兒的，雖然忙於生計的母親無暇顧及她敏感易傷的內心，她依然在這片自由的土地上擁有一段難忘的童年。有時候她會撒開雙腿去追逐紅蜻蜓；有時候她會捉一條蚯蚓綁在一個小釣竿上，在蔥蔥郁鬱的溪澗草叢間釣青蛙；如果跑累了，她便可以蹲在溪邊來摸石子，挑出五粒最勻稱光亮的小石子，在手中變著萬千花樣把它們拋高又接住。也學會了在小溪裡用畚箕來撈魚，用樹叉來做彈弓。鄉村的生活培養了她對大自然的熱愛和敏銳的觀察力。「十年鄉村質樸率性的童年生活，奠定了我純淨無華堅強執著的人生態度」。葉瑩是這樣來描述她的童年的。

小學是在相鄰的龍岩村廷鍇小學讀的。廷鍇小學得名於抗日名將蔡廷鍇（1892-1968）。他正是龍岩村人，其故居仍在。附近還有一個瀑布，岩石上刻著蔡廷鍇的親筆題字「東南一景」。蔡廷鍇出身農家，辛亥革命前投入新軍當兵，後來進入廣東陸軍講武堂，曾參加北伐，為粵軍名將，1930年升任軍長。1932年一二八事變爆發，蔡廷鍇率十九路軍3.3萬將士在上海淞滬地區奮起抗擊日寇進攻，堅持33天。日軍四易主帥，數次增兵到9萬人。但19路軍在張治中第5軍（1萬多人）支援下，殲敵逾萬。這是中國對日作戰從未有

過的大捷，使世界上知道在東北不抵抗之後，中國還是有一批能打和熱血的軍人。既振奮了全國軍民的抗日精神，還對以後的全面抗戰產生深刻的影響。蔡廷鍇也因指揮淞滬抗戰功勳卓著，被海內外譽為「抗日名將」、「民族英雄」。後來，蔡廷鍇擔任過全國政協副主席，文革中鬱鬱而終。

廷鍇小學是蔡廷鍇將軍1928年親手創辦的，已有80多年歷史。葉瑩上學時教室很舊很簡陋，牆壁上的白石灰也已經剝落得千瘡百孔。但蔡廷鍇的頑強奮鬥精神鼓舞著山區孩子。媽媽也鼓勵女兒好好學習。背一首唐詩，就給一分或者兩分硬幣作為獎勵，當時一分錢可以買到兩粒糖果或者一塊鹹餅乾。

葉瑩的父親在貴陽工作14年後，調回家鄉擔任羅定冶煉廠副廠長，後來升任廠長。葉瑩在小學四年級時轉學到縣城。剛到新學校，她有點自卑。城裡孩子會跳舞，她只會玩泥巴。小學畢業中考，她沒考上重點中學。父母額外交了每學期40元的代教費，才把她送進全縣最好的羅定中學。那時候，她母親在小學裡教書，一個月的工資才35塊。

父親的文學藏書是葉瑩的文學啟蒙之地。從三毛、瓊瑤到托爾斯泰、歌德的書，從英國的《簡愛》到美國的《飄》，通俗的古典的都有，她便一本一本地啃。甚至故意偷換了別人一張有個小洞的課桌，只為了上課時能從小洞裡偷看三毛的書。

在中學裡，葉瑩一開始落在後面，漸漸適應後，躍入全班前列，獲得多次獎勵和獎學金，每學期40元的代教費也免了。高考中，葉瑩更是一鳴驚人，竟取得全地區最高分，成了肇慶地區的文科狀元，得到一份1000元的獎金（在當年相當於父親大半年的工資了）。山區裡飛出了金鳳凰！

德國婆婆的關愛

1990年，葉瑩北上就讀北京對外經貿大學，選修國際金融專業。大學畢業後，葉瑩回到廣東發展，先在一家貿易公司工作，後來又轉換到銀行，穩定下來。但不安於現狀的葉瑩還要闖世界。2001年夏她來到了德國，起先在柏林補習德語。第二年春天考進因戈爾施塔特應用科技大學，學習工商管理專業。

小城在南德，每逢夏季舉行聯歡節，持續好幾日。有來自世界各地的民間表演隊，更有各式攤位助興。每天下課後，葉瑩便直奔河岸，去享受一齣齣免費的精彩表演，品嘗各地美食，與市民一樣盡情歡樂。就在聯歡節的最後一天。葉瑩在古堡前的攤位流連，忽然聽到了一聲中文「你好！」原來是一個帥氣的德國小夥子，曾經環遊中國，熱愛中華文化，會說幾句中文。不久，他們又在慕尼克相逢，一盤番茄炒蛋拉開了一段跨國戀情的序幕。

經過一段時期的熱戀，兩人一起到德國中部，美麗的埃爾福特。葉瑩見到了未來的公公婆婆。從此與德國婆婆結下了一段令人感動又唏噓不已的緣分……人生的酸與甜，盡在其中，就如番茄炒蛋的滋味……

第二年秋，葉瑩結婚，也結束了學業，取得工商管理專業碩士學位。2005年，她有了孩子，與婆婆的接觸更多了。德國人的性格，好像暖水壺，外冷內熱。葉瑩和她婆婆的關係儘管很親密，但婆婆在她的家總是「我的廚房我的事」，不需要葉瑩去幫忙，在婆婆住院時，葉瑩照顧了公公幾天，婆婆也要給她錢。讓葉瑩對婆婆這種「楚河漢界」的做法很受傷。可是當葉瑩為人母以後，婆婆卻任勞任怨地去幫助她。

在德國，葉瑩曾任職德國兒童保護機構，德國紅十字會，貿易公司等，融入了德國社會，對德國有了更多的瞭解。

德國婆婆日漸年邁，後來住進養老院，使葉瑩對德國的養老制度有了深入的瞭解。2012年，她的婆婆以九十歲的高齡過世。

《德國婆婆中國媽》

葉瑩有了這麼多的經歷和感受，特別是婆婆的愛，使她銘記在心。婆婆去世後，她決心要寫一本書，就這樣，用了一年多的時間，寫出長篇紀實小說《德國婆婆中國媽》，由南方日報出版社於2015年5月中旬出版。全書352頁，共24萬字。

此書裝幀樸素精美。腰封上寫著「一段文藝女青年與德國靠譜男的異國戀情，一場從廣州到慕尼克的風景之旅和內心戲劇，一邊是德國式婆媳關係與文化百態，一邊是中國式母女情愫和家鄉風物」。德國華人作家關愚謙作序推薦，傳遞超越人種、族群、文化的愛的正能量。讀者通過腰封可以便捷地瞭解到這本書的內容和特點，從而說明自己做出選擇。

葉瑩的文筆清新細膩，真實生動，富於文采，她根據自己的經歷進行了文學加工。書中主人公鑫子是一位在廣州的銀行工作的女白領，即將進入「剩女」行列，鑫子媽媽整天幫她物色如意郎君，但有一天卻鼓動她去德國留學繼續深造，結論是優秀的男人都出國了。鑫子毅然踏上了德國之旅。但她怎麼也想不到這會是一場跨國婚戀的前奏……故事從鑫子在德國的大學生活，寫到她與德國靠譜男的相識、戀愛、結婚、生子，與德國婆婆的文化「摩擦」以及中國媽媽對女兒遠嫁萬里之外的猶疑。最終，時間饋贈給他們的是愛的和解與頌歌。

前歐華學會理事長，德華著名作家關愚謙教授十分讚賞這部小說，作序道：

「中國國畫有工筆和潑墨之分，讀了葉瑩這部書，我下意識感

覺到『書中有畫』。作者是一個感情細膩、思想豐富的工筆作家。她對媽媽和婆婆，爸爸和丈夫、以及至親好友和社會風情的描繪，就好像國畫家畫梅蘭竹菊，紅花突出，綠葉陪襯，下筆和著色，和諧不苟，人物性格栩栩如生，躍然紙上。同時從字裡行間體會到作者筆下的主人公鑫的性格——溫柔、孝順、善良。她描寫母親、婆婆兩種不同的愛，清晰生動。母親感性的愛至深，愛得有時會使你心碎；婆婆理性的愛至善，愛得使你心醉。」

關愚謙教授認為，這本書文學性、藝術性、知識性與趣味性俱全。他讚賞葉瑩筆下描寫的故事，和一些英、法經典文學著作，如《簡愛》《塊肉餘生記》《基督山恩仇記》等等完全不同，這些作品充滿了仇恨、嫉妒、算計、陰謀、暗殺，而此書充滿了愛情、信任、和諧和友誼。

《德國婆婆中國媽》一出版，就受到廣泛的關注。葉瑩飛回中國，先後在北京、廣州和深圳參加了好幾場討論會和新書簽售會。北京的《青年參考報》進行了同步小說主題連載。全國影響力很大的《家庭》雜誌刊登了題為《甜酸適宜的德國婆媳關係》來介紹。

繼續文學路

《德國婆婆中國媽》是葉瑩出版的第一本書，我驚奇她一出手就是長篇，一炮走紅。葉瑩告訴我，她雖然自幼就喜歡文學，但出國前從未發表過作品。是在德國的生活，與婆婆的接觸，是作為兩個孩子的媽媽，在陪伴孩子成長的過程中，喚醒了她對文學的激情。葉瑩清楚地記得，2008年第一次投稿，《德國球、中國草》，就被德國《華商報》刊登。從此，她便開始為德國各大華文報紙，國內報刊、育兒雜誌撰稿，內容涉及社會、文化、育兒等題材。德國《華商報》還曾為她建立了專欄「葉子的世界」。2014年，葉瑩

參加首屆全球華文散文大賽，脫穎而出，她的散文《探阿婆》被選100篇入圍作品，收入中國世界華文文學學會主編的《相遇文化原鄉——首屆全球華文散文大賽作品選》之中。在歐洲新報舉辦的「金鳳凰杯」徵文比賽裡，散文《另一面》獲得一等獎，《天使的光芒》獲得二等獎。

葉瑩摯愛文學，也喜歡畫藝，文字清麗，繪畫的水準也不低。她喜歡純淨簡單之美，希望能為孩子寫出一些好看又有意義的文學作品。最近，她的第一部兒童小說《會刻貓頭鷹的男孩》終於瓜熟蒂落，由中國浙江大學出版社出版。書中有著葉瑩溫暖詩意的文字和傾心繪製的栩栩如生的鋼筆插畫。

溫妮
熱愛寫作的捷華作家

　　2016年，在布拉格舉行了三次重要的文學活動。先是5月份召開「歐華文學會首屆國際高端論壇」，7月份又召集第8屆文心作家（布拉格）筆會，9月份舉辦第36屆世界詩人大會。這幾次文學活動都得到了捷克華文作家協會的鼎力支持。這裡就介紹一下捷克華作協的會長溫妮。

　　溫妮，或汪溫妮，其實都是筆名，本名叫汪永。1986年，溫妮畢業於西南師範大學中文系。這所大學位於重慶北碚，坐落於縉雲山麓、嘉陵江畔，距重慶主城區有四五十公里。該校前身是清末1906年創辦的川東師範學堂，如今擴大為西南大學。是很有名氣的高等學府。北碚又是抗戰時期老舍、梁實秋等大作家住過的地方，文風鼎盛，《四世同堂》和《雅舍小品》就在此寫成。溫妮在該校學習幾年，奠定了扎實的文學基礎。畢業後曾在四川紡織專科學院（現名成都紡織高等專科學校，首批國家骨幹高職院校之一）任教員。並在四川文化教育智力開發中心做過編輯。

　　這位中文的科班，早已是中國作家協會四川分會成員。近年來又成為世界海外女作家協會成員。早在2006年，老木、溫妮和歐非子等捷克文友就開始了互動與交流，在此基礎上成立了「捷克華文作家協會」，老木任首任輪值會長。如今捷華作協已由原來的四個人發展到十幾個人。協會成員包括企業職員、中學生、農場主、餐館老闆等，均業餘從事寫作。協會採用理事會推舉，全體成員舉手錶決通過的選舉制，來選舉協會主席和其他工作負責人。溫妮擔任

現任會長。協會通常每年舉行3-4次聚會，通報情況，展示各自新作。他們當中不少人已經取得驕人成績。2012年出版，協會出了一本作品集。作為這個社團成立幾年來的紀念和總結。書名為《布拉格花園》，。這部作品集約20萬字，有古體詩詞、現代詩歌、科幻小說和散文，也有紀實的新聞特稿。從中可以窺見捷華文壇水準之一斑。

說起對寫作的愛好，溫妮寫過一篇文章叫《為什麼要寫作》。文中回憶到：

> 據說當我滿周歲的時候，我的父親讓我「抓周」，以此來占卜我今後的前途命運。我爬到眾多的物品前面，既沒有抓鏡子梳子，也沒抓口琴笛子，更沒有抓錢，單單只挑選了一支筆！我父親看見後，即高興又有點憂愁，輕輕歎了氣，他高興的是我有點像他，會喜愛文學和寫作，憂愁的是我的這個「命運」會不會像他——又窮又坎坷！
>
> 於是父親想改變我的「命運」，從小就故意不介紹文學作品給我看，但他又不自覺的給我講故事，什麼《三國演義》《水滸》《西遊記》等等，講得是栩栩如生，我聽得是如癡如醉，聽完後，又去講給我的小朋友們聽。
>
> 父親漸漸發現了我對文學作品的興趣，馬上開始糾偏，帶我報名參加了學校乒乓球隊，並自告奮勇當陪練，在他的嚴格監督下，我的球技迅速提高，進入了市少年隊，在已打出成績的時候，教練卻發現了我是個滿心腳，步伐的啟動和速度受到了天然的制約，也就是說我沒有可能成為專業運動員。
>
> 父親不得已，只有改變他的「計畫」，於是鼓勵我「學好數理化，走遍天下都不怕」，總之就是不能學文學和寫作，但命運賦予我的資質是任憑我如何努力都學不好「數、理、

化」，要想用數理化的分數去考大學就成了「癡心妄想」，無可奈何，父親只得在擔憂中默許我考文科，父親想：考大學、學中文總比下放到農村當「知青」好！

　　總之，父親盡他之所能不斷的跟我的這個「命運」搏鬥，不停的給我灌輸寫作的危險和困惑，文人的命運多舛，還有那以寫作為生的艱辛與可憐等等，真是深入到了我的心中，如果說他的這些「工作」有所成效的話，那就是我決定了不以寫作為生活來源，而把它作為了我的興趣和愛好，大概這也是我的真正「命運」吧。

　　溫妮1992年來到捷克，像大多數九十年代到國外打拼的華人們那樣，除了忙業務，成家育子，還要頂著很大的生存壓力。於是把自己的專業變成了業餘愛好，而且連這個業餘愛好也只好在零碎的空餘時間裡完成；基於這樣的狀況，溫妮開始利用這些零零碎碎的時間寫些描述捷克民間人文特色的散文，對東西方文化進行觀察對比和思考。她的文章少有浮光掠影的空泛敘述與讚歎，更沒有在網上「扒」資料的痕跡，她總是對身邊日常生活深情關注，在有了切身體驗後，用濃郁的筆墨描繪捷克民間風情和風俗，真實地反映了捷克人的思想情懷和生活，基於這個特點，她的文章曾被多家媒體採用。

　　汪溫妮在大學裡就養成了對各種思維和體裁寫作的廣泛興趣，不光寫散文，遊記，雜文，還寫小說、電影劇本和詩歌。早在1991年就開始發表作品，著有：中篇歷史言情小說《辛亥第一槍》；後陸續創作《闖東歐》系列敘事散文；1998年和珠江電影製片廠編劇合著《布拉格有張床》電影文學劇本；2005年起開始寫雜文和記敘文《在捷的中餐業》，《介紹捷克菜肴》，《記捷克民間的鮮花節》，《記捷克的禁肉節》；還有散文隨筆「溫妮海外龍門陣」系

列，著重介紹捷克的民俗風情。

不少作品發表在大陸的《人民日報》，《西南旅遊》雜誌，《四川烹飪雜誌》，香港《文綜》雜誌。當然在捷克的《捷華通訊》和《華商導報》刊登的就更多了。

溫妮的作品膾炙人口。光在《人民日報‧海外版》刊登過的就不少，連自己都記不清準確數了。其中有：《布拉格鞭春》，《捷克漢學家的中國夢》，《飛翔，是你的使命》，《我不說再見{外一首}》，《愛的誓言{外一首}》，《我流淚》，《孤獨的魔法師》，《吃小蘋果的小蝸牛》等等。我們知道，《人民日報‧海外版》，門檻很高。溫妮能在海外版大量地發文章，其文學水準自然是不低的。

現代詩歌溫妮也寫了不少。當然，她開始認真地寫詩，那是到了布拉格以後的事。老木寫了一篇文章，專門評論溫妮的詩歌。文中分析道：

> 溫妮開始認真寫詩以後，對詩歌有了新的理解。按她的話說，是找到了一個更加簡便快捷抒發文學情懷的新方式。畢竟，繁忙的溫妮沒有大塊的時間，詩歌讓溫妮的文學情懷找到了新的抒發的方式，釋放了自己壓抑了許久的文學意願。
>
> 雖說，溫妮寫詩是近幾年的事，但因她有較扎實的文學底蘊，所以結構章節的功夫，用字遣句準確早已不是問題。況且早年上大學時正趕上讀詩寫詩的那一波時尚，早就試寫過一些詩歌，對詩歌的鑒賞力也打下了根基。她曾在私下與我交流過有關詩歌的體會，說喜歡字句巧妙平實，內涵深刻的詩歌。很顯然，她正是在朝這個方向努力的。比如她的《花之躍》：

> 花　搖擺過
> 在東風西風吹過時

花　堅挺過

在狂風暴雨到達時

睏了　累了　也倦了

放下吧

把一身的疲憊抖落

把一生的驕傲忘掉

將自己收緊

幻化成一粒飽滿的種子

來一次大旋轉

以最優美的姿勢

躍入沃土

……

　　這首看似是寫花的小視角的詩，但卻隱含了兩種內涵。一是詩人個人的奮鬥經歷，二是展現了海外華人出國後普遍地放下身段，適應環境，選擇了最基礎的謀生方式從頭幹起，自強不息地牢牢把握著自己命運的縮影。同時也表達了失去過去某種所有的淡淡的失落以及隨後的奮爭願望。

　　詩歌裡面也包含了詩人對過去所擁有的「成就」的放棄，要把之前包括榮耀、成就等所有的一切「收緊」，回到種子對大地深情的原點，來一次新的征途。簡單一個躍字，既有勇敢的面對，又有對未來的新的憧憬和願望。

　　摘錄這一段評論，就知道了溫妮的功底。她一直堅持：『文無第一，武無第二』的理念。基於她的這種理念，溫妮形成了她個人的詩觀，她喜愛用各種形式和風格來表達她的思想情感。她的詩歌與散文、小說一樣，是值得文學評論家認真研究的。

歐非子
文武雙全的科幻作家詩人

　　歐非子是筆名，原名翁錫鴻，溫州人，畢業於南京大學。中國地理學會會員，編寫、出版過浙江城市地理溫州篇。1994年來捷克發展。2012年擔任捷克華文作家協會輪值會長。現為捷克華文作家協會秘書長，美國彼岸詩社古詩詞主編。

　　歐非子不僅詩文俱佳，而且是武林高手。其武術生涯開始於12歲。他自謙說，要成名家，這歲數嫌晚了點。那時，他的家在溫州鹿城區海壇山不遠的地方，假日的清晨常在這裡練練。而正式習武的地方在市內的華蓋山上，那裡有他先後二位老師。跟著名師進展神速，還得到了一次拍攝武打片的機會。他展示了一張照片，是拍武打片中途停下來拍一張合影。他說，「照片上握長槍的是我。站我左手的是我的第一位武術老師趙阿新先生，他是鐵拳頭，誤傷過人，坐過牢。第二位也是教我時間最長的武術老師，是劉百川武術大師的關門弟子林瑞雲先生。我右手是浙江首位武術碩士、時任溫州武術院院長的袁鎮瀾先生，現在他是溫州體育學院領國務院專家津貼的武術教授。他的學生有國家跆拳道總教練陳力人先生等。後排我的最右邊是我的摯友國際級武術裁判余自力先生。」

　　練武不忘學習，歐非子以優異成績考入南京大學。南大不光學習條件好，還很重視體育，特地請來著名武術家費隱濤先生擔任南京大學武術隊教練。他兒子是中國醉拳金牌得主費玉俠先生，也是南大武術隊教練。一代武術英豪，父子同在南大執教，堪稱武術史上的美談。歐非子以扎實的功夫，擔任南大武術隊隊長，直接受教

於這兩位武術大師。技藝精進，亦成武術大家。

　　早在1985年歐非子就考取中國國家一級武術裁判。1987年六運會桔花杯武術賽，他就是裁判。還擔任過溫州、浙江、捷克、歐洲武術比賽裁判和總裁判長。他在捷克，做布拉格武術館教練，捷克少林武術協會會長，手下學藝的捷克弟子，何止幾百，使中國的國粹——武術揚名海外。他曾帶領捷克共和國武術隊參加鄭州國際武術節，一個摘了銀牌，一個拿了銅牌，取得了不俗的成績。在百花文藝出版社出版的《中國當代武林名人志》海外卷中，還有他的介紹呢！

　　能把中國武術傳到捷克，這是歐非子倍感欣慰的事，他寫下詩詞：

　　《滿庭芳・捷克教武》
　　雪劍銀槍，柔情俠骨，清場月色朦朧。
　　亦文亦武，把酒味無窮。
　　異國莘莘學子，好生個，習武成風。
　　汗乾未？藝高有賞，金獎錦旗紅。

　　千辛誇一笑，嚴冬盛夏，猛虎蛟龍。
　　緊握手，歐中武友情濃。
　　不意萍蹤羈旅，此收穫，且慢稱功！
　　憑肝膽，肅然正氣，天際跨長虹。

　　這首詩詞寫得好，難怪人們都稱歐非子文武雙全。2008年他應邀與國內著名網路詩人合作出版《七子舞韻》詩集。2016年主編《當代名家詩詞三百首》合集，該書美國出版，全球發行，美國國會圖書館收藏（收藏號：2016910638）。他遠居捷克，卻能被推舉

為國內新浪《詩盟》圈主，沒有過人之處，行嗎？

關於寫詩，歐非子有心得：「詩寧淺顯，貼近生活。切忌每讀必翻典查辭，於意境、文采無補！不必強摹唐宋，雖得古味，卻永居古人之下！詩重情境交融，有感而發，意態多姿。切忌生湊硬拼，求形式而失詩味！」我們再讀兩首：

《南大二絕》
鐘山靜靜臨江岸
以往春秋付水流
猶記南園花色豔
淡風疏影月如鉤

秋淹母校金鋪路
浪漫石城醉抱書
同硯稚年惜忘事
香飄大地賽珍珠

最後一句，略作解釋。南大有一座賽珍珠雕像。賽珍珠本名珀爾‧巴克（Pearl S. Buck, 1892-1973），出生4個月後即被身為傳教士的雙親帶到中國，在江蘇鎮江度過了童年、少年，進入到青年時代，後來又在金陵大學任教，前後在中國約40年之久。1932年憑藉她在南京時創作的小說《大地》》（the Good Earth），獲得普利策小說獎，1938年更是榮獲諾貝爾文學獎。當年的金陵大學校園就是今日南大的校區。

說起南大，那可不是一所普通高校。其校史可以追溯到100多年前。前身是1902年創立的師範學堂。1920年，升格為「國立東南大學」，成為全國繼北京大學之後的第二所國立大學。名師雲集。

1928年改名為中央大學。1949年解放後，中大失去了首都辦學的優勢，改名南京大學，但仍不失為全國一流的文理科綜合大學。歐非子來到南大，在它美麗的校園裡學習、生活，度過了難忘的五年。

地理學是個文理兼通的學科。有了文學的根底，再加上理科的培養，歐非子又朝著科幻小說發展。從上世紀80年代起，開始發表《爆炸的金屬鈉》和《藍色夢幻》等科幻小說，其中《奇怪的石頭》獲《少年文藝》（南京）雜誌年度獎。這在海外華文作家中是少有的。

2013年，歐非子把他歷年來所寫的格律詩和科幻小說結集，在香港現代文化出版社出版了《歐非子詩文》，全書202頁。文友阿咚為之作序，幽默地寫道：

「漢語中有個出於叫『文武雙全』。那意思是說一個人既滿腹經綸可遨遊瀚海，吟賦詩文，又身懷武藝可馳騁疆場，行走江湖。……

我羨慕嫉妒恨。

我羨慕歐非子。練武不易，要有天分且需吃苦耐勞鐵骨鋼筋。寫詩不易，需有天資且要恒心永駐性情綿長。他歐非子都占了。

我嫉妒。我嫉妒歐非子。他怎麼把好事都占了？

我恨吶。我只能恨我自己笨。我不敢恨歐非子，我『武』他不過！」

張執任
影視劇作家，出版界達人

　　有道是，開一次文會，結一回文緣。去年（2016）在北京世界華文文學大會上我認識了來自匈牙利的華文作家張執任，今年4月的滄州采風活動和徐州文學研討會上，我們再次重逢，有一個星期的時間，天天泡在一起，彼此相熟起來。這我才知道，低調的張執任其實很健談，他早在上世紀80年代初就是國內一位挺有影響的文學編輯，創辦過一份青年文學刊物，發現和扶持了不少青年作家，而他自己則是一位很有成就的作家、劇作家。他送我一部作品集《影視劇作七種》，沉甸甸的，像一塊大青磚，稱了一下竟有3斤重。在匈牙利，他是一個成功的貿易商，而後又辦出版社，更是風生水起，策劃了一套套大部頭，成就令人敬佩。

辦刊物，寫劇本

　　1949年張執任生於浙江溫州市，出身書香門第，父親曾是老報人，後當了老師，母親也是教師。張執任是浙江名校溫州一中的67屆高中畢業生。溫州一中創辦於清光緒二十八年（1902）。校友中的名人可以舉出文學家鄭振鐸、數學家蘇步青、考古學家夏鼐、詩詞大家夏承燾、數學家谷超豪等一長串。可是在文革「上山下鄉」的大潮中，張執任也只能隨潮流，去了黑龍江生產建設兵團，加入到「修理地球」的軍墾大軍。他被分配到3師18團9營，這個團的前身是國營友誼農場，現在叫友誼縣。由於文字功底好，剛在連隊幹

了一個月就被抽調到營報導組當了專職報導員，後因師資匱缺，又被調至中學任高中語文教師。

1975年他從北大荒回到溫州，先在中學教書，1983年畢業於溫州教育學院。1980年他被調入溫州市文化局當文學編輯，並參與恢復市文聯的工作。後又幾經努力，創辦《文學青年》月刊。

《文學青年》由溫州市文聯主辦。溫州在當年還是一個很不出名的中小城市，原來的文藝刊物辦得平平淡淡，沒有特色。張執任年輕氣盛，提出要讓刊物走向全國。這在當時阻力頗大，尤其是一些領導認為這很不現實。張執任和另兩位同事於是「拉著」文聯黨組書記到上海、南京、銅陵等地走了一大圈，走訪了《萌芽》、《青春》等刊物，促使領導轉變了觀念。《文學青年》月刊問世後，張執任擔任了編輯部主任，負責從組稿、編輯到印刷、發行等環節的大量工作，忙得沒白沒夜，根本沒有休息天節假日。

在編輯部，張執任並非最高長官（那時的規矩，刊物主編多由黨組書記兼任），卻是靈魂與主要幹將之一。為了吸引讀者，他想了好多點子，如在刊物上開設「中國青年作家小傳」、「中國青年作家專訪」、「探索之窗」之類特色專欄，以及時不時地刊出各種有創意性的小說、散文專輯等等。他還把八十年代中國文壇最出色的青年作家如賈平凹、路遙、陳建功、鐵凝、王安憶、肖復興、張抗抗、梁曉聲、趙本夫、紮西達娃等等一古腦兒「拉攏」過來，聘請他們做了刊物的高級顧問，還把他們的一些人請來溫州，舉辦了一次很有影響力的雁蕩山筆會。令他欣慰的是，他與同事們的努力沒有白費，《文學青年》既屬於文學又屬於青年，既深刻又前衛，深受把文學作為至高理想的那一代人的青睞，幾乎每期都有佳作被《小說月報》、《小說選刊》、《作品與爭鳴》等刊物轉載，與《萌芽》、《青春》等青年文學刊物一起被譽為中國文學刊物的「四小名旦」。在全國郵局的訂數也由創刊時的3萬多冊迅速飆升至

8萬多冊，一度超過了全省所有文學雜誌發行量的總和。

隨著《文學青年》的聲名鵲起，他在全國文學編輯界也開始出名。先後受《小說月報》和《小說選刊》聘請擔任特約編審，不但為這兩個刊物推薦、輸送了大量好作品，還在她們的初創時期出謀劃策，為她們的成長、發展出了一份力。

除了當編輯，張執任自己也寫作——邊辦刊物邊抽空寫作。他這樣回憶：那時，我還只是一個編輯匠，或曰文學編輯，本職工作就是編文學刊物，為他人做嫁衣。但因了「常在河邊走」的緣故，我難免也會時常「濕鞋」——自己寫點東西，用業餘時間。在界內，管這叫「種自留地」。

這當然是謙虛的說法，事實上他的寫作與當編輯一樣有成就，也有過全國知名的輝煌。

因為做編輯的緣故，他的作品「品種較多」，既有小說散文，也有紀實文學、影視劇本和文學評論；又因為關注「溫州模式」的緣故，他的作品有很多都是寫溫州的。他曾經與朋友一起，寫過一部為「溫州模式」正名的長篇紀實文學《遙望溫州》。一本由溫州作家寫溫州的書，為何要用「遙望」二字？原委是寫此書時溫州還處於「姓資姓社」的爭論中，溫州人的頭頂還掛著明晃晃的達摩克利斯劍，此書在內地出版不了，只能拿到香港出，所以是「遙望」；再者，對於彼時的大多數中國人來說，發生在溫州的這一切，離他們的認知太遙遠了，所以也是遠遠地看。《遙望溫州》出版後，引起了極大反響，全國共有20多家報章雜誌，如上海《文學報》等，均以很大的篇幅轉載了該書的第一章《在溫州，究竟發生了什麼》。後有報刊評論：這是最早把溫州以正面形象「吹」到全國去的長篇作品。

溫州作為上世紀八九十年代中國最有爭議的地區，其繽紛複雜的社會生活給張執任提供了豐富的創作源泉。憑藉這一源泉，他創

作並發表了許多佳作，如獲獎報告文學《廠長今年二十三》、獲獎散文《住店》和被小說月報選載的微型小說《魚眼紐扣》等等。但是如果要論社會影響力，最值得一提的還是他與好友張思聰、湯一鈞合作的18集電視連續劇《喂，菲亞特》。

這個劇本寫的是一群普通的溫州平頭百姓依靠自己的努力，擺脫貧困改變命運的故事，以此反映溫州改革開放最初十年的風雨歷程。上點年紀的人都知道，「菲亞特P-126」是最早闖入溫州的計程車，這些如甲殼蟲般小巧靈活、滿地奔跑在老街小巷的微型車，不但很有溫州特色，而且對於這座城市有著一種象徵意味。借助這種象徵意味，以「菲亞特」為線索串起劇中人的奮鬥歷程，串起他們的鮮活人生，這是劇作家的妙筆；而借助這樣一些「閭巷風波」，觀照一段歷史，觀照共和國在邁向改革路上的歷史風雲，則是劇作家的用心。總之，把改革開放寫成平頭百姓的自發行動，這在中國的電視劇裡還不多見，抓住了「菲亞特」這條經緯線，一個好戲鋪展開了。這部大戲由浙江電視劇製作中心拍攝，又請了陳寶國、何賽飛、米學東等大腕級演員加盟，原汁原味栩栩如生的溫州人便從飽滿故事裡脫穎而出，有著獨特的魅惑。其實這也是張執任們的自我期許，一開始就把標杆立得甚高，嘔心瀝血也要寫出溫州的靈魂，溫州人的精髓。為避開紛擾，他們躲進招待所，從議提綱到一稿二稿三稿的寫作，竟把市內所有條件價位都低廉的招待所旅館輪換著住了個遍。戲一出來，不僅轟動溫州，還轟動全國。那當兒溫州已成中國熱點，再怎麼毀譽參半也吸人眼球，所以觀眾根本是把這部電視劇當作一座城市和城市人的真實來讀、來看。而這部電視劇，以栩栩如生的藝術形象，真實生動地再現了溫州改革開放最初10年的風雨歷程，《浙江日報》甚至高度評價說：這是「溫州第一次創業的總結」。戲本來就是媒介，觀眾通過媒介讀懂了溫州與溫州人，好評如潮遍地開花也是自然的事。

那年另一部更牛的電視劇《北京人在紐約》也在全國上下熱播，《喂，菲亞特》便在榮膺中宣部「五個一工程」獎之後又與《北京人在紐約》一起走上電視劇「飛天獎」頒獎臺。「飛天獎」是中國電視劇的奧斯卡，在那個用鮮花紅地毯鋪陳榮譽的瞬間，張執任們為曾經吞咽了無數甘苦的《喂，菲亞特》笑出了酣暢。

　　除了《喂，菲亞特》，張執任那時期還創作了電影文學劇本《米黃色的小院》、《彈棉郎傳奇》、《夢是綠色的》，12集電視連續劇《再給我一個微笑》、上下集電視劇《當你十八歲的時候》和《中國超人》（部分為合作）。這7個劇本合在一起，就是前面提到的合集《影視劇作七種》。16開本（比一般開本大一倍），800多頁。由此你就知道，張執任劇作的分量。

　　那時的張執任，紅如日中天。曾擔任溫州市文聯副秘書長、溫州市文學創作研究室主任、《溫州文學》雜誌副主編等職。是浙江省作家協會、電影家協會、電視藝術家協會會員，還是浙江省青年文聯副主席，溫州市電影電視家協會副主席。

經商匈牙利

　　誰也想不到，事業鼎盛時的張執任卻在遙遠的匈牙利「下了海」。也許溫州人真的都有猶太人的精神，連文人身上也具有經商的細胞。

　　改革開放之後，大批中國人湧入匈牙利經商、投資、辦企業，90年代初最多時曾達到四五萬人。在首都布達佩斯最大的批發市場「四虎市場」，3000多攤位中有八成是中國人租的。那時，奧地利、南斯拉夫、羅馬尼亞、波蘭、俄羅斯等國還沒有形成自己的商品市場，所以這裡成了中東歐地區中國商品的集散地，每天都有價值幾百萬美元的貨物從這裡流向匈牙利各地與中東歐其他國家。

張執任的弟弟也曾在匈牙利做進口貿易，其貨源好多是張執任在國內聯繫的。因為銷路好，運往匈牙利的貨就多。不料那一年碰上百年不遇的強颱風，集裝箱在海上耽擱，錯過了季節，一下子積壓了40個集裝箱的貨物。這些貨，如果碼成2米多高，兩個籃球場都放不下，價值幾百萬美金，這可不是小數目！沒有辦法，剛獲大獎不久、正處於榮譽高峰的他，只好匆匆辦好簽證趕赴匈牙利親自處理這40個集裝箱的貨物，扮演一個商人的角色。不想這一走就踏上了一條不歸路。

　　布達佩斯是很漂亮，對他則是兩眼一抹黑的渾沌地帶。語言不通，環境生疏，文人到商賈的轉換又來得那麼突兀，他真的很失落。獨自一人吃住在偌大一個倉庫，面對著滿目各色各樣的貨物，他真的很孤獨。但是，他畢竟是北大荒操練過的，也畢竟在自己的作品裡與那麼多商界精英有過交集。商場的博弈其實就是人心的博弈，他懂人，先就有了幾分勝券。學外語，學開車，學交江湖上的朋友，總之是學做生意的所有拳腳。創業是艱辛的，尤其是對於他這樣的「筆桿子」，但是，沒有什麼事情可以難得倒他，在這裡，他與眾多的華商一樣，既當老闆，也當倉庫員、出納、司機，必要時甚至還親自幫客戶搬箱子，完全是靠著吃苦耐勞的精神，經受了創業路上的風雨洗禮，在競爭激烈的歐洲市場站住了腳跟。

　　也就春夏秋冬各一季，滿滿兩個大倉庫的貨物見了底，該付的國內貨款也都還清，他與弟弟合作的這個公司，終於走過泥濘，進入興旺期。雖然夜夜睡覺，張執任仍要在枕下掖一把黑黝黝的嘎斯催淚槍以防不測，陽光到底照亮了他漸漸舒展的雙眉。一年後，妻來了，幾年後，女兒也來了。女兒上大學，妻與他並肩操持公司，繼續將服裝、鞋類產品進口到匈牙利。

　　生活慢慢步入正軌，公司趨於穩定，在生意夥伴們的眼裡，他儼然已是與他們一樣的老練商人。但他卻不滿足只當這樣的商人，

不滿足每天只同貨物與錢打交道。每當熟練地數著那些印著佛蘭克林與格蘭特頭像的綠鈔時，他常常會想起當年當編輯、搞創作時的情景，他問自己：難不成從今往後，我真的就這樣放棄自己的特長，同那些親切的漢字告別了嗎？

他不情願。就因為「不情願」，他應邀為此間一份華文報紙當了3個月主編。那是一份週報，他白天照樣忙自己的生意，到了週六、周日的晚上就去報社上班編報，經常要忙到凌晨兩三點。布達佩斯當時只有一大一小兩份中文報紙，他當主編的是大的——對開，4版。那時還沒有電腦排版系統，電腦的級別也不高，報紙的版面需要一塊一塊列印出來，再拼貼在大紙上，然後照排、做成膠片、拿去工廠印刷，整個過程很繁瑣艱辛。老外的印刷廠沒人認識中文，所以有時等到報紙印好後一看，中縫的字居然是反的。即便如此，看到在洛陽紙貴的布達佩斯，華人們那麼歡迎中文報紙，張執任就感到心裡得到一絲安慰。

也是因為「不情願」，他有時會與周圍那些同樣也是文人出身的朋友坐在一起，聊聊文學，說說生意場之外的事。聚得多了，有了共同意願，匈牙利華文作家協會便水到渠成，宣告誕生，他被推舉為主席。趁著當主編有權利，他在那張報紙上闢了個副刊，取名為「多瑙筆會」，「逼」大家寫稿。會員們都過節似的，送稿過來，小說、散文、隨筆，什麼都有，煞是熱鬧。那幾期副刊的版面，就是如今看來也毫不遜色。

讓世界瞭解中華

1998年，醉心於中國文化和文字的張執任產生了自己做雜誌、自己註冊出版社的想法。他與一些朋友經過調查發現，在非華語地區，專門出版中國文化書籍的出版社還是個空白。張執任表示：

「我做出版社和雜誌的目的是想讓世界瞭解中國。」他認為，中國有五千年的歷史，中國人遍佈世界各個角落，為世界文明和發展做出了重大的貢獻，但這些並不被認同。一天，他在開車去公司的路上，突然冒出了一個念頭：英國劍橋名人錄在世界上非常有名，我能不能出一本中國人的「名人錄」？

一到公司，他就忙著打電話把想法告訴林蕭等幾位志同道合的朋友，他們也覺得不錯，大家達成一致：就從這裡起步做出版社。名字裡應有「華文」二字，表明主要是要傳播中國文化；也有人，要做就要做成跨國的，所以前面還要冠以「世界」二字。於是就有了「世界華文出版社」（The world Chinese press）的名稱。總部設在布達佩斯。

創意出來了，張執任和朋友們很快就著手工作。他們覺得，只要第一本《世界華人名人錄》出版，以後的工作就好辦了。涉及到出版物辦成什麼樣式，大家又展開了爭論。在張執任做貿易的辦公室裡，大家「吵」得很凶。

可是張執任只聽說過有《劍橋名人錄》，並沒有真正見過。聽說有朋友在北京當過記者，見多識廣，就向他打聽：「你知道那本書究竟是怎樣的？」那位記者朋友其實也沒有見過《劍橋名人錄》，為了不失面子，他比劃說：「噢，就是為每個人先登一張照片，然後羅列他的成就。」

這本是一個不確實的回答，卻使張執任很受啟發，腦洞大開。他靈機一動：對，就辦成一本圖文並茂、文獻性和可讀性兼顧的刊物！所謂圖文並茂，除了文字要準確、精彩，還要多多配以各位人物珍貴的、最好是一手的照片。這不但是考慮到「讀圖時代」，人們喜歡讀圖，更是考慮到對於歷史，這些照片會有非常難得的文獻價值。

張執任通過一條「內部途徑」，複印到了一本通訊錄，上面有

數百位知名海外華人的電話與傳真號碼。他從中選了20多位，寫好約稿信，用傳真件發給他們，約稿要求是兩條：其一，請您寫2000字的傳略，或者將近期相關報導或材料寄來；其二，請選擇一些您的照片寄來……然後開始等待回音。

最早的回音很快來了，是某位知名人物讓秘書寫的回絕信，信函措詞慎重，寫得很客氣，先表感謝，再表祝願，接著就說他的Boss一向低調，所以不想如約云云。無異於一盆涼水當頭澆下，張執任不禁有點愣怔：難道用這樣的方法約稿不行？想想也是，你八字還沒有一撇，一切都還是靠嘴說，憑什麼讓人家信你？沒有他法，只好再等等看……

好在幾天後，終於峰迴路轉。美國著名電視節目主持人靳羽西讓她的助理寫來了回信，寄來了一大包文字材料和照片。靳羽西特意吩咐：我的這些照片都僅此一張，好多是世界知名的攝影師拍的，用完了千萬要退給我。在張執任看來，這充分了表達對他的信任。

緊接著，諾貝爾物理獎得主楊振寧也從美國也寄來了他的資料，包括各種零散的文字報導、一份他親自撰寫的300字的小傳和一張5吋的彩色近照。照片上的楊振寧神采奕奕，笑容可掬。張執任說，這笑容是很鼓舞人的。

再接著，陳香梅、牛滿江、曾憲梓……從更多的名人那裡，也傳來了張執任想要聽到的好消息。

當然，與好多人物的聯絡並不是靠發幾份傳真就能奏效的，需要付出格外多的努力。對於要上《世界華人名人錄》第一期的人物，張執任曾開列出一個名單，上面有第五位獲得諾貝爾獎的華人朱棣文。可是朱棣文比較低調，很少在公共場合露面，張執任想了好多辦法都很難組織對他的採訪。正著急的時候，一個偶然的機會，他在一本英國雜誌上看到一則關於朱棣文的簡短報導，並配有一張朱棣文的照片。事有湊巧，也就在這本雜誌的責任編輯名單

裡，他看到一個熟悉的名字——一位在上海某報當編輯的朋友。他想，不知這是同名同姓呢，還真的是她？也來不及細想，他立即給這位尚未證實的老朋友發去一份傳真：你是不是我所認識的朋友？我們曾在雁蕩山相識……立即，得到的答覆是：沒錯呀，是我！不過你怎麼也在國外？……難題於是迎刃而解：朋友說，那則關於朱棣文的報導是美國《世界日報》一位記者提供的；聯繫到這位記者，她爽快地表示，願意對朱棣文作一次深入採訪，盡快將稿子發來。

柴澤民是第一任中國駐美國大使，曾參與和見證中美建交的許多重要事件。張執任來到中國，來到柴大使家，意欲親自對他進行採訪，並選些照片資料帶走。柴大使那時剛從醫院住院回家不久，身體還很虛弱。不管張執任如何說明，他就是不願意展示自己珍藏的照片。張執任不知道柴大使為何這樣，他沉住氣，不慌不忙地與大使聊開了天，將他看到的外國人對中國和中國人的偏見，講自己出版《世界華人名人錄》的初衷。先是湊近柴大使的耳邊輕輕地講，講著講著聲音不由得逐漸大了起來，這時柴大使也開始興奮起來，說話的聲音也變大了。他對夫人說，快把那些照相簿都搬出來，讓張先生好好挑挑……

20世紀的最後一個春天，帶著油墨的芳香，《世界華人名人錄》創刊號問世了。這一期上，一共刊出了29位華人的傳略與照片，其中有文學巨匠巴金、諾獎得主楊振寧與朱棣文、中國人大副委員長王光英、著名華人陳香梅與靳羽西、大導演謝晉、生物學家牛滿江、香港企業家曾憲梓、外交家柴澤民、詩人綠原、數學家楊樂、模里西斯文化部長曾繁興、國際象棋大師諸宸等等，還有一些有名望的僑領、企業家，真可謂精英薈萃。這一期上，還設了一個「各國要人談中國和中國人」的特別專欄，刊出的是對老布希、基辛格和奧地利議長蓋斯特爾等人的專訪。張執任授意美編選擇了充

滿生機的綠色作為封面主調，套印上巍峨的長城，長城下方則是本期那些卓有成就的炎黃子孫的頭像，其寓意不言而喻。他還親自以《讓我們告訴世界……》為題，寫了篇「主編寄語」。他在寄語中寫道：「當今世界，各種《世界名人錄》已經不少。可是遺憾的是，其中卻沒有一本是用中文印行的，更別說有哪一種是專門以全球華人名人為登錄對象的。我們現在所做的，就是要彌補這一缺憾。我們要用這本刊物告訴歷史，也告訴世人──在這個世界上，有一批黑頭髮、黃皮膚的傑出人物；這些『龍的傳人』以自己在各個領域所取得的重大成就，促進了人類的文明與進步。他們不但是中華民族的驕傲，也是全世界的驕傲！」

「高層次，高品位」，「要做就做最好的」，張執任早在雜誌籌畫階段就定下了這樣的目標高度，《世界華人名人錄》從第一期起就實現了他的期許。刊物的問世在海內外引起了極大反響，不但得到華僑華人們歡呼讚歎，就連一些外國朋友也喝彩不止。包括聯合國圖書館、美國國會圖書館在內的好多圖書館與研究機構立刻將她列為「館藏」；一家正在編印《歐洲名人錄》的出版社的老闆還親自找上門來，提出想與世界華文出版社合作，編印出版《歐洲華人名人錄》。

萬事開頭難，有了成功創刊的經驗，接下去的路就好走多了。雜誌一期接著一期出版，張執任用他的老辦法，在歐洲、美洲到亞洲、澳洲，到處張開觸鬚一般的人際之網，通過認識的名人結識不認識的名人，再通過新認識的名人結識更多的名人。他還像鳥一般在天空飛，然後在各處棲息，用苦心和誠意敲開一扇扇並不輕易打開的門。精誠所至，金石為開，門裡的人無一不被感動，他們紛紛以實際行動支持這份為龍的傳人立傳的雜誌，寄來了精彩的文字資料，捧出了珍貴的私人照相簿。世界華文出版社於是得到迅速發展，在美國紐約建立第二總部，並在英、法、德、意、西、俄、加

等國和南美洲設立了分社，真正成了跨國的出版機構。

在編輯出版《世界華人名人錄》的同時，世界華文出版社還出版了許多有品質的好書。其中一個重要的品牌工程是大型畫冊《海外溫州人》，上下兩冊，栩栩如生地展現了220位溫籍華僑華人的群像，以不同視角講敘了他們在世界各地創業、奮鬥、成功的風雨歷程和人生故事，是一部洋溢著濃郁鄉情而且好看好讀的紀實寫真，開創了一座城市華僑史的最新篇章。

另一個重要的品牌工程是大型文獻畫冊《世界華商》，一部重達兩公斤的精裝大書，展示的是五大洲近千位傑出的華人企業家的成功之路。為了出好這本書，張執任邀請了全球30多個華人華僑社團與華文媒體共同參與組稿和編輯工作，出版的意義超越了出版。

還有由《世界華人名人錄》派生的名人經典畫冊系列，一人一集，中、英雙語，詳盡反映傳主的人生之路，是編排、印刷、裝幀都特別到位的精品叢書。在編輯《周穎南》（新加坡作家、企業家）一書時，張執任居然冒著酷暑，專門飛到新加坡待了一周。待書出來，它的莊重大氣連歐洲出版界的高鼻子出版人也豎起拇指讚歎不已。

2016年，正值匈牙利華文作家協會成立20周年，世界華文出版社出版了該會會員作品選集《多瑙河的呼喚》，收入了余澤民、阿心、張執任、雪紅、大浦等十幾位作家的作品，包括中篇小說、短篇小說、小小說、長篇小說節選、散文等，是匈牙利華文文壇多年來筆耕成果的一次檢閱。

張執任有好幾個頭銜：世界華文出版社社長、總編輯，海外華文傳媒協會副主席，匈牙利華文作家協會主席。這些頭銜都與文化沾邊。大凡文化頭銜，都沒有含「金」量，基本上是賠錢的營生，海外尤甚。從這一點上說，他專注於文化事業的精神令人感動，令人欽佩。

雄關漫道真如鐵，而今邁步從頭越。在體驗了從文人到商人的經歷之後，張執任如今又有了新的打算，用他自己的話說，他正在「回歸文學」。一方面在抽時間將以往的影視劇作、紀實文學、小說散文逐本整理出版，一方面又在動筆寫新的中篇、長篇。此外，他還在幫北京一家出版社策劃出版一套「講中國故事」的叢書；還準備在今年編輯出版一本匈牙利華文作協會員的散文合集。祝願他和他的文友們早日成功。

池蓮子
勇於任事的荷華詩人

　　2016年11月，世界華文作家交流協會創會者、秘書長心水先生幹滿兩屆六年，光榮引退，交棒於原副秘書長、荷華作家池蓮子。

　　池蓮子是從逆境成長起來的作家，不但詩文俱佳，而且勇於任事，「喜，墨綠淡定青山；愛，涓涓細流不斷」，是她熱心公益的寫照。曾在荷蘭圓滿主辦首屆中西文化文學國際交流研討會。這次當選為秘書長，實是眾望所歸。

逆境成長

　　池蓮子為50後，原名池玉燕，出生於浙江溫州市，文革知青。父親出身鄉間，上過私塾，留過海外，後來在溫州經營一家名為「池振興客棧」的旅館，接待溫州（永嘉）地區出出進進的八方鄉親。他為人很講究「仁義禮智信」，生意很紅火！名聲響於鹿城（溫州市別稱）。公私合營後，旅館被合併；戴上資本家帽子的父親被下放勞動。

　　小時候，池蓮子特別愛看小人書，她家旅館旁就有一家專擺小人書攤的鄰居。一有空她就會到那兒去，最喜歡看《紅樓夢》小人書，什麼「劉姥姥上大觀園」、「尤三姐」、「黛玉葬花」，還有《寶蓮燈》裡的劈山救母、《西遊記》裡的「齊天大聖」等。常常會忘了回家吃飯。所以看書自小就成了她的一種習慣！

　　1966年文革爆發時，池蓮子正上初中，不久也被捲入上山下

鄉的大潮。她的經歷反映了那個時代的變遷。文革時期搞「停課鬧革命」，造成了中學生滯留學校，到1968年中國出現了古今中外絕無僅有的六屆初、高中學生（即「老三屆」）一起離校的奇景，號稱畢業，其實文化課多有荒廢。這年冬季，毛澤東下達了「知識青年到農村去，接受貧下中農的再教育，很有必要」的指示，上山下鄉運動大規模展開，一直持續了10年。人數規模之大、涉及家庭之多、動員力度之強、國內外影響之深，都是空前絕後的。據統計，文革中上山下鄉的知識青年總人數達到1600多萬人，全國十分之一的城市人口來到了鄉村。這是人類現代歷史上罕見的從城市到鄉村的逆向人口大遷移。全國城市居民家庭中，幾乎沒有一家不和「知青」下鄉聯繫在一起。池蓮子也是如此。當時上山下鄉有兩大模式：農場和插隊。她是南方浙江人，1968年秋卻被送到北國黑龍江建設兵團屯墾戍邊，也就是農場模式。在東北幹了整整6年，直到1974年因身體不佳病退還鄉，轉插江南山村執鞭任教。

池蓮子在北大荒蹉跎了人生最寶貴的黃金歲月。當時很多知青看不到前途，自暴自棄，但是池蓮子雖身處逆境，卻不忘學習。在繁重的勞動之餘，還一直愛好文學和中醫，堅持學習，深夜常常在被窩裡打著電筒看書：如尼古拉・奧斯特洛夫斯基的《鋼鐵是怎樣煉成的》，司湯達的《紅與黑》，雨果的《悲慘世界》及莎士比亞的戲劇和他的十四行詩，她最喜愛的泰戈爾詩選《飛鳥集》、《新月集》等等。憑自己的努力與堅持，走出人生低谷。回到浙江後，她一邊當代課教師，一邊去溫州市教師進修學院進修，同時期也參加了溫州地區文革後期的第一批「文學青年培訓班」。在溫師院，有幸遇到了兩位終身難忘的導師。一位是周仁梓，教英語和文學，他是翻譯家，也是位歷史性傳奇人物（幾年前去世）。另一位叫黃世中，教古漢語，他是中國李商隱詩詞學研究專家，著有多部專著，也是有名的藏書家，藏書兩萬有餘，現旅居美國。池蓮子作

為弟子，在兩位恩師的教導與啟迪下，受益匪淺。1980年從該院畢業。並開始發表詩及其他文學作品。

從那時起，池蓮子就將文學認定為自己的終身愛好，開始投入文學創作。處女作中篇小說《帶淚的喜糖》以北大荒知青的戀情故事為題材，被當時上海的《收穫》雜誌看中。《收穫》1957年由巴金和靳以創辦，是新中國第一本大型的文學雙月刊，能被《收穫》看中，說明池蓮子的作品不錯。當時的編輯是巴金的女兒李小林，但她要求池蓮子做很多修改，否則這一反映知青生活題材的作品「太傷痕」！池蓮子不願意，「因為那將違背我的靈魂」。不久她開始在溫州《文學青年》雜誌發表作品。中篇小說《綠葉夢》及短篇小說《一綹情絲》等都是那個時候寫的。池蓮子終於靠自己的努力，叩開文壇之門，成了詩人，成了作家。為了進一步提高文學水準，池蓮子又繼續攻讀了廈門大學函授學院中國文化、歷史、民俗學及現代文學專業。

行醫寫作在荷蘭

80年代初，一位在荷蘭經商的親戚牽線，為池蓮子介紹了一位年齡相似的荷蘭男士。用英文書信來往兩年多以後，1985年，池蓮子嫁到荷蘭。現在他們有兩個兒子，大兒叫中偉，小兒名華萊士，取第一個字連在一起就是「中華」。

荷蘭是個老牌工業國，高福利國家，政治自由，社會風氣寬容，景色宜人，有「歐洲花園」美譽，池蓮子生活在這裡，寧靜而愜意，無憂無慮，但她沒有忘記自己是中國人，一直試圖為增進中荷兩國的友誼，為促進中華文化在荷蘭的傳播而做點實實在在的事情。

她一直愛好中醫，去支邊前曾受過針灸培訓，病退後學過氣功，當年從中國來荷蘭時，帶著兩個大皮箱，幾乎全是文學和中醫

書籍。後來又在廈大醫學院中醫系進修，系統地學習了中醫針灸、推拿、中藥學，獲中醫專業證書。不久在荷蘭創辦了「池蓮靜療保健中心」，擔任中醫主任。她用荷文英文選譯了中醫保健氣功學《意玄功》，在荷蘭推廣。除了中醫診所外，還辦起太極氣功學校。十幾年來學員不斷，大多是洋弟子，頗有影響。她幾乎每天都很忙，病員來自全國各地甚至周邊國家，療效好，也就樂在其中不覺累了。

行醫之餘不忘寫作。池蓮子感言：「作為一個作家，以中醫的自然科學去研究人的生理和心理，再以作家的思維去研究人的社會學，那麼筆下的人物就會更加立體了」。

池蓮子多年來筆耕，富有成果。已結集出版詩集《心船》（1993年學林出版社）、《爬行的玫瑰》（1998年遼寧民族出版社）、小說散文集《風車下》（1998年深圳海天出版社）、散文詩《花草集》。《池蓮子短詩選》中英文版（香港銀河出版社），被列入「中外現代詩名家集萃」，獲國際炎黃文化研究會頒發的第三屆龍文化金獎（優秀詩集獎）。她的小說《在異國月臺上》1993年獲上海春蘭文學作品獎。2011年池蓮子又新推出雙語版詩集《幽靜的心口》（中英對照，香港銀河出版社）。此詩集中多首詩被收入《2012年第32屆世界詩人大會詩人精選集》。共有著作十多種。

池蓮子說，「我喜歡寫詩，因為有靈感就寫，不用太多時間，就像十月懷胎，先要有內功積累，而待靈感一觸，就像火柴一樣，一劃就著了。」其實她也很愛寫小說，但為謀生，相夫教子，工作很忙，沒有時間寫長篇，就選擇了微型小說（又名小小說）。池蓮子認為：「在當今電腦資訊網路時代。小小說是一種越來越富有生命力的文學形式。她是一隻小麻雀，但五臟俱全。小小說簡便，精煉，短小，既不失其內涵，又帶有獨特的幽默感；好的小小說，幾分鐘讀過之後，令人驚歎，令人深思，使人受到教育和啟發。」

2013年，池蓮子在四川文藝出版社出版了微型小說集《在異國月臺上》，收錄了47篇作品。書名就是當年在「春蘭杯」世界華文微型小說大獎賽中獲獎的名作。將這篇作品選為書名，一則表明了她對這篇小說的看重，二則也是借此透露若干資訊：這是一本有著異國風情的作品集。著名作家、世界華文微型小說研究會秘書長凌鼎年寫序道：「這個風情不僅僅是荷蘭的風土人情，更多的是華人在荷蘭在歐洲在海外在異國他鄉的生存狀態與思想狀態。有水土的不服，有思鄉的苦惱，有拼搏的困苦，有創業的艱辛，有遭排擠的憤恨，也有得到關愛的溫馨，借老外的眼看中國，借老外的嘴評中國，也用華人的視角觀照荷蘭，觀照西方，用華人的眼光來瞭解荷蘭評述西方。通過池蓮子的作品，為中國讀者觀察、瞭解荷蘭鄉村、城市的生活打開了一扇窗戶。同時，這也是瞭解和研究20世紀末世界性的第三次國際移民浪潮卷來時，華人新移民拼搏、奮鬥、沉浮於這個大潮中的是是非非、恩恩怨怨，悲歡離合、喜怒哀樂，是中華文化（東方文化）與西方文化如何碰撞又接納，排斥又結合的見證性歷史資料之一。」

池蓮子說：「要盡自己的能力做一些有關中西文化交流的事，起到點橋樑的作用」。

進入研究者的視野

孜孜不倦創作的池蓮子，進入了國內海外華文文學研究者的視野。設在北京的作家網對她進行了視頻訪談，題為「來自荷蘭的中國女詩人」。湖北江少川教授採訪她寫下訪談錄《荷蘭綻開的的一枝中國蓮》，收入《海山蒼蒼——海外華裔作家訪談錄》（共選收各國華文作家30位）之中。江少川教授主編的高校教材《臺港澳暨海外華文文學作品選》選收了她的詩《雷、雨、夜》。安徽師大文

學院謝昭新教授曾兩次撰文評價池蓮子的詩作，即《在東西文化的融通中鑄造真善美——論池蓮子的詩》和《架起東西文化融通的詩魂之橋——再論池蓮子的詩》。

廣東作協文學院副院長、作家洪三泰寫下《心懷萬里詩情——評池蓮子的〈幽靜的心口〉》，認為「池蓮子的詩總是在中西詩歌的交匯中，穿越萬里行程……在某種意義上說，池蓮子的詩，雖藏在『心口』，卻與天地相連，融入天地的旋律之中」。「細讀《夏天的時候》的一段：

> 小小的蘭花，悄悄地進入花園，
> 靜靜地、默默地開著，還有點怕羞。
> 她絕沒有半點與眾爭豔的意思，
> 而只堅守一個偉大而渺小的信念，
> 來自於自然，也奉獻於自然。

小小的蘭花很單純，其生命並不張揚。它只是默默地有點怕羞的開放，但它的信念卻是偉大的：來自自然，也奉獻給自然。因此，它的生命是平凡而偉大的。它們彷彿和人一樣，各有各的生存空間，各有各的理想。」

江蘇文學評論家欽鴻，發表《荷蘭花開一枝蓮——記荷蘭華文女作家池蓮子》，認為：「她的作品立足於自己生活其間的荷蘭社會，卻又具有透視現實、挖掘深蘊之內涵的本領，並且善於從矛盾衝突中表現人物性格，在短小的格局和簡潔的表述中給讀者以藝術的感染。如《SORRY》，寫的是上世紀八九十年代中國大陸「出國潮」中的一個小故事。作品描寫一個弄潮兒陳山為了躲避查稅的公務員而四處閒逛，逛了許多家商店，卻沒錢購買任何東西，終於被人報警而抓進了收容所。雖然這不過是他所做的一個夢，但其實正

是他在異國打工生活維艱、內心苦悶的真實寫照。如果說，這個夢的描寫已經包涵了很豐富的內容，足以引發讀者的深思，那麼作品的結局就更為精彩。當陳山與國內的妻子通電話時，妻子說的第一句話卻是『你什麼時候設法將我帶出去！……我不能再等了……』這就將現實與幻想的矛盾揭露得淋漓盡致。」

主辦首屆中西文化文學國際交流研討會

為了傳播中華傳統文化，1998年，池蓮子創辦了一份中文、荷蘭文雙語的《南荷華雨》報，2006年改為電子版，每季度發一次，起初只有4頁，如今增加到12頁，且圖文並茂，內容充實。《南荷華雨》發向世界20多個國家的作家、詩人、評論家學者等，並力求擴大到國內各院校，有關世華文學的研究單位和僑辦單位以及西方的文化文學機構。這份電子報，除了發一些文訊、文化報導，刊載詩歌、散文、小小說外，還刊登了不少有關中醫知識、養生秘訣和中國國粹的介紹文章，很受華僑華裔和荷蘭讀者歡迎，口碑不錯，並得到西方文化界的關注。來自各國的稿源陸續不斷，頻頻而至。辦這樣的報紙，幾乎只有付出，沒有經濟效益。池蓮子親任主編，她說，這些工作都是義工性質的，但是有社會效益。從這個意義上講，她覺得自己這種默默的付出非常值得！她有一句座右銘就是「活著並非為了自己、死了留下那份價值還給母親──大地」。

池蓮子懷著一顆赤子之心，立志要做中西文化交流工作。25年前她在中荷朋友們的合作下，註冊創辦了「彩虹中西文化交流中心」，擔任主任。這一機構得到了政府的認可和支持。彩虹是橋的象徵，又是多種色彩及多種文化共存的標誌。直到今天，依然是荷蘭眾多僑社中少數幾個真正受到當地國家政府資助的文化機構之一，起到了名副其實的橋樑作用。

果然彩虹中西文化交流中心幹了一件大事。該中心發起並負責，由全荷華人社團聯合會，世界華文作家交流協會，荷蘭聯合報一起聯辦，中荷文化推廣會協辦，組織了一次規模盛大的文會——首屆中西文化文學國際交流研討會。2012年4月29日到5月1日，研討會在荷蘭歷史名城代爾夫特舉行，來自世界17個國家的作家、詩人、學者60餘人，參加了這次盛會。其中包括日本、韓國和塞爾維亞的國際友人。會議發言討論十分熱烈，提交論文40多篇，內容涉及到中西文化和文學交流的各個方面。

　　5月1日，荷蘭中西文化交流中心主任池蓮子主持閉幕儀式，世界華文作家交流協會秘書長心水作了總結報告。會議到此圓滿結束。這一研討會產生了非同一般的國際影響，全世界有100多家媒體和文化網站予以報導。

　　這次活動，動員了各方力量，聯合荷蘭僑界，全憑民間之力辦成。會議得到全荷華社聯合會人力財力的支持和贊助。池蓮子作為研討會策劃和主持人更是操勞始終，事無巨細，一一妥辦，竭盡了心力，使這次活動搞得盡善盡美。

　　大會結束後，池蓮子並沒有鬆氣，而是立即開始整理編輯會議論文，籌資聯繫出版，忙了整整多半年，最後交由北京華夏出版社出版，書名《東芭西籬第一枝》，副題為「2012首屆荷蘭中西文化文學國際交流研討會論文集」。全書460頁，約40萬字，內容涉及到中西文化和文學交流的各個方面。分為「中西文化雙向傳播中的文化交流」、「中西文化交流與區域文學研究」以及「文化詩學建構與文學交流空間開闢」。就這樣，國際研討會的事情做得有始有終，功德圓滿。令人讚歎。

　　當今世上，能寫會道的作家車載斗量，但在缺少資源的條件下，能為文化交流辦成幾件實事的作家不多，池蓮子就是其一，令人敬佩。

接棒世華作家交流協會

　　池蓮子作為新移民作家，很早就引起了各方面的關注。她多次應邀出席「世界華文文學研討會」、「國際詩人筆會」等文學活動，足跡遍及中國及東南亞各國；如2006年參加在汶萊召開的第六屆世界華文微型小說研討會，2013年在印尼蘇門答臘參加第二屆印尼蘇北文學節——印華文學暨世界華文文學國際研討會。通過這些活動，池蓮子與各國文友建立了廣泛的聯繫，並成為世界華文作家交流協會的元老之一，擔任創會副秘書長。

　　世華作家交流協會是2010年在澳大利亞墨爾本註冊成立的。由黃玉液（筆名心水）為發起人。心水是世界華文圈的著名作家，系越南華裔，祖籍福建廈門，於南越誕生成長、1978年受越南迫害，逃奔怒海，海上賭命十三天，淪落荒島十七日，九死一生獲救至印尼，翌年3月被澳大利亞收留，定居墨爾本迄今，其妻葉錦鴻（婉冰）也是作家。心水著有《沉城驚夢》和《怒海驚魂30日》兩部長篇、三冊微型小說集、兩部詩集和兩部散文集。作品獲兩岸三地及澳洲共12個文學獎。他還熱心公益，榮獲澳大利亞聯邦總理、維州州長及華社頒發的16項服務獎。雖然卸任當了六年的秘書長，但被推舉為該會永久的名譽會長。

　　世華作家交流協會，會員從創會時的幾個人，發展到如今，已有來自世界20多個國家一百多會員。申請入會條件；為已出版兩部文學著作、或網上發表超過三十萬字的文學作品，此外至少要獲得過一項文學獎。

　　如今領導世華作家交流協會的重任已落到池蓮子身上。相信她接棒後，會帶領全體會員，群策群力，繼續把協會的工作搞得紅紅火火，有聲有色。

關愚謙
德華文壇泰斗,中德文化橋樑

　　在德國僑界,關愚謙的大名,無人不知,無人不曉,幾乎每期《歐洲新報》,《華商報》上都有他的文章。旁徵博引,知識淵博,令人非常敬佩。他不僅是時事評論家,而且是著作等身的學者和文學家,已出版中外文書籍幾十部。他還被譽為中德文化交流的橋樑,曾長期任教漢堡大學,培養出數以千計的漢學系學生,可謂桃李遍天下。如今,年過八旬的關老,依然精力充沛,筆耕不止,作品不斷問世。就在前不久,我獲贈一本他的新作《情》,一口氣讀了下來,感觸良多。

　　我認識關老30多年了,對我來說,關老是勤奮寫作的大家,高山仰止,難以企及。很早就想寫一篇有關他的小傳,但一直不敢動筆。原先讀過他的自傳第一部《浪》;現在又讀到第二部《情》,對關老的人生經歷有了更多的瞭解,借此機會,了此心願。

《浪》:文革出走

　　關愚謙自傳第一部《浪》記載了他從出生到離國出走的經歷。前文化部長王蒙認為關愚謙的經歷是一本書,一部歷史,一樁奇跡,親自作序,強力推薦。

　　根據家譜,關愚謙的遠祖是三國時揮舞青龍偃月刀的關雲長。近代則出了在鴉片戰爭中壯烈殉國的民族英雄關天培(1781-1841)。其家鄉江蘇淮安設有關天培祠,以示紀念,我到淮安遊覽時曾瞻仰

過。關天培的侄子關晏，有一段趣聞。他任南通縣令，進京辦事，與京官詩酒酬酢之時，有位大官興之所至，出了個上聯「南通州，北通州，南北通州通南北」，以求下聯，一時難倒了在座之人。關晏看眾人冥思苦想，陷入尷尬，就輕聲問道：「卑職能否獻醜」，「當然！當然！」這時關晏吟出「東當鋪，西當鋪，東西當鋪當東西。」語驚四座，引來滿堂喝彩。這位大官就是曾國藩，關晏就是關愚謙的曾祖父。不久，關晏升任北通州千總。

關愚謙的祖父則是武進士，後來官拜潮州總兵，相當於軍長，又調任廣東水師提督。關愚謙從小就受到關家祖輩功業的影響，充滿愛國激情。

關愚謙的父親關錫斌早年投身革命，是周恩來青年時代的戰友，一起組織了天津覺悟社。他後來赴法、美留學。抗戰時參加新四軍，1949年擔任華東軍政委員會秘書長、上海交際處處長。母親言忠芸，出身書香門第，是中國第一代女大學生。關愚謙1931年出生於廣州。輾轉於北京、青島，飽嘗逃難和戰火之苦。在上海念小學，並考入聖方濟中學。這是一所教會學校，後轉為漢壁理西童中學（後改為上海市西中學）。他學到流利的英語，加上深厚的家學淵源，打下了扎實的中西文化功底。

1949年夏，關愚謙進入北京外語學校（今北京外國語大學）學習俄語專業。那時是中國和蘇聯的蜜月時代，急需俄語人才。他畢業後，被分到中央財政部擔任俄文翻譯，與蘇聯專家一起工作，曾為陳雲、鄧小平做過翻譯，學以致用，青春得意。可是反右運動中因性格直率，直話直說，他被定為中右分子，受到內部處分後，發配到偏遠的大漠青海，在青藏高原上度過了4年艱苦的流放歲月。

關愚謙還算幸運，通過財政部老領導方毅的關係，1962年回到北京，調入中國人民保衛世界和平委員會。該會簡稱「和大」，是由外交部派生出來的一個半官方機構，後來併入中國對外友協。

他被安排在「和大」辦公室做對外聯絡工作，負責接待外賓，工作得心應手。幾位常住中國的國際友人，如美國記者安娜‧路易士‧斯特朗，紐西蘭作家路易‧艾黎，日本友人西園寺公一等，就住在「和大」內院。關愚謙常有機會陪同外賓，見到周恩來、劉少奇、甚至毛澤東等國家領導人。郭沫若曾是「和大」的會長，親筆為關愚謙題詩「靈峰有奇石，入夜化為鷹，勢欲搏風去，蒼茫萬里征」。此詩似乎預示了關愚謙日後的命運。

文革爆發後，關愚謙被捲入鬥爭漩渦，1968年2月「和大」內鬥，由於關愚謙在反右運動時有前科，突然貼滿整他的大字報，準備開大會批鬥，逼得他想自殺。他打開辦公室抽屜，沒找到用來割斷血管的剃鬚刀片，卻看到一本日本護照，是西園寺公一兒子西園寺一晃的，由關愚謙負責保管。他突發奇想，冒用這本護照逃離文革硝煙中的祖國。

這可是冒著生命危險的事啊！他當機立斷，膽大心細，經過周密準備，突破重重難關，第二天關愚謙冒名頂替，坐上了飛往境外的國際航班。

《情》：德國情話

《情》是關愚謙《人生三部曲》的第二部，寫的正是他離開祖國後直到1981年回國省親之間13年的另一段人生。鳳凰衛視著名時事評論家曹景行作序說，文革中許多人連苟且求存都難，如傅雷夫婦在上海自縊身亡，詩人聞捷夫婦自殺，「關愚謙先生走的卻是求生之路，不僅方法奇特，而且成功出走。這需要豐富的想像力，極大的膽量，還有十分的運氣。文革中許多人比他悲壯，但都沒有他幸運。」

雖說關愚謙幸運地死裡逃生，但活罪沒有少受。在開羅下飛機

後，埃及警方以盜竊他人護照為由，把他投入監獄，長達一年多。其間，美國中央情報局表示，「歡迎」他去。但關愚謙堅決不去當時與中國為敵的美國或蘇聯。1969年春，在國際紅十字會的幫助下，他被送到聯邦德國暫住。

關愚謙來德時已38歲，身無分文，沒有一個熟人，為了生存，他在餐館打過工，在碼頭扛過鋼條。但無論在什麼情況下，都沒有放棄奮鬥。他要重新上大學！

在德國上大學，談何容易！他沒有任何證件證明自己的學歷，一個德文字都不會。這時，他的能力，他的學識，他的工作經驗發揮了作用。他的英文水準得到漢堡大學留學生辦公室主任的讚賞。他寫的260多頁中文書稿得到漢學系教授的大力稱讚。他的俄語水準征服歷史系教授宴會上懂俄語的賓客。兩位教授為他寫了推薦信，證明他的學力。1969年秋，漢堡大學破格招收他入學。關愚謙選語言學為主科，歷史和俄語為副科。他要利用以前國內讀大學的底子，揚長避短，儘快拿下學位。

當時最令人頭痛的是，必須同時打工來養活自己。新的機會來了。1970年，漢學系需要一位中文教師，關愚謙漢堡大學尚未畢業，就成為臨時助教。這時，他原先學英語學俄語的經驗，目睹外文老師生動教學的特點，又都派上了用場，第一堂課就非常成功。很快，關愚謙就成為極受學生歡迎的漢語老師。

好事成雙。就在1970年，關愚謙參加一個朋友的生日晚會，認識了才貌雙全的德國姑娘海珮春。他教她英文，她教他德語。通過關愚謙的開朗性格和苦幹，海珮春開始產生對中國的興趣，把漢學選為自己的主科。關愚謙則以刻苦學習的精神，在短期內掌握了德語，沉醉於德國的文化，從哲學、文學，到音樂、繪畫，甚至對建築藝術發生了興趣，什麼都想知道。兩人相互做學生，當老師。感情日益加深。

1972年，關愚謙用3年時間拿下碩士學位，而通常需5年。他成為正式講師，一邊教學，一邊再接再厲，繼續深造，又於1976年，完成博士論文，取得博士頭銜，獲得終身教職。次年，他與海珮春喜結連理。他們住在阿爾斯特湖畔的銀河街，一直到今天。原先只是「暫住」的德國，成為他的第二故鄉。

雖然事業、家庭雙豐收，但他心中始終有隱隱的思鄉之痛，思念父母親友之痛。那些年不要說回國，連通信都不可能。「四人幫」的倒臺，點燃起他回國的一線希望。1978年秋天，上海京劇團來漢堡演出，受到德國觀眾的熱烈歡迎。關愚謙被他們的友好情誼而感動，連夜寫下一篇富有感情的文章寄到香港，香港《大公報》連續六天刊載了這一長篇報導。北京《參考消息》也分三期連載。這一轉載，等於為關愚謙的存在做了廣告。國內的親朋好友在斷絕音信多年後，這才知道了關愚謙的下落。就在這年12月，中共召開11屆3中全會，公開否定「文革」，說它是「十年浩劫」，在政治上撥亂反正，中國走上改革開放的道路，使關愚謙回國的希望接近現實。1981年春，關愚謙終於得到簽證，攜妻回到中國探親。

回首這段往事，令人扼腕歎息。正如書中關愚謙的詩作：

> 千里迢迢離故鄉，路茫茫，淚滿裳。
> 失魂落魄到異邦，明月夜，悲斷腸。
> 生死漂泊遠招手，風雪月，寫篇章。
> 雪泥鴻爪雁展翅，留痕跡，情意長。

中德文化橋樑

在德國，工作、生活安定下來，可以舒舒服服過日子。但關愚謙不是那種貪圖安逸之人，他要發揮自己的學識，「做中國文化使

者」，為中德文化交流貢獻力量。妻子海珮春深情地說：「愚謙是一個既顧家又顧國。還終日為世界擔憂的『瘋子』。只要他一有空餘時間，不是讀書看報，就是寫文章。因此他有幾個職業，大學教學生，業餘當記者，晚上編雜誌」。

先說教學生。從70年代起，關愚謙就與阿爾斯特湖畔的漢堡大學緊緊地系在一起了。他寫道：「幾十年的歲月，讓我對漢堡大學校園裡的一草一木，一磚一石，都產生了無限的感情。在那裡，我度過了三十多年，在那裡，我的頭髮從黑變灰，從灰變白；在那裡，我原本青春的面孔被歲月的痕跡悄悄爬滿。在那裡，我教出近千個學生。每當我進入教師的時候，總有一種幸福感。這一方面與學生們的學習情緒有關，另一方面，下意識裡，我總覺得這是一種使命，我在傳播中華文化。」「我的學生們一茬接一茬地走進校園，走進我的教室，走進我的視線，又一茬一茬地從我的視線裡走了出去。他們遍佈德國以至世界各地，有的成為知名的大學教授、大報的編輯記者，有的成為出色的銀行家、政治家、藝術家。他們多多少少都和中國有關係，不管我到世界哪個角落，都能聽到他們的聲音。」「正是這種滿足感和幸福感，始終充盈著我也已不年輕的生命，使我感知到我在這個世界裡存在的意義。」1998年，德國教育部高教處應漢堡大學申請，授予關愚謙博士教授頭銜。浙江大學也聘任他為兼職教授。

其實，關愚謙的成就並不僅僅在於教書育人，傳播中華語言文化。他深感中國的幾十年的閉關自守，拉大了與西方國家的差距，必須把高層次的，健康的西方文化介紹給自己的同胞。具體做法之一，就是編雜誌。1980年，經過他和一些熱情的德國朋友，四處奔走，終於取得德國政府資助，一本精裝彩印、美觀大方的中文雜誌《德中論壇》出版了，這本全面介紹德國的雙月刊雜誌由關愚謙擔任主編，一問世就好評如潮，發行量從5000份發展到兩萬份。《德

中論壇》堅持出版了15年，直到德國政府不再撥款才停刊。我自己就是這份刊物的忠實讀者。這套雜誌我愛不釋手，至今仍然珍藏著。《德中論壇》在中國國內很受歡迎，成為各界高層次讀者瞭解德國方方面面的一扇視窗。不少人通過這份雜誌瞭解到德國的社會市場經濟體系、社保制度、環境保護，很多概念在國內當時還是很前衛的。1997年，關愚謙出版了《德國萬象》一書，其中大部分文章就是從《德中論壇》雜誌中挑選出來的。

關愚謙不僅向中國介紹德國，也寫書向德國讀者介紹中國。他初到德國，看到關於中國的書籍少之又少，而且資料陳舊，就下決心為中西文化交流出力。1980年在法蘭克福書展上，他毛遂自薦寫書，科爾哈默出版社（Kohlhammer）經嚴格考察後，與他簽訂了合同。關愚謙和海珮春走遍中國各地，搜集資料，拍攝照片。兩人嘔心瀝血，精益求精，用了整整3年時間，出版了《中國文化及名勝指南》。這本書圖文並茂，資料詳實，一出版就擺在德國書店的顯眼位置，備受讀者青睞，先後印刷了3版。很多德國人，就是通過這本書才瞭解中國的。

最令人矚目的成就是關愚謙和德國顧彬教授（Wolfgang Kubin）聯合編譯的德文版《魯迅選集》。1979年他們開始合作，經過15年的奮鬥，6卷本紅色布面精裝的《魯迅選集》，終於1994年在歐洲問世。這也成為關愚謙一生的驕傲。

關愚謙自豪地說：「德國人稱我為中德民間大使、中德文化之橋。在德國，像我這樣30年傾力介紹中國文化的人還是很少的。」

關愚謙還是社會活動家，長期擔任德華學會理事長。30多年來，他接待過無數來自中國政界、文化界、藝術界、經濟界等各方面的人士。他在霍英東基金會等機構的支持下，在歐洲各大城市如巴黎、柏林、日內瓦、維也納、漢堡等地，主辦了中西文化學術研討會和中國文化節等大型活動。我記得最清楚的是2006年那一次。

關愚謙促成在阿爾斯特湖搞了一場「中國和諧之夜」晚會，漢堡萬人空巷，甚至北德乃至北歐的大批賓客聞風而來，共襄盛舉。溫家寶總理正值訪問漢堡，也應市長邀請參加。上海和義烏免費提供煙火和燈籠，中德朋友紛紛慷慨捐助，一時傳為佳話。那年，漢堡市長授予關愚謙「科學與藝術」勳章，表彰他在中德文化交流上所做的卓越貢獻。

著作等身的大家

　　關愚謙在德華媒體廣為人知，《歐洲新報》，《華商報》每期都少不了他的大作。但在德國較少有人知道：他還是香港《信報》、新加坡《聯合日報》、馬來西亞《星洲日報》的專欄作家，讀者遍及華人世界。為什麼他的作品廣受歡迎呢？這是因為他秉持通俗性、趣味性、知識性和邏輯性的寫作原則。他不但精通中德英俄四種語言，學養深厚，又具有豐富的閱歷。我曾對關老半開玩笑說：「您是古今中外都經歷過」，的確是這樣。他在童年時期，已對「喪家之辱，亡國之恨」有著深切感受。他經歷過中國社會的巨大變遷。他的半生在海外度過，對德國有深層次的瞭解。他的足跡遍佈五大洲，眼界非常開闊，能站在歷史的高度，全球的視野看問題。他的愛好又是多方面的，從政治到文學，從音樂（他拉一手好提琴）、美術（畫一手好素描）到體育（至今天天打太極拳）都感興趣。他的朋友遍佈海內外，國內，他接觸的面很廣，政界如周恩來、朱鎔基、吳學謙，文學界如王蒙、莫言、鐵凝、王安憶，藝術界如劉海粟、黃永玉，都有過來往；國外他曾訪問過波蘭和保加利亞總統，和德國前總理施密特結為忘年交。這一切匯聚在一起，加上他的生花妙筆，就使得其作品內容特別豐富生動，並揉進了自己的親身感受，具備強烈的可讀性和感染力，人人都愛讀。

2010年，關愚謙的散文隨筆《歐風歐雨》，由三聯書店出版。著名出版家趙斌評論說：「愚謙先生是少數對中國與歐洲的歷史文化都充滿激情，對兩地的國情都有深入觀察與思考的作者。讀愚謙的書很難放下，他以不疾不徐的節奏，一個接一個地講述有趣的故事。他用素描與速寫的手法，透過歷史文化與民族特點，勾勒出一個多元多彩、活的歐洲。」他的很多書，很多文章都具有這樣的特點。

　　據不完全統計，迄今為止，關愚謙已在兩岸三地出版中文書10部，即《狂熱、動搖、幻滅》、《蘇聯東歐風雲變換錄》、《中國文化名勝攬萃》、《到處留情》、《戈巴契夫──不以成敗論英雄》、《耶爾津──千秋功過憑誰說》（耶爾津通譯葉利欽）、《德國萬象》、《浪》、《歐風歐雨》和《情》，有的書甚至出過幾個不同版本。至於散見在報章雜誌上的文章，還有不下幾百萬字。

　　外文書方面，關愚謙單獨出版過4本書，與海珮春合作出版了8本，涉及德、英、意3種文字。還應加上與顧彬合作出版的德文版《魯迅選集》6卷本。

　　老驥伏櫪，志在千里。如今關老雖然已是「八零後」，仍然勤奮筆耕。每天趴在書桌上七八個小時。他創作的第三部傳記，《緣》已於2018年4月在香港三聯出版社正式出版。關愚謙人生三部曲，合在一起，厚度過千頁，文字近百萬。這部巨著不僅有精彩的內容，深厚的內涵，而且極具文學價值。他在米壽（八十八歲）之年出版了完整的人生三部曲，沒有留下遺憾。這是非常了不起的，也是文學史上的一段佳話。在此順祝關老身體健康，頤養天年，寫出更多的作品。

海珮春
德國漢學家，中文作品好

　　不久前我在捷克首都布拉格參加了歐華文學會首屆國際高端論壇，中國華文文學學會會長王列耀教授在會上致辭時談到華文文學邊界的問題：華文作品不限於華人作者，非華裔的外國人如果用華文寫作，也應該納入華文文學研究的範疇。王教授舉了一個例子就是德國人海珮春（Petra Häring-Kuan），她的中文著作《德國媳婦中國家》，不僅在中國廣受歡迎，而且已進入海內外華文文學研究者的視野。

　　海珮春，德國很多華人都熟悉！她是著名作家關愚謙教授的夫人，溫文爾雅，賢慧善良，為人低調。也許是關教授太出名了，籠罩在關老師的光環下，珮春本人的成就反而被忽視。為此我感到有必要撰文向讀者介紹一下她的人生，討論一下她的著作《德國媳婦中國家》，敘述她的勞績，特別是在中德文化交流方面所做的貢獻。

熱愛中國文化

　　海珮春來自巴德奧德斯洛（Bad Oldesloe），這是一個北德小城，在漢堡和盧貝克的中間。她的父親曾任銀行總監，家中滿是藏書，海珮春從小就喜歡閱讀，整日書不離手，打下了扎實的文學根底。

　　上世紀70年代初，20歲的德國姑娘海珮春，在朋友家的聚會上認識了中國人關愚謙，當時尚在漢堡大學就讀。兩人開始交往，他

教她英文，她教他德語。通過關愚謙的開朗性格和苦幹，對中國毫無概念的海珮春不但愛上關愚謙這個人，還產生了對中國的興趣，愛屋及烏地愛上中國的一切。入大學後，把漢學選為自己的專業，不僅練出一口地道流利的漢語，還關注中國從文學，歷史，到音樂、繪畫、建築藝術的一切。她不但對中國文化進行研究，而且也喜歡中國人的瀟灑性格。她對中醫號脈、看相、拔罐、針灸、烹調藝術等等也發生極大興趣。她也開始愛熱鬧、好交友，通過與關愚謙和諧相處，不自覺地進入中國人的生活方式，如愛吃中國飯菜，並覺得菜放在中間，各取所需是最科學的。關愚謙則以刻苦學習的精神，在短期內掌握了德語，沉醉於德國的文化，兩人相互做學生，當老師。感情日益加深。

海珮春決定要跟這個人過一輩子。起先她的父母不同意：「我們非常喜歡這個人，但他是遠從紅色中國來的，你怎能和他做朋友？」按照德國的法律，孩子到21歲就完全獨立了。在21歲生日的那天早上，海珮春拿了一個箱子跟爸爸、媽媽說：「再見，我現在獨立了，決定搬到漢堡去，我要跟這個中國人在一塊兒。」

父母聽說她的決定都要暈倒了，但下定決心的海珮春當天就搬到了漢堡，還給關愚謙打了個電話說：「我現在獨立了，我要跟你在一起。」雖然喜歡海珮春，但關愚謙當時並不支持她這種魯莽的做法。他責備海珮春不該如此對待父母，第二天開車把她送回了家。海珮春的父母很感激關愚謙，並由此接受了他。

海珮春慧眼識珠，關愚謙並不是一個普通的中國人。他出身於名門大家，在上海長大，在北京工作，知識淵博，視野開闊，寫得一手好文章，藝術體育也樣樣熟悉。他那時在漢堡大學一邊讀書，一邊教授漢學。1976年，取得博士學位，獲得漢堡大學終身教職。海珮春等了他七年，1977年兩人走進婚姻的殿堂。漢堡中國語言文學系全體師生為他們在大學俱樂部舉行了二百多人參加的婚禮。

1981年，海佩春隨夫前往中國探望公公關錫斌（1896-1995，又名管易文，國務院參事室副主任），也會見了丈夫的姐姐關敏謙（時任全國婦聯國際部長）、哥哥關迪謙（當時的北京記協主席），從此進入了一個三代同堂有幾十口人的中國式大家庭。這個家庭既傳統又開放。海佩春對中國風俗、民情的瞭解日益加深，對中餐、茶藝茶道也發生了興趣，能燒地道的中國菜。她後來在南京和成都中醫學院攻讀中醫，學會針灸，並且在漢堡獲得正式行醫執照。海佩春如此感悟說：「我覺得中國文化理念，對西方人來說是非常值得學習的。」就這樣，海佩春由一個對中國所知甚少的德國少女成為一個中國通，也是中國家庭裡公認的好媳婦。她以一雙客觀、善意的眼睛，好奇地觀察和研究這個中國家庭以及中國的一切，逐漸融入了這個家庭和這個國家。

　　海佩春與丈夫幾十年相濡以沫，幾十次到過中國，甚至「在上海買了房子，每年大約有一半時間都在中國度過。」她深深地瞭解中國人、中國家庭和中國文化。海佩春曾對我說，現在中國發生了很多變化，幾十年前她和丈夫到中國，帶了很多箱的禮物送人，而現在他們到中國來，每人只帶一個小箱子，反倒是從中國回德國的時候，箱子總是塞得滿滿的。

　　她的經歷和感受太豐富了，她要把這一切寫出來與德國人分享。幾年辛苦，2004年她出版了德文書Meine chinesische Familie，dreißig Jahre Wandel in China，意為《我的中國家，30年的中國巨變》，在德國廣受好評。她深受鼓舞，又繼續搜集材料，加以擴充，進一步用中文寫出《德國媳婦中國家》，2010年出版。全書分為德國媳婦，中國家，國在變、家也在變，三個部分。300多頁，共24萬字。

《德國媳婦中國家》好評如潮

三聯書店總編輯李昕收到海珮春的書稿，一口氣讀完，頓感一股鮮活清新的氣息撲面而來，作者獨具的才情和書稿的鮮明特色使他拍案叫絕，迅速回復「大作已拜讀，總的印象是：一個字，好；兩個字，很好；三個字，好極了」。該書一下就印了一萬五千冊，在香港、北京舉辦了盛大的新書發佈會。上海《新民晚報》，以及《歐洲新報》都進行連載。海珮春還在香港尖沙咀商務印書館演講廳，上海圖書館，安徽大學、銀川大學、暨南大學等高等學府用字正腔圓的中文進行了演講；在青島網路電視臺與河北電視臺讀書節目也接受了訪談。丈夫關教授一向唱主角，而在這些活動中成了配角，但他為妻子而驕傲。該書受到了廣泛的歡迎和關注。用「德國媳婦中國家」這個詞「谷歌」一下，就能搜出十多萬條資訊，「百度」一下更多。

看看普通讀者的反應吧！浙江嘉興吉水小學的俞偉娟老師在博客上發文：《德國媳婦中國家》讀後感。她認為，這是一本奇妙的書，「從一滴水可以窺見大千世界。或許就是因為丈夫、媳婦和家庭這三個要素都『非同一般』，這本書便得以用一個特殊家庭幾十年的變化折射出一個特殊時代的社會變遷和精神變遷。通過描寫關家三代人的生活道路，清晰、深入地反映了百年來中國知識份子的心靈史。儘管書中講述的只是一些夫妻、父子、兄弟姐妹間的瑣事，但作者娓娓道來，故事仍然很抓人，讓你時而為主人公的命運牽腸掛肚，時而為書中的趣聞樂事報以會心的微笑，讀後掩卷遐思，竟是強烈的震撼和深深的感動。」

再看看名家是怎樣點評的吧！

著名作家，前文化部長王蒙稱讚說：「她像講述家長里短一樣地講述著中國、德國、二十與二十一世紀。她毫不預設立場與觀念

地、絕對客觀地講出了如此動情的滄桑故事。她參與了這樣多、這樣深的政治事件，成為如此地翻天覆地的歷史的見證。也許這只不過是愛情，只不過是平常的人性，只不過是正常的喜怒哀樂，只不過是一個女性的非常個人的生活經歷。有這樣的經歷，分享這樣的經歷，我們有一種終於長出了一口氣的感覺。」

中國作協主席鐵凝評論：「一雙『德國媳婦』的眼睛，誠懇、善意地觀察並眷顧著她的中國家。通篇客觀、率直又不乏幽默的語言，講述著兩種文化的相遇、試探、碰撞與融匯。這是她的個人命運與一個中國大家庭複雜、跌宕的傳奇，這傳奇從細小之處出發，卻折射出當代中國社會跨越世紀的變遷，中國幾代知識份子的精神面目。作者不帶偏見的明澄之心，以及樸素、豐滿的活潑描繪，使她的故事飽含可以觸摸的有溫度的生活質感，亦呈現出別樣的歷史價值。」

著名作家，國務院參事馮驥才寫道：「一些學者警告我們，未來的世界將要因文明的不同發生衝突乃至對決，本書的一對主人公卻用相互的愛否決了這種可怕的預言。就像音樂是超語言的，愛是超文化的嗎？這是通過一種明智的努力，還是緣自愛的本身才達到的？這個太難的問題，我的朋友珮春會很輕鬆並微笑著回答你。」

專家學者們也加入了評論的行列。2015年10月28日，廣州暨南大學海外華文文學與華語傳媒研究中心專門舉行了「《德國媳婦中國家》與華文文學的邊界研討會」。

為中德文化交流做貢獻的海珮春

海珮春總是驚訝於中國的快速變化。每隔一段時間夫婦倆沒回中國，再來就要揉揉眼睛，因為無論哪個城市裡，高樓都長得太快，路修得太快。可是，她對中國的評價並不是一味地讚揚，她懷

念上世紀七八十年代北京那些像迷宮一樣四通八達的胡同，擠著幾戶人家的四合院，懷念那些清脆的自行車鈴聲。可是現在的北京樓太高了，車太多了，她幽默地批評：「這個城市就像是專門為開車的人建的，過馬路簡直就像自殺。站在長安街的一側不知怎麼能到對面去。」因此，在書中專門有一章「CHINA，拆哪！CHINA，拆哪！」，批評中國。她解釋說，因為愛，所以才有批評。她也不是盲目的愛一切，有些是有保留的。

　　《德國媳婦中國家》書中「第一次被約寫書」的敘述也很精彩。1980年法蘭克福書展上，關愚謙流覽了德國大出版社科爾哈默的展臺，這裡陳列著幾十種各國文化旅遊指南，唯獨沒有發現介紹中國的指南。於是他毛遂自薦，並說夫人是德國漢學家，可以聯手寫作。出版社經過考察後，簽了合同。海珮春雖然文學功底不錯，但從未寫過書，在關愚謙的動員下，兩人開始了合作。他們走遍中國各地，親自查看古跡名勝，搜集大量資料，用三年時間，寫出了厚達850多頁的《中國文化及名勝指南》（China，Kunst-und Reiseführer）。當時中國實行改革開放，剛剛打開國門，西方人迫切需要瞭解中國，這本書的出版正當其時，幾年內就印了三版，而且引起歐美國家的重視，又出了英文版和義大利文版。海珮春非常高興地說，「我們做了一件非常有意義的事，把中國的文化介紹到歐洲來」，「凡是到中國去旅行的人，都會人手一冊，我們會在德國成為小有名氣的作家」。

　　出於謙虛，海珮春在書中沒有多講出書的事。事實上，《中國文化及名勝指南》這本書一炮打響，鼓勵著海珮春和夫君再接再厲，聯手寫出了更多的作品。迄今已出版8部書籍，從方方面面介紹中國，其中包括《中國的風俗與民情》、《中國旅遊指南》、《中國人如何展望中國》、《香港澳門文化旅遊指南》。最有意思的是Die Langnasen，was die Chinesen über uns denken，中文意為《大鼻

子——中國人眼裡的德國人》，通過對120位兩國各界人士的採訪，以生動有趣的實例剖析了兩國在文化上的差異，關愚謙夫婦的朋友、德國前總理施密特看到書稿大加讚揚，主動為此書寫了序言。

海珮春本人單獨完成了3本書，除了《德國媳婦中國家》和德文《我的中國家》以外，她還寫了Chinesisch für Anfanger，直譯《初學者的中文》，聽書名像是中文課本，其實是一部小說，描寫德國女記者尼娜在中國的奇遇。海珮春還積極參加了《魯迅選集》的德譯工作。

海珮春不光寫作，還做了很多實事，為中德文化交流搭橋獻策。當年組織「歐華學會」，她全力輔助關愚謙，堪稱幕後英雄。他們在漢堡的家已經成為中國文化人在德國聚會的一個中心，接待過許多中國各界代表團和著名人士，如鋼琴家郎朗、牛牛及他們的父母，畫家劉海粟、黃永玉、鄧林、陳家泠、陳鶴良等，作家王蒙、劉賓雁、白樺、王安憶、古華等，都曾是她家的座上客。海珮春和丈夫一起不遺餘力地向西方傳播中國文化。用她自己的話說，「我心裡常常笑話自己，我已經由『關愚謙的奴隸』變成了『中國的奴隸』。幾乎從早到晚，都是圍繞著中國轉。」但她樂在其中，甘之如飴。

讀了海珮春的書，瞭解到她的事蹟，我開始考慮海珮春在中外交流史上的定位。據我所知，在中外交流史上有幾位傑出的外國婦女做出了貢獻。例如：美國記者安娜·路易士·斯特朗和史沫萊特，諾貝爾文學獎得主賽珍珠，德國友好人士王安娜。海珮春在為中外交流方面所做的貢獻，完全可以與這幾位著名的外國婦女比肩而立，而且只有她用中文寫出了自己的書。事實上，海珮春是德國成千上萬作家、乃至漢學家中唯一的一位用中文創作出作品的人。一個外國人用中文寫作，得下多大的功夫，來學習中國語言和文化啊！長達40年的持之以恆，一個難以跨越的語言文化障礙，終於被她逾越了，她的毅力和她的事蹟一樣，永遠令我們敬佩。

顧正祥
德國總統大十字勳章得主

迄今為止，共有5位中國日爾曼學者榮獲德國總統頒發的「德意志聯邦共和國十字勳章」。其中一位是在德國南部圖賓根從事德語文學研究的著名學者顧正祥教授（其他四位是馮至，張威廉，董問樵和楊武能）。我有幸與顧教授相識，並對他進行了採訪，深為他的事蹟所感動。

從農家子、山村教師到「洋博士」、「洋學者」
──顧正祥的人生軌跡和學術之路

顧正祥是德籍華裔學者，中德文學關係史和中國歌德接受史研究家，荷爾德林抒情詩翻譯家和研究家。1944年5月，生於江蘇啟東的一個小村莊。啟東是長江口以北的一個縣份，東瀕黃海，南臨長江口，與上海隔江相望。小時候，父母到上海討生活，他則留在農村的奶奶身邊，記得日子過得很艱辛。但離海近，常到海邊游水玩耍。1957年顧考到上海市第58中念初中。該校原名澄衷中學，在虹口提籃橋一帶，是一所文化底蘊深厚的歷史名校。1900年由民族資本家葉澄衷創辦，蔡元培為第一任校長，胡適和竺可楨等人曾在此就讀。初中畢業後，顧正祥考入復旦大學預科，顧名思義是大學預備生，超前戴了三年復旦大學的校徽。但1963年高考，顧正祥沒進復旦，而是進了相距不遠的上海外國語學院攻讀德語專業，成績優良，任班上的學習委員。可惜，學完基礎課和基本語法之後，文

革風暴席捲全國，亂哄哄地鬧到了1968年。他跟上外和南大的外語「老三屆」一起，全被送到安徽城西湖軍墾農場「鍛鍊、儲備」，一干就是兩年整。後被分配到浙南龍泉，在深山老林裡教中小學語文。直至1979年改革開放，國家需要外語人才，省裡來通知，讓用非所學的外語畢業生都去溫州參加外語統考。雖說十年荒廢，顧正祥畢竟基礎雄厚，認真複習了個把月，便一舉「中榜」。全縣六人赴考，只他一人成功，被分配到西子湖畔的杭州大學任教。

杭大十年，既是顧正祥學術上的起步時期，即醞釀、積累的時期；又是他成熟前的準備時期，或曰過渡時期。來到江南的這座著名學府，專業歸口後的顧正祥真可謂如魚得水。雖已人到中年，卻不甘示弱，每每爭分奪秒，恨不得把流失的歲月追回；既然已無法「早露頭角」，也要爭取「大器晚成」。據他本人透露，夫妻分居，正好為他騰出時間潛心學問。在完成教學之餘，多半泡在圖書館裡，無心上街遊逛；西湖的美景，只能找間隙欣賞，於是，在需要批改作業或考卷時，他不去辦公室，也不待在家，而騎自行車去西湖畔，找一張靠背椅坐下，感覺疲勞時，不妨領略一下那風情萬種的湖光山色。就這樣，在當年教研室的八九個同事中，他最遲進入，卻第一個出書。

早在大學時代，顧正祥因讀了德語文學翻譯家錢春綺所譯的《詩歌集》，而傾心於海涅，於是便有了處女譯《海涅傳》（陝西人民出版社，1987年）。而稍後翻譯的《格林兄弟傳》，只因政治氣候的影響，比前者搶先了一步，1986年在浙江文藝出版社出版。1988年，陝西人民出版社又約他與錢春綺合作，共同翻譯出版了《德國抒情詩選》。這樣，他與歌德的作品也有了實質性的緣分。

1988年底，顧正祥來到德國，先在基爾大學作為交流學者，後應國際荷爾德林協會和Bad Homburg市長的邀請，成了荷爾德林故居的「第九位客人」，作為期三個月的學術訪問，並作《荷爾德林在

中國》的德語報告，受到德國大小媒體的廣泛關注。1994年，他獲德國圖賓根大學哲學博士學位。同年獲杭州大學教授資格。

顧正祥專攻德語文學，博士論文的選題為《德國抒情詩在中國——以荷爾德林為例探討譯事之難》。結合研究，他獨力完成了注釋性的譯詩集《荷爾德林詩選》（北京大學出版社，1994年）、《荷爾德林詩新編》（商務印書館，2012年初版，2013年再版），成了在中國全面系統地譯介這位天才詩人的第一人，在中德學術界聲名鵲起。與此同時，又致力於「東學西漸」，翻譯出版了含42位大陸詩人和7位臺灣詩人的譯詩集《我住大洋東：二十世紀中國詩選》（柏林，1997年）以及大陸詩人桑恒昌的個人詩選《來自黃河的詩》（漢堡，2005年）等多種。

歷時14年的攻堅戰——《歌德漢譯與研究總目》及其續編

1996年顧正祥受命從事《中國詩德語翻譯總目》這一德國科協（DFG）的科研項目，六年完成，2002年在斯圖加特出版。此書對歐洲德語區譯詩合集（Anthologie）裡的中國詩，進行了全面、系統和科學的搜集、整理和評價。上自尚屬歌德時代的1833年，下迄二十世紀的最後一年，時間的總跨度為167年。具體涉及在德國、奧地利、瑞士出版的202部德語譯詩合集，約850位中國詩人，5千餘首中國詩歌，170位左右的德語譯者。此書有力而清楚地證明了一個令我們感到自豪的事實：那就是中德文學交流源遠流長，我們的詩歌特別是古典詩歌深受德國人的重視和喜愛，德國文學從中國文學中可謂獲益良多。這部書目得到德國學術界的讚賞，被譽為德國「漢學新的里程碑」（Meilenstein der Sinologie）。

顧正祥從事德國文學的教學和研究已經幾十年，發現中國還沒有一部哪怕是薄薄的、卻是單獨出版的歌德書目。那是2002年，在

完成《中國詩德語翻譯總目》之後，他再鼓餘勇，馬不停蹄地投入中德、德中比較文學領域的另一場攻堅戰——《歌德漢譯與研究總目》的編纂。

編纂《歌德漢譯與研究總目》有三個目的，誠如編者在「自序」中表白：「旨在科學地、系統地總結包括臺灣在內的百餘年歌德翻譯史和學術史，為更好地繼承偉大詩人歌德豐富的文學和精神財富做一份貢獻；旨在為中德兩國的日爾曼學者、歌德愛好者和研究家、文藝工作者和廣大讀者，提供一部足以反映中國迄今為止翻譯研究歌德成果的、可供查閱的詳備的工具書；並為中國歌德譯介的前輩拓荒者，為孜孜不倦、心犁筆耕的中國幾代學者豎碑立傳。」（頁IX）

歌德作品的中文譯文，除譯著之外，主要散見於中國歷代出版的大量世界文學、外國文學、西方文學、歐洲文學和德國文學的選本、彙編中。中國學者的研究成果，除專著以外，多半分佈在數不勝數的辭書、教科書、文學史、論文集以及報刊雜誌中。不言而喻，這些辭書、選本和報紙雜誌都需要在翻閱之後才知道，裡面究竟有沒有收進或收進了哪些歌德的作品。因而，這裡的每個條目，都是他深山探寶的收穫。全書亦編、亦譯、亦注，集三者為一體。說它是編，不是現成資料的匯總，而是要上下求索，逐一查找，累計起來，竟有手稿大大小小十來本；說它是譯，是因為要把全書的每條中文標題，特別是每條中文論著和論文目都譯成德文；說它是注，是因為每條中文譯目，都注上了德文原文，間或還加上了一些筆者的看法。這種體例的書目國內恐怕還沒有。他以《中國詩德語翻譯總目》為範本，只是課題和研究方向不同而已，因而視之為它的姐妹作。

為了盡力反映歌德譯介的巨大成就，顧正祥傾注了整整七年的心血，投入了畢生的知識積累。編纂的全過程大體分為兩個階段，

第一階段偏重於資料的搜索和甄別，並著手查找和核對原文。第二階段偏重於原文的查核和中文標題的德譯，一邊繼續搜索資料，直至截稿。從出版地的分佈看，港澳臺的書目比大陸難找，從出版時間看，民國時期的書目比當代書目難覓，從出版物的種類看，報刊雜誌較書籍難找。為尋找資料，他走遍北京、上海、南京、杭州、武漢、成都等地的國家或省市圖書館，以及各大學的圖書館。有的時候，利用做學術報告的機會，求得許可，在會前會後直接進圖書館書庫查找資料。

　　功夫不負有心人。他起早摸黑地泡在「書山辭海」裡，在相關的書架上逐一盤查。面對種種困難，時而山窮水盡，時而柳暗花明。顧正祥殫精竭慮，卻甘之如飴地完成了這項浩大的文化工程《歌德漢譯與研究總目》（中央編譯出版社，2009年）。該書精裝16開大版本，共549頁，2000多條目，涵括光緒四年（1878年）到2008年這130年間歌德漢譯與研究文獻資料。德國歌德協會魏瑪總部，圖賓根大學東亞學術論壇等單位舉行了新書發佈會或研討會。中國各地圖書館和高校圖書館競相收藏。國際歌德協會主席Golz博士、柏林國家圖書館Walravens博士、社科院葉雋研究員、川大楊武能教授等紛紛撰寫書評大加讚譽。

　　鑒於《中國詩德語翻譯總目》與《歌德漢譯與研究總目》這兩部大型學術性工具書對中德文化交流的傑出貢獻，2011年，顧正祥榮獲德國總統頒發的「德意志聯邦共和國十字勳章」（Das Verdienstkreuz am Bande des Verdienstordens der Bundesrepublik Deutschland）。

　　面對這紛至遝來的讚譽，顧並沒有為之陶醉。學無止境，他把學術的進步看作自己的人生理想和執著追求。他甚至來不及作半點休整，又再接再厲、不知疲倦地投身於上述《書目》的補編、增編工作，進一步挖掘那些「深藏不露」的篇目和書目，並把文獻搜索

的範圍延伸至2015年夏。年復一年，日復一日，又歷時七年，終於於2016年2月又向學界和讀者奉上了一部品質更有改進、而篇幅與上述《正編》不相上下的《續編》（中央編譯出版社）。

　　顧正祥的事業心、持之以恆和學術成就，奠定了他在中德學界的崇高地位，贏得了海內外人士的普遍尊敬。自2003年起，顧正祥被載入《德國名人錄》（Wer ist wer. Das deutsche Who's Who）。2010年起又入選《德國文學年曆》（Kürschners Deutscher Literatur-Kalender）。他曾擔任中科院上海交叉學科研究中心（2005年）和臺灣大學訪問學者（2010年）及同濟大學人文學院外籍特聘專家（2013年）。近年來，他應邀到社科院、同濟、浙大、南大、武大、華師大、華中師大、華中科技大等高校講學，參與國內外多項中德文學比較、翻譯和跨國傳播的科研專案，包括國家社科基金重大專案，如蘇大文學院的「百年來中國文學海外傳播研究」、西南交大楊武能教授牽頭的「歌德及其作品漢譯研究」和上海外國語大學衛茂平教授領銜的「《歌德全集》翻譯」。

洪莉
德華女作家女記者

作者／高蓓明（德國）

　　洪莉女士，祖籍湖南，生長於遼寧，出身於書香門第。受其中學語文教師母親和化學工程師父親的雙重影響，她對文學及化學都極其喜歡。國內化學專業畢業後曾在理工高校任教，1991年移居德國。與許多留學生一樣，她在德國經歷過語言學習、專業課程學習、企業實習和在德國公司工作的過程，一步一步地融入到居住國的文化環境中去。1998年洪莉搬入北威州下萊茵地區莎蒲森小鎮居住，並在那裡紮下了根。在將近二十年的時間裡，她跟隨著德國老公老沃，深入接觸街坊鄰居，加入當地的文體協會，積極參與小鎮的社會活動，同德國人密切往來。厚積薄發，今年她以親身德國小鎮生活為背景，一下子出版了兩本新書，受到了廣泛的關注。

初識洪莉

　　洪莉從小癡迷小說，從孩提時代就如饑似渴地閱讀長篇小說，十二歲時她已經囫圇吞棗地讀完了上百本國內外名著。十三歲她在省報上發表了一篇小文章，也許就是這個「小豆腐塊」，成為她日後轉行當記者的萌芽。

　　在德國遊歷時，她對德國鄉村野外無處不在的中世紀古堡及古堡廢墟，發生了濃厚的興趣。後來她不再滿足同樣熱愛旅遊、歷史

知識豐富的老沃的講解，開始一頭鑽進中世紀德國大大小小公國達官貴族爭權奪勢、占山為王的浩瀚歷史中，四處尋訪承載著悲歡離合歷史的滄桑古堡。從2007年起，她在德國《華商報》上開設專欄——「德國古堡的故事」，成為當時為數不多的《華商報》最早期的專欄作者之一。

德國安靜的環境，豐富的文化資源，成就了洪莉的文字夢。她成為《華商報》這家德國最大的華人媒體的記者和編輯。此後，她以紅柳為筆名，採用多種形式深入採訪，報導了許多德國社會和在德華人社會的新聞。報導的內容涉及到中德文化交流、政治經濟等眾多領域。還撰寫過很多介紹德國教育、全民閱讀及涉及德國社會多方面的文章。同時她還受國內《中國青年報》《北京青年報》等多家媒體約稿介紹德國。她合作出版過《在德國我們這樣上中學》、《小鎮德國》、《北威州的華人世界》等書籍。業餘生活方面，她喜歡探究德國傳統民俗，酷愛旅遊，寫出了大量生動有趣的遊記。洪莉在德國華人界大名鼎鼎，因為大家爭相閱讀的《華商報》每半月出一期，此報上經常可以讀到她的文章，其文筆優美，有據有典，備受眾人喜愛。

2012年，德國另一名女作家組織編寫《小鎮德國》一書時，我和洪莉都參與了撰稿，為此我們倆成為了「一條戰壕裡的戰友」。後來我們互加了微信，我對洪莉的活動「步步緊跟」，更加瞭解到她活潑的天性，她熱愛大自然，經常行走在美麗的鄉村田野。她自個兒的家就像個植物園，春夏開滿鮮花，秋天果實累累，各種野生小動物也來光顧。她有著靈敏的嗅覺，哪裡有新聞、有活動，就往哪裡趕。比如，2010年杜伊斯堡市百萬人大聚會發生擁擠踩踏傷亡事件現場，中國留學生被害案首庭開審，還有某個小鎮熱鬧的民俗節，聞名世界的杜塞、科隆狂歡節大遊行等等，都留下了她忙碌的身影。她總是帶著她那個大相機，鑽進人堆裡去採訪。

她還熱情好客，喜歡交結朋友，周圍經常圍著一群知己。她組織能力極強，曾經幾次組織文友們出外踏青采風。每次舉行《華商報》讀者作者編者聯誼會，她都是主要的操辦者之一。

其實，很早洪莉就已在海內外文壇嶄露頭角。她在13年前寫過紀實小說《喻家小姐》發表在《華夏文摘》上，引起了轟動和廣泛的討論。小說寫的是她母親家族的故事，她的母親是湖南山清水秀的鄉村一家喻姓殷實人家的獨養女兒。這個喻姓在全國很稀少，據說是南宋皇帝賜給一位進士的，謂其曉喻一切，全國姓喻的人都出自其後代。到了乾隆年間，湖南山鄉這一支喻姓中也出了一個進士，人稱喻九公。喻九公後來被皇帝發去延安做知府，業績突出，告老還鄉時得到了乾隆皇帝賜下的玉璽。他的同鄉毛澤東，後來在延安生活時，專門去拜訪了喻公廟，這是當地百姓為感謝這位喻知府而建的。

小說描寫了那位喻家小姐為了追隨革命，兩次從家裡逃走。第一次被家人追回，第二次約了堂妹一起出逃成功。兩個姐妹逃出富裕家庭後吃盡苦頭找到了革命隊伍，最後一個南下，一個北上，洪莉的母親成為渡江南下解放軍中的一名文藝兵，最後駐守在中國最南端－海南島，成為師部文書。堂妹隨另一支部隊北上進了北京，後來在解放軍報社做了財會審計。文革中兩人都受盡苦難。

讀到這裡，我想起了電影中那些年輕學生拋棄富裕家庭，投身革命的片段。這真的不是隨手編來的，當年的中國確實有千千萬萬個像洪莉母親一樣的熱血青年，背離家庭投奔革命。她們的坎坷經歷，反映了那個時代的變遷。

今年年初聽說洪莉出新書了，寫的是關於她在德國生活的體驗，我懷著一顆好奇和興奮的心同她聯繫，得到了她的《收集德國好時光——小鎮生活風物記》和《收集德國好時光——認識德國骨子裡的氣質》兩本書。此套書由華夏出版社出版，設計得好漂亮，

內有500張洪莉和老公老沃拍攝的德國生活精彩照片，花花綠綠，好像一套童話書。照片和文字收藏著洪莉細膩的觀察、慎密的思考和綿長的積累。這套書，也表明了洪莉是作為一個外國人成功融入德國的正面例子。我對洪莉開玩笑地說：「默克爾應該把你提出來做標兵才對。」

分了兩個半天連接著晚上，讀完了這兩本書，兩次都是一口氣讀完了的，這是因為我被其內容深深地吸引而無法中途停頓。放下書本，我忍不住在心底裡大喊：「寫得真是太好了！「於是我決心為她寫下我的閱讀心得，這是我對她在德國二十多年來付出的汗水的點讚和認同。

《小鎮生活風物記》

說實話，在德國生活了二三十年的華人不在少數，但是能夠做到像洪莉這樣，把生活過得五彩繽紛的實在不多，至少在我的熟人範圍內還沒有看到。有的人連語言關都還沒有跨越；即便有人活得精彩，也不一定能把它們都書寫出來。我想，許多人讀了洪莉的書後，一定都會被她感染，感受到她生活中的快樂。我不太瞭解洪莉的性格，但是讀她的故事，看她的照片，猜想她的性格一定同這本書的風格一樣，活潑，風趣，明麗，多彩。她和她親愛的老公老沃的那張合影，我看著看著就忍不住地笑了起來，真的是好風趣。老沃從60年代起就參加了本鎮乒乓球協會，我認為他是在為迎接將來來自乒乓球王國的太太做準備。後來真的，太太也加入了這個乒乓球協會。

對於德國五花八門的協會，自己有過不成功的經驗。我在國內時也喜歡打乒乓球，心想加入一個協會吧，讓業餘生活豐富些，也可以更好地融入德國生活。沒想到去了之後，發現人家的水準很

高，自己根本同他們練不上。當然進入這種協會是不論水準高低的，都是奔愛好來的，不過自己覺得沒趣，就放棄了。

閱讀這本書，讓我學到了許多知識。比如在《土豆煎蛋要用五個鍋》一節裡，洪莉提到德國人為何在廚房裡要有那麼多的工具，原來是勞動力不夠。我發現洪莉有許多獨到的觀點和嶄新的思路。還有德國射擊協會產生的歷史背景，曾經讓我好奇了很長時間，現在終於在《「國王」登基大典》裡找到了答案；再有，那個消防志願者系統，對於人手緊張的國家，真的是很實用。再再有，德國人對社會的奉獻精神，信實的態度也讓人欽佩不已，願我們生活在這裡的華人都能夠學到這樣的品質。

《認識德國骨子裡的氣質》

洪莉很幸運，生活在一個鮮花盛開的傳統德國村莊裡，那裡有一群充滿愛心又有生活情趣，真誠而樸實的人。在生活中，她用敏銳的觀察力和深邃的思想去捕捉德國人骨子裡的氣質，以及背後產生的原因。18年的小鎮歲月，讓她學到了德國式的嚴謹和執著。為了糾正一個錯誤流傳的概念，她不惜「上下求索」，到處求問，查找資料。她還身體力行，去體驗，去參觀，去採訪。比如她去幼稚園體驗生活；去德國老人家裡挖掘二戰故事；去廢水處理廠參觀採訪。

在《認識德國骨子裡的氣質》書中有一句話，讓我特別揪心，「孩子被關注或被忽視的經歷，都會對他未來的人格產生影響」。原來我就是那個被忽視的孩子，以至於長大後不自信、害羞，怕出現在公眾場合，怕和人有親密的關係，喜歡孤獨。我一直在思考，我身上的這些特質到底是如何形成的？現在才認識到，原來在我們成長的環境中，一向缺少大人的重視，因為他們自己成天介被陷入

到無窮無盡的階級鬥爭中去，自顧不暇。這樣的成長過程，不僅我們自己深受其害，也連接到害了我們的下一代。因為我們在無知中接受的東西作為慣性繼續傳給了下一代。沒有得到就無法給出，在我周圍的圈子裡，我兒時的夥伴中，這樣的例子不在少數。

德國人身上的某些優秀品質與他們追求知識、熱愛讀書是分不開的，在洪莉《認識德國骨子裡的氣質》中有著很好的實例。確實如此，在火車上，旅途中，我常常看到德國人手一冊，聚精會神地閱讀，有年輕的少女，也有白髮蒼蒼的老人，有中年人獨自閱讀，也有媽媽為孩子一邊閱讀一邊解說。我們小鎮上也有一些閱讀的節目，我們的城市還經常為孩子們舉行閱讀報告會，為他們介紹好書，帶領他們一起閱讀。

《認識德國骨子裡的氣質》中維利的故事，讓我心痛了好久。德國人可謂家家有本「血淚史」。我老公的家裡也發生過類似的事情，他祖父的哥哥，第一次世界大戰時倒在法國前線，死時才18歲。看到照片上他那樣年輕英俊，我不知他生前有沒有嘗到過愛情的滋味？他的母親為此幾乎發瘋。他死的那天晚上，家人聽到平時沒人的閣樓上有走動的腳步聲……事後他們推斷，是大兒子的靈魂在那天晚上回了家。老公的祖父，也就是死者的弟弟，也才活了四十多歲。他死於二次大戰時留下的創傷。一家僅有的兩個兒子都成了戰爭的犧牲者，讓活著的家人悲痛一生。老公的外祖父，二戰時被關在蘇聯俘虜營裡，為了逃命，冬天在貝加爾湖中與戰友一起游泳洇渡。這樣的故事，這樣的人物，都是暸解德國歷史的活教材，可是我沒有洪莉那種細密的心思，沒有她那種打破砂鍋問到底的精神，以至於錯過了許多收集資料的好機會。

《認識德國骨子裡的氣質》中馬科斯一家的故事，真心讓人喜愛，看著他們全家人的笑容，一個個都發自內心，發自真情。我認識一個女博士，來自巴伐利亞，她有著善良開朗的性格，樂於助

人。她同帥哥馬科斯一樣，出生於一個有著眾多兄弟姐妹的家庭。她說，結婚後也要生一大堆兒女。我想，在充滿了愛的家庭裡，和在多子女的環境中長大的人，有一種完美的人格和吸引人的魅力，因為他們在合作與互動中學到了許多做人的道理。

讀了洪莉寫的《污水淨化處理》，讓我瞭解到德國污水處理廠是如何工作的。我聽說，中世紀的德國人是不喝水的，只喝牛奶和啤酒。因為那時的水質不好，人喝了容易得病，而且那時的小孩子也喝酒。當時我聽導遊這麼講，很吃驚。如今讀了這本書，知道情況確實這樣。今天德國人有了世界最先進的環保技術，使得水經過淨化後，打開龍頭可以直接飲用。

《世代承襲的騎士之道》又讓我補上了一堂德國歷史課。曾經在漢諾威的老猶太人區域，看到過一座很美麗的Corps學生別墅Saxonia，其對稱的新古典主義建築，莊重氣派，陽臺庭院，底層是舞廳，還有鋼琴，樓上二側是學生公寓。從打開的窗戶中，可以看到一些帥哥的側影。當時心想，要怎樣優秀的學生才能被選中，住進去呢？什麼叫Corps？回家後查找資料，不甚明白，只是對會員都要學會擊劍這件事印象很深刻，那是中世紀騎士的做派啊。現在讀了洪莉的文章後，重新瞭解那段歷史，對於德國人維護傳統的精神更加欽佩。

結束語

洪莉為了寫好這兩本書，花了兩年多的時間，採訪、拍照、收集資料，寫作，修改，再寫作，再修改。將她25年在德國生活中的體驗思考感悟化作一份份食材，還用500多張照片做成美味的大餐，呈現給我們，我卻把它們在兩天之內化入了我的胃中，有點殘忍吧。但是我知道，我會時不時地打開它們，欣賞其中的彩色照片，

品味其中的章節，它們不僅是我滿足飢餓感的菜肴，也是兩本具有觀賞價值的藝術書和教科書。

　　這兩本書在海內外都得到好評。德國霍爾特市市長傾情推薦，並為之作序。兩本書出版後，2017年5月20日在北京賽凡提斯學院，舉行了「北京‧旅行分享會」活動，以「如何穿越到中世紀德國」為題，特邀洪莉為大家介紹她的新書，介紹親自採訪過的有特色的德國當地民俗節日，給大家呈現了原汁原味的德國鄉村生活。

　　「以一斑窺全豹」，推想而知，洪莉在幹她的本職工作方面，在出版其他幾本書籍時，都極認真地付出了巨大的努力。她本來是個理工女，因著愛好和努力成為了今天的文青洪莉，多麼地了不起啊。他山之石，可以攻玉，借過別人的利器，為我所用。洪莉以她的人生經歷，幫助我們更好地學會如何地融入德國人的社會中去。我期待她繼續為我們提供這樣的精神食品，將她在德國的精彩人生故事告訴更多的人。

（作者高蓓明是歐華作協會員，現住德國）

嚴丁
自學成才的「翻譯，華商和作家」

在漢堡的一次華人聚餐會上，我有幸認識了旅居德國的嚴丁先生。嚴丁先生得知我喜歡寫作時，他幽默地自我介紹：「我也算個資深的老文藝青年，自小愛好文學寫作，可惜為稻粱謀，誤入『商』途大半生，一事無成。」我倆以文會友，共同語言越談越多，一見如故，得知他不僅在德國經商多年，事業有成，還是《窮則思變》和《湖廣填川四百年》兩本書的作者。令人驚奇的是，嚴先生沒有正規學歷，只有小學文憑。他海外經商，著述，完全靠自學成才，其艱辛令人難以置信。在拼爹啃老盛行的今天，他白手起家的親身經歷給人啟迪，對窮二代的寒門青年有很好的勵志作用。

自學成才，出國打拼

在《窮則思變》這本書裡，附有嚴丁的文友李蓉生給他寫的小傳，以古文形式，亦諧亦莊，生動有趣地概括了他自學成才白手起家的過程：

> 嚴君丁，成都人也，祖籍湖北孝感，四百年前先輩輾轉入川。居府河之畔，長在貧民小街，自小頑皮異常，大慈寺佛龕捉迷藏，糠市街字庫尋經書，後來種種靈異奇跡，或源於此？
>
> 家貧六兄妹，充饑一鍋粥。小學遭民辦挫折，中學遇工讀坎坷，當小工，幹苦活，三班運轉，晝夜顛倒。自小就在起跑

線上掉隊，長大起點也低於常人，默默無聞，前途似乎黯然無光。

　　幸看破文革迷津，八方拜師，尚武學文，粗通文墨。有志不在年高，卑微偏敢攀登。習古文，練外語。泡書店，查術語，專攻科技英語，囤貨居奇。

　　恰逢改革引進機遇，小工人挑技術翻譯大樑。無文憑敢登大雅之堂，對外索賠談判打先鋒，為爭國利。牛刀小試，初戰告捷獲殊譽，報刊揚名，眾稱自學成才。

　　再乘改革東風，漂洋過海，馳騁歐美商場。憑市井智慧，出怪招，玩刁牌，商戰巧打無名拳，周旋於西洋商賈，得心應手，打下自己的一片天地。漢堡法庭，勝訴刁鑽外商；海外卜居，美景竟讓老外羨慕；反客為主，置業倒收洋人房租。海外文壇，宣揚中華文化。汶川遭地震，在海外電視為家鄉募捐；北京逢奧運，寫《中華鐵漢》為健兒鼓勁。字裡行間，流露出拳拳赤子之心。

　　著述《湖廣填川四百年》，追溯先輩創業之艱辛，不勝唏噓；新作《窮則思變》，激勵後代宏圖之抒展，令人感懷。

　　耳順之際歸故里，聚好友，話當年，感慨萬端。奇文共賞，集思廣益，將吾輩經驗感悟，匯成一書，以教後人。

　　若有裨益，善莫大焉。

　　這篇小傳言簡意賅，人生軌跡，一目了然。在此圍繞這篇美文只做些說明和補充。

　　嚴丁（嚴丁是筆名，本名嚴明禮），1951年生於成都。50年代中國人口爆增，學校人滿為患。他上學時被分到民辦小學，條件極差，要自己帶板凳，到居民大院上課，教材和師資都不具備。六年下來，連中學都考不上，被分到成都東門九眼橋一家廠辦技校半工

半讀。校舍尚未建好，文革開始，學校垮了，上學成了泡影，學業就此半途而廢。

文化革命期間，他正在為失去讀書機會而鬱悶的時候，有位舊知識份子朋友，怕被紅衛兵抄家，將珍藏的一書櫃「封資修四舊圖書」趁半夜轉移到嚴家。櫃子裡面裝滿中外名著，包括被批判的「三言二刻」等小說。就這樣，嚴丁經常悄悄地待在家中搖搖欲墜的破樓上，如饑似渴地讀著這滿滿一櫃的精品書籍，為後來博覽群書自學成才打下了基礎，還練就了現代漢語寫作和寫古風詩詞的本領。

1969年起嚴丁被分配在廠裡當了十年工人，他不甘沉淪，在繁重的勞動之餘，堅持自學，初見成效，文學習作頻頻登上成都晚報和四川日報。但由於太偏科，高考難過數學關，他錯失了考上大學的機會，這成了他耿耿難以忘懷的終生憾事。

臨淵羨魚，不如退而結網，為自修成人大學課程，他結識了一位學識淵博而又睿智的唐老師。一次，唐老師看了他習作的一首七律詩後，稱讚之餘，正色告誡他：「習作不錯，像模像樣，尾韻和對仗都可以了。不過，年輕人學寫到這樣程度就行了，古詩今後實用性不大，應到此為止。你首要任務是要集中精力自修大學的相關課程，參加成人自考，尤其是外語和中文寫作，這才是你今後人生打拼最急需的。」

良師益友的一番忠言，如醍醐灌頂，讓嚴丁清醒意識到文學愛好不能癡迷於高深的詩詞格律，要學以致用，要學闖當今社會的本領，哪怕學個職場適用的敲門磚也行。

改革開放後，他預感單位今後會稀缺翻譯人才，便經常利用工餘時間，跑到有外賓散步的錦江河邊，在英語角（English Corner）裡苦練外語。功夫不負有心人，1979年他被工廠破格提拔，以工代幹，到資料室的翻譯科技資料，成了單位的新聞人物。後來他多次當翻譯帶團到歐美，洽談技術引進專案，業務能力提高很快。1985

年又一鳴驚人，通過省上的外貿幹部招考，調入冶金進出口公司，從事進出口業務。1990年嚴丁來德國開公司經商，如今僑居在漢堡。

紀實文學《窮則思變》，記述了嚴丁人生奮鬥的心路歷程

從小學生到翻譯，從小工到華商，嚴丁經歷了難以想像的艱辛。他開玩笑說，自己是一個只有小學文憑的翻譯和華商，這輩子唯一正規的「文憑」是德國駕校考的駕駛執照。

嚴丁深知，寫作能力不是天生的，卻是現代生存競爭中急需的，為了在經商和文學創作中練出「倚馬可待的寫作能力」，嚴丁堅持寫日記，四十年積累了幾十本，這些珍貴的歷史資料，成了他寫書的百寶箱。

他有時為生活奔波，無暇寫日記，便用感懷詩詞來記錄人生。

如十字概括前半生：窮餓寒煩苦、甜裕順閒謙。

在人生重大轉折時，還會濃墨重彩地寫具有代表性的一天。例如：

「青工自學苦」，「海外創業難」，「德國置業喜」，「高處不勝寒」。

這些詩文，既精練又清晰，生動地記載了他人生奮鬥的悲歡離合，失敗與成功。

為了給自己六十歲生日準備個大禮，他將生意交與兒子打點，自己淡出商界，重溫文學夢，開始寫自己喜歡的東西。他深居簡出，用了一年多時間，居然將把自己的人生經歷和心路歷程彙編整理成了一本紀實文學作品《窮則思變》。

四川人民出版社責任編輯石老師見到書稿後，決定採用。她感歎道：「書稿一定要像嚴丁老師書稿一樣，讓人閱讀有親切感和感染力，或者有震撼力才行哦。」現此書已由該出版社出版，全書共

270多頁，25萬字。

這本書副題為「輸在起跑線的窮二代能改變命運嗎？」，
「與自強不息的寒門青年共勉」，
主要內容是草根『街娃』也能：

從小學生到翻譯，
從九眼橋到西歐，
從自行車到賓士，
從搬運工到華商。

著名作家流沙河為本書題字「喜見大慈寺外之民居及本書主人」。書中記敘了流沙河老先生與嚴丁之間一個飽含心酸回憶的故事。

流沙河，原名余勳坦，1931年生於成都。自幼習古文，做文言文。1950年到《川西農民報》任副刊編輯。1957年1月參與創辦詩刊《星星》，並發表散文詩《草木篇》，由此為詩界、文學界矚目。《草木篇》這首詩中以「白楊」表示堅韌，「仙人掌」代表頑強，「梅花」象徵脫俗，「藤」形容向上爬，「毒菌」比喻口蜜腹劍搞兩面派的偽君子。其中「白楊」這一段如下：「她，一柄綠光閃閃的長劍，孤零零地立在平原，高指藍天。也許，一場暴風會把她連根拔去。但，縱然死了吧，她的腰也不肯向誰彎一彎！」誰想到，這首詩竟冒犯了天顏，反右時被毛澤東親自點名，「假百花齊放之名，行死鼠亂拋之實」。流沙河在全國上下被批倒批臭，被認為是「站在已被消滅的階級立場」上，「向人民發出的一紙挑戰書」，由此被打為右派，連續接受多種「勞動改造」，達20年之久。1978年才平反，後來調回四川文聯，從事寫作舊業。

三年大饑荒困難時期，流沙河正倒楣透頂，在大慈寺後文聯的一片荒地栽紅薯。嚴丁回憶，1960年每人每月只供應二兩肉、二兩

油，二十來斤米。全家只能用一小團米，加一大鍋水，熬成清稀飯充饑吊命。由於嚴重饑荒，不少人都得了水腫病。為了搞點副業補貼家用，當時還是孩子的嚴丁要常去割野草餵幾隻兔子，靠這點小副業來補貼學費和過年的肉食。他到大慈寺文聯宿舍附近荒地割兔草，那裡多是狗尾巴草，兔子不愛吃，於是只好順手牽羊，偷摘點紅薯藤。後來才知道，這些紅薯竟是流沙河所種的。當年看守和偷竊的一對冤家，如今成了忘年交。

特別值得一提的是，本書的字裡行間，常常流露出一位海外赤子對祖國、對故鄉的深深眷念和熱愛。嚴丁為香港回歸祖國而謳歌，為家鄉慘遭地震而痛心。2008年汶川地震時，漢堡僑領推薦他到北德電視臺（NDR），以旅德四川人的身分，與漢堡總領事馬晉生和德國慈善會代表一起，為災民募捐。

他見國內地震，奧運籌辦受到影響，趕寫了抗震歌曲「中華鐵漢」，為災民鼓氣，為奧運加油。編輯很欣賞詩中那種凜然的華夏正氣，將該詩收錄進成都自願者編印的《國殤特集——多難興邦》一書中：

中華鐵漢（德國嚴丁／詞，成都家馨／曲）

冰雪淬火，地震磨練。
中華兒女，錚錚鐵漢。
震後青山在！
何懼：
西方昏鴉聒噪，
東隅小丑謠言。
血濃於水！
一方有難，八方支援。

光明磊落，重整河山。

待到雨過天晴，定讓那北京奧運集結號，響徹雲端。

這本書有兩大特點，一是圖文並茂，配有不少珍貴的老照片。多虧80年代嚴丁當翻譯時，有文學素養和獨到的眼光，他利用鏡頭，將工作拍照所餘的尾膠捲，拍攝了不少當年老百姓生活和街頭巷尾民居的照片。隨著現代城市拆遷，這些照片已成了不可多得的歷史記憶。

二是書中插有大量中國古風詩詞，描寫了他在海外的所見所聞，喜怒哀樂，視角獨特，富於特色。這些詩詞以華人獨特的視角，寫身邊熟悉的景物，妙趣橫生，如描寫漢堡風光的詩篇：

火車站　Hauptbahnhof

鐘樓城堡如宮殿，更有鋼穹罩藍天。工業革命煙痕在，德國品質百年堅。

自由港　Freihafen

巨石碼頭連海灣，棧橋喜接遠洋船。天賜商貿口岸好，一港養活人百萬。

市政廳　Rathaus

巨石奠基塔聳天，凌煙英豪塑兩邊。漢堡市廳不遜色，要比英宮多一間。

阿爾斯特湖　Alster

天鵝伴游海鷗翔，碧波萬頃千帆揚。座座別墅綠蔭中，漫步岸邊如天堂。

倉庫城　Speicherstadt

　　銅簷紅牆突峨現，巍巍如崖運河邊。舊時德國真有錢，倉
庫修得賽宮殿。

植物園　Planten un Blomen

　　奇花異草匯一園，鬧中有靜怡天年。秉燭夜遊嫌日短，又
隨音樂觀噴泉。

魚市　Fischmarkt

　　新撈魚蝦層疊疊，週末漁港聲沸騰。洋腔吆喝小販忙，老
外也有勞苦人。

再如書中，嚴丁以漢堡二字為首尾，寫了一幅勵志的對聯：

　　漢有先賢，投筆從戎，拓開西域通使路。
　　今看後生，勤工儉學，築起歐陸經貿堡。

　　字裡行間，飽含海外華人對先賢開疆擴土的崇敬，也有對海
外華人子弟報效祖國的殷切期望。飽含現實意義的書和對聯都很給
力，對海外留學打拼的寒門青年有借鑒和勵志的作用。

　　《窮則思變》出版後，受到讀者們廣泛的關注。

　　漢堡總領館樓副總領事鼓勵：「大作拜讀，很受教育和啟發，
並對您自學成才艱苦創業的成功之路以及愛國情懷表示敬佩。」

撰寫家族史《湖廣填川四百年》

　　《窮則思變》一炮走紅，促使嚴丁再接再厲，加快完成家族史

《湖廣填川四百年》的寫作。

嚴丁認為，自古以來，帝王將相的傳記很多，卻很難見到平民百姓家族的傳記。沒有老百姓的歷史，像有枝無葉的樹，是不完整和有遺憾的。為此，嚴丁廢寢忘食地寫出了二十來萬字的家族尋根史。2016年《湖廣填川四百年》脫稿付梓，全書240多頁。

能寫成這樣一部家史，還要感謝嚴丁父親的膽略。他在「文革」破四舊抄家最緊張的時候，冒著風險保存家譜，將道光年間的原件用油紙包好，偷偷塞入隔壁幼稚園的房頂屋簷下，才保留下來。

全書寫作歷時十五年。為了讓在德國長大的兒子不忘祖國，2000年冬嚴丁帶兒子回國尋根，不僅回到成都，還翻山越嶺，特地回祖籍資陽，到故鄉山村去尋根問祖。他們依據祖先傳下的這本清代家譜的線索，尋找到了從湖廣填四川先祖的殘存碑文，收集了祖祖輩輩口碑相傳的一些家族故事。嚴丁以清代族譜和祖墳山碑文為依據，整理出祖先家族史的十三代繁衍世系，記述了從湖廣填四川到解放前上成都謀生的情形，先寫出了上集。2015年賦閒後又補寫完下集，重點寫了解放後家族在歷次政治運動中的磨難和艱辛的創業過程。

一部家族發展史，往往是一部社會史的縮影。嚴丁在書中介紹，嚴姓原為春秋五霸楚莊王之後，漢代避諱明帝劉莊而改為嚴姓，一部分後來改回莊姓，所以莊嚴不通婚。歷史上出過高人隱士嚴子陵。明清之際，張獻忠據川，連年戰亂，人口大減。朝廷鼓勵湖南湖北（即湖廣）及其他省的人到四川去移民拓荒，史稱「湖廣填四川」。

嚴家族譜記載的第一代嚴明嗣，生卒於明末清初。他來自湖北，移民至資陽，至今已繁衍了十三代。嚴丁的爺爺，1935年移居成都謀生，從挑擔賣菜做起，辛苦十多年，辦起織布坊。解放後嚴丁父親分得兩台織布機，帶兩個徒弟，自立門戶，本來是小康人

家，可是三反五反，合作社，公私合營，各種政治運動將家產折騰得只剩兩手空空，每月只能拿四五十塊錢工資，卻要養活一大家人，成了難保溫飽的貧窮戶。可是人窮志不窮，改革開放後，嚴丁姊妹秉承勤勞致富的家風，求學、經商、在海內外辦公司，均幹出了成績，嚴家又復興起來，形成家風和睦，詩書傳家，鄰里讚賞的一大家族。

書寫成後，嚴丁特地寫了一首七律，紀念此事，告慰祖先：

> 湖廣填川事久湮，偏向荒遠尋祖先。
> 幸有舊譜記班輩，更憑殘碑考紀元。
> 細勘宗脈十三代，粗撰家史四百年。
> 千秋之功今告成，嚴氏正本又清源。

這本書記述了嚴家列祖列宗四百年來的耕讀生活，像記錄一顆獨苗怎樣成長為葉枝繁茂的大樹，史料彌足珍貴；而且他的描寫栩栩如生，富於文學價值。這樣的家族史書在整個中國也不多見。因為寫這樣的書，一要有史料，二要有文學功底，缺一不可。由於文革破四舊，很多家譜族譜被毀掉，如今的作家即使有這樣的願望，也難做「無米之炊」。

西蜀崎騫先生評論：「讀罷先生所輯撰家史，已經淚流滿面，掩卷遐思，浮想聯翩。遙祖先創業之艱辛，寄後輩宏圖之舒展，字字珠璣。這一世能夠瞭解我族輩之發達史，幸哉！」

嚴氏宗親會長嚴峻寫道：「讀過此文，常為一位常年旅居國外宗親拳拳赤子之心所感動，一位遠離鄉土的宗親對宗族的熱愛和對宗族歷史的探索精神是值得我們敬佩的和學習的。」

這兩本書，《窮則思變》的創業史和《湖廣填川四百年》的家族史，情節生動，感人至深。這兩年來我一直在搜集歐洲華人作

家的寫作情況，如今見到嚴丁這沉甸甸的兩本書，真是如獲至寶。
成功的大門，只為意志堅強者開啟，嚴丁先生自學成才終於成了正
果。他對文學的執著令人感動，對家族歷史的責任感，值得欽佩。
我採訪後深受感動，特此寫下這篇訪問記。

附錄一
本書作者高關中訪談錄

採訪者／方麗娜

　　方麗娜前言：就情感體驗和知識含量而言，我更喜歡閱讀後者。因為情感體驗，可以由自身獲得，而知識則需要借助別人的經驗。歐洲華文作家協會的理事高關中先生，便是以知識見長的一位作家。與高先生在一起，彷彿與維琪百科結伴而行，無論你走到哪兒，問到什麼，他都能張口即來，對答如流。那些經由他的記憶和語言過濾的清晰而詳實的講解，如同瀑布傾瀉，洶湧澎湃。

　　同為歐洲華文作家協會的一員，我和高先生時常在會議中不期而遇。2015年春天，我們在西班牙巴賽隆納開完會，一同乘大巴前往西歐小國安道爾。途中，窗外的藍天白雲下晃動著比利牛斯山連綿的身影，高先生拿起話筒給大家詳細介紹西班牙的歷史、政治和文明進程，他旁徵博引，縱橫古今，東西貫通，大家聽得沉迷其中。坐在一旁的導遊自我解嘲說，高先生要是來西班牙，我們這些導遊就沒飯吃了！

　　高先生的淵博，讓我不斷聯想起歐洲舉足輕重的公共知識份子安伯托・艾柯（1932-2016）。艾柯是位享譽世界的哲學家、歷史學家、文學批評家、美學家和小說家等等。艾柯的學術研究橫跨多個領域，並在各個領域都有經典建樹。高先生的知識結構雖未涉獵得如此之廣，但他的史地知識之精深，令人歎為觀止。他寫東西簡明快捷，行筆如風，就像他的人一樣曠達而爽快，並且充滿生機。這

得益於他經年累月的勤奮。高先生用自己的行動，實踐了佛蘭克林的那句名言：誠實和勤勉，應該成為你永久的伴侶。

高關中來自陝西。那塊土地上不僅出了中國的第一位皇帝，也締造了路遙、賈平凹和陳忠實等馳名中外的大作家。作為旅居海外的華文作家，高先生將自身優勢發揮到了極致。他利用身分之便和外語特長，走訪了100多個國家，足跡踏遍五大洲，出版了列國風土方面和傳記方面的書籍21本，為15本地圖冊撰寫了文字說明。他給自己的目標是，把全世界基本寫一遍。迄今為止，他去過的國家幾乎都寫過遊記或風土介紹，問世著述達到五百多萬字。眼下，他即將完成一套36本、涵蓋五大洲主要國家的《世界列國風土大觀》叢書，在我看來簡直是一項壯舉，令人仰慕不已。

作為多年的文友，也作為高先生史地知識的追慕者，我採訪了高先生。

方麗娜：讀了你大量遊記，深知你的寫作觀和你對自己寫作的定位。目前，涵蓋五大洲的36本叢書《世界列國風土大觀》已接近殺青。請問，完成了這個宏大計畫之後，你是否會好好休息一段？此外你有寫作的終極目標嗎？

高關中：中國有句老話叫「小車不倒只管推。」從我寫第一本書《今日漢堡》起，到2017年就30年了。這些年來，我只要在家，每天或多或少都要寫，已成習慣。我每年的寫作量達四五十萬字。哪天要是沒寫，心裡便會有負疚感。因此我會一直寫下去。「風土大觀」系列當然是一個大目標。接下來是傳記類，題目很多，另外還要抽時間為報紙雜誌寫文章。我只怕時間還不夠用呢。

方麗娜：請談談你是如何走上寫作之路的？

高關中：我80年代移居德國，完成學業後，1987年開始在德國一家社會醫療保障機構工作，生活安定又有些平淡。就想到業餘寫作。中國改革開放以來，人們需要瞭解外部世界。於是就從德國寫起。

我的第一本書是《今日漢堡》。這本書在漢堡僑胞和中國赴德人員中受到歡迎。德國《世界報》還刊登了介紹這本書的文章。

　　第二本書是《德國州市概覽》，介紹德國16個州和100多個城市。效果也不錯。德國國家圖書館還把它收為館藏書籍。在法蘭克福國際圖書博覽會上，臺灣冠唐出版社也決定在臺北出版該書的正體字版《德國州市大觀》。

　　兩本書的成功，令我開始考慮系統編寫一套《世界列國風土大觀》的叢書。先介紹當今世界最重要發達國家，即美國、英國、法國、德國、義大利、日本、加拿大和俄羅斯。期望為國內讀者打開一扇「放眼看世界」的視窗，有幸被納入當代世界出版社的出版計畫。該叢書後來又增加了澳大利亞和臺灣，到2003年實際出版了11本。

　　就這樣，走上了寫作之路，30年來未停筆。

　　方麗娜：家庭乃至家鄉，對你在文學方面的愛好和寫作有過什麼樣的影響？

　　高關中：父親抗戰時讀中學。1946年畢業後到縣裡的糧站就業。1949年，奉調跋涉千里，來到西安一帶，在財政部門工作。母親也隨同南下，第二年我就出生了。所以我是在西安長大的。小時候，記得家裡藏書並不多，但父親喜歡借書看，訂有《陝西日報》和《參考消息》，我也養成了讀書看報的的習慣。父親每天下班回來，我會先把他手裡的報紙抓過來，一睹為快。那時住在西安小南門南四府街，對門就是西安日報社，大門口左右有貼報欄，除了《西安日報》外，天天還能讀到《人民日報》和《光明日報》。父親工作單位省財政廳在冰窖巷裡，走四五分鐘就到，那裡有個俱樂部，幹部們下班後在那兒下棋，那裡還訂了許多雜誌，印象最深的是《世界知識》，每期都要翻一翻，對照地圖，瞭解世界上發生了什麼事。還有幾大櫃子書，俱樂部管理員老余頭年紀大了，一頭白髮，很喜歡愛讀書的孩子。破例允許我借書，而一般只借給幹部，

而不借給子弟。從他嘴裡我就聽說了巴金、老舍這些作家。但我更喜歡《三國》、《水滸》、《說嶽》、《楊家將》、《東周列國志》、《說唐》這類古代小說，讀起來津津有味，連飯都顧不上吃，進而引起對歷史課的強烈興趣。總想歷史的真相與小說情節有什麼不同，手裡有幾個小錢，就到附近南院門的古舊書店買書，那時書籍便宜，一元錢就能買四五本書。當然那時大人的工資也不高，給孩子的零花錢也有限，買本書，翻來覆去要看好多遍。不像現在，雖然有了上萬本書，很多書都束之高閣，沒有認真看過，只是用到時翻一翻而已。

在學校，我各科成績都不錯，從來沒有感到吃力，家庭作業往往沒放學就在課間做完了。課餘讀了大量「閒書」，兩次被南四府街小學授予讀書模範，得了獎狀，還有獎品，當然也是書。讀書多，寫作文旁徵博引，洋洋灑灑，經常被語文老師作為範文在班上朗讀。上中學在西安市27中，梁家牌樓，在班上一直當學習委員。

不過小時候雖然喜歡讀書，卻從來沒有夢想過當作家。總覺得文章能登報，能出書是高不可攀的事情。

方麗娜：旅行和寫作，需要巨大的動力、體力和財力，你是如何保持這「三力」的？

高關中：動力來自對史地的興趣，對旅行的愛好，對瞭解世界各地各民族文化的渴求。不光要自己瞭解，還要把所見所知的告訴讀者。國內有很多人，沒有機會出國，有的人雖然到國外旅行過，但不懂外語，在瞭解它國文化方面也會受限制。

體力對於旅遊發燒友是不可缺少的。時間再緊，寫作再忙，也要擠出時間進行體育鍛鍊。多年來，我堅持每週游泳兩次，每次一個半小時，還經常步行。這些使我保持了比較健康的體魄，得以承擔長期而繁重的寫作任務。

財力，很多朋友都會提出這個問題。其實，我和許多旅遊發燒

友一樣是背包族，靠吃苦精神，目標明確，一年跑幾個國家，三十餘年下來，去的國家累計起來就過百了。

旅行盡量避開暑假、耶誕節等旅遊旺季，或選last minute，這樣會便宜不少。飛機票選淡季。坐飛機到達目的地後，盡量多走幾個國家，最大限度的發揮這張機票的作用。最近幾年旅行主要結合會議和活動。有些是會議和活動安排的，如馬來西亞，有的則是赴會途中順便旅行的，如新加坡。

當然，作為工薪族，既然喜歡旅遊，就要在其他方面節約。例如，我在德國住了三十多年了，竟然沒有小汽車，很多朋友都感到驚訝。其實，漢堡地鐵系統發達，即使沒有車也過得去。省下這些錢，便可以用在旅遊上。

方麗娜：你的寫作之快令人歎為觀止。簡明快捷，是源於你的性格特徵，還是只爭朝夕的含義在裡面？你平時是如何分配時間的？

高關中：漢堡作家譚綠屏大姐曾說：「關中弟心熱手高，變魔術般美文一盤盤上臺。」對我來說，「變魔術般」倒談不上，只我平時有些積累罷了。30年來，我一直在搞史地風土寫作，積累下好幾百萬字的素材，凡是去過的國家基本都寫過。就像廚師，提前把菜洗好、肉切好，做飯時熱鍋快炒就行了。採訪時，所到的地方、歷史事件，平素都有些瞭解，比較容易進入狀況。所以知識的積累很重要。勤寫勤練也可熟能生巧。此外見多了，視野就會開闊，看問題容易抓住要點。這些都有助於寫作。

我對於時間的運用，每天讀寫了幾小時，都有記錄。哪一天因事沒有寫，就要找時間補起來，因此我安排時間是按周而不是按日計算的。過去上班業餘寫作，每週至少寫20小時。如今不用上班了，我要求自己每週不下40個小時，字數要過一萬字（電腦有字數統計功能）。實際上生活中各種雜事，各種干擾是很多的，要想長期保持一定的速度，就非得靠毅力和恒心。除旅行外，我只要在

家，一般都能達到預定的寫作量。這叫數位化管理。

方麗娜：你時常一個人行走在世界各地，家人如何看待你的寫作？

高關中：其實我妻子也跟我去過不少國家。我們共同走過50多個國家，總的來說，我們旅行很辛苦。不跟團，也不預訂旅館，到了目的地住宿，交通，遊覽，一切問題要自己解決，對我來說積累經驗，便於寫作，迫不得已。沒有好的體力受不了。對於妻子來說，就不必每次都跟上吃苦了。妻子也理解我的旅行，也很支持，知道我寫書寫文章需要，只是叮囑出門小心就是了。

在寫作方面，家人都不是搞文的，說不上直接的幫助，但減少一些後顧之憂，給我騰出時間來，讓我全力以赴，集中精力，做自己喜歡的事情，這也是一種支持。

方麗娜：德國環境及德國文學對你產生了怎樣的影響？

高關中：德國的環境，對於專業作家不一定有利，8000萬人的圖書市場沒有中國13億人口市場大。又沒有政府背景的作協來養作家，所以專業作家數量有限，大部分作家必須另有兼職，否則生活不容易。

但另一方面，德國環境對業餘寫作者很有利。我在一家德國醫保機構工作，每週38.5小時工作時間，自己彈性安排，每年有32個勞動日的假期，這就是6個多星期。平時幾乎沒有加班之類的事情，晚上和週末都可用來寫東西。

寫作查資料也方便，記得為了寫第一本書《今日漢堡》，我曾走訪了很多單位，包括市政府、市議會、各廳局、商會、港務局、公交公司，不管到哪裡，都能索取到不少資料。每個政府部門，都設有公共關係處，都很高興有人來瞭解他們的工作，因為這些部門都是老百姓的納稅錢所養的，而不是眼睛只向上的衙門。設想一下，如果你是個業餘作者，沒有介紹信，沒有身分，沒有關係，要

在國內寫一本《今日xx市》，要到各機關去搜集資料，談何容易？

德國的圖書館網路也很發達，漢堡市公共圖書館有幾十家分館，遍佈全市各地，且全部開架，對查找資料來說，有著極大的便利。

在文學方面，我最感興趣的是旅遊文學，介紹各國風光的書籍。在相當長的時間裡，論出國旅遊人數之多，地區之廣，德國都是世界冠軍。因此這一方面，德文書籍特別多，而且資料特別新。

方麗娜：眼下你由列國風土人情已轉入人文傳記寫作，你在這方面的初衷是什麼？

高關中：史地有著密切的聯繫，在撰寫世界風土大觀系列中，我也搜集積累了大量有關歷史和人物的書籍資料。在風土大觀系列大體完成的情況下。「由地入史」，就是我的選擇。我這裡的「史」，不是指寫歷史書，而是寫歷史大環境下的人物。便於發揮我的優勢。

傳記文學在中國有悠久的傳統。司馬遷作《史記》，開創了以人物描寫為中心的「紀傳體」歷史書。皇帝傳為紀，諸侯為世家，各階層代表人物為傳，補充以表（年表）和書（制度沿革）。即有12本紀，10表，8書，30世家，70列傳，共130篇，52萬字。《史記》中的紀傳，幾乎都是優秀的傳記文學作品。《史記》成為以後歷代正史的標準文體。二十五史基本上沿用這一體例，這些傳記可以稱為史傳。此外還有雜傳作品，往往能道正史所不能道，或不屑道。分類成集的有《烈女傳》（劉向）、《聖賢高士傳》（嵇康）、《高僧傳》（慧皎）等。更多的作品則編入各家的文集中。如《陶淵明集》中的《五柳先生傳》。

西洋古代的傳記以西元1世紀普盧塔克（Plutarch，約46-119年）的《希臘羅馬名人比較列傳》（或名《希臘羅馬英豪傳》）為集大成者，包括50位政治家、軍事家等偉人，其中46人是成對地進行比較，如亞歷山大大帝比較凱撒。這也可以看作是一部架構鬆散的古

代史。人們有關希臘和羅馬的歷史知識很多來自這部作品。

到了近現代，正式的史書和個人的傳記逐漸分家。比較著名的傳記作品，如梁啟超的《李鴻章傳》，朱東潤（1896-1988）的《張居正大傳》（1943），都產生了很大的影響。現當代的傳記作品更多。乃至出現了臺灣的《傳記文學》雜誌，而大陸的《人物》、《名人傳記》等刊物成了刊登傳記文學作品的重鎮。

關於傳記文學的分類，根據標準的不同，有多種分法。

從傳主來看，有歷史人物，有在世人物等等。

從篇幅來說，可以是一篇文章，也可以是一本書，即短篇傳記和長篇傳記；可以記敘人物的一生、也可以記生平的片段。短篇傳記可以按類型、領域、地域等結為合集，如陝西名人傳、世界名將傳。

從作者來看，可以有他人所作之傳記。自己所作之自傳，以及關於自己或他人的回憶錄。

這幾年來，我開始了傳記文學方面的寫作，已出版一本歷史人物小傳：《大風之歌——38位牽動臺灣歷史的時代巨擘》。也採訪在世人物，寫了兩本歐華作家小傳：《寫在旅居歐洲時——30位歐華作家的生命歷程》及續集。

方麗娜：身居海外，請談談你對中西方文化的看法？

高關中：這是一個大題目，方方面面說完整很不容易。我只說一點，西方文化比較重視個體的獨特性，各人發揮自己的興趣和愛好，表現出自己的特點，特別是在業餘生活方面。在職業上，大家並不一定羨慕當官的。

東方人比較從眾，喜歡攀比，別人有什麼，我要有什麼。別人做什麼，我也做什麼。

方麗娜結語：2015年底，高關中先生應邀到香港參加第五屆世界華文旅遊文學國際學術研討會。會上他就自己「走百國，寫世界」的體會做了演講。他說：

要有行萬里路、讀萬卷書的精神，充分利用旅居海外便於旅行的條件，以及豐富的外語、資料等優勢。旅遊文章有多種類型：如目的地描述、特殊興趣類、旅程描述等等，我熱衷於目的地描述，接近於地理志、地方誌。中國自古以來便有修地理志的傳統。從《漢書・地理志》、《元和郡縣誌》、《大清一統志》到各種地方誌，可謂汗牛充棟，而作者親自考察後所著，如《徐霞客遊記》和《天下郡國利病書》（顧炎武作）。但是關於異域方面的著述，相比之下卻稍嫌薄弱，類似《大唐西域記》的著作，並不多見。自鴉片戰爭以來，林則徐等人開始放眼看世界。魏源的《海國圖志》主張「師夷所長以治夷」，徐繼畬編寫了《瀛環志略》，這是中國最早的兩部世界地理著作，打開了國人瞭解世界的視窗。但是他們兩位，均未出過國，完全是根據資料編撰的。因此在這一方面能做的事情還很多。

面對全球的旅遊文學寫作者，高先生還說：

(1) 要盡可能多的旅行，積累感性認識和親身體驗。為了編寫這套《世界列國風土大觀》，我每年都要出去旅行。生活在德國，旅行最方便。德國接近陸半球的中心，到大多數國家都比較近便。這是一個有利條件。

(2) 為了介紹世界各國和西方文化，必須搜集和閱讀大量資料。多年來，我搜集的圖書資料超過一萬冊，涉及多個語種。包括各類百科全書、地圖、各種外文詞典、年鑒、統計手冊、地理書籍、導遊材料、畫冊和許多政府出版物。就連報紙也不放過。發現有用的材料就立刻剪

下來，分門別類放起來，以備寫作時參考。我個人認為，即使是在互聯網發達的今天，書籍資料的搜集仍然是必要的，特別是第一手資料。

（3）發揮外語優勢。介紹國外風土正是使用外語知識的廣闊天地，寫每一個城市，每一個地區前，都要閱讀大量各語種的有關材料。只有這樣，內容才寫得翔實、準確。寫作時，地名、名勝都要附上原文，以便對照。

（4）從歷代名家作品中汲取營養。如唐玄奘的《大唐西域記》，康有為的《列國遊記》，梁啟超的《新大陸遊記》，鄒韜奮的《萍蹤寄語》和許多當代作家的遊記都是我喜歡的作品。這些作品不僅有文學價值，而且具有歷史價值。

梁啟超說：「世界無窮願無盡，海天寥廓立多時」。用梁公這句話來形容高先生的寫作和宏圖大志，似乎一點也不為過。

附錄二
歐華作協會員簡介

　　《寫在旅居歐洲時——三十位歐華作家的生命歷程》一書中，介紹了以下會員：

　　趙淑俠，朱文輝，呂大明，祖慰，楊允達，郭鳳西，黃志鵬，麥勝梅，許家結，王雙秀，俞力工，池元蓮，譚綠屏，莫索爾，謝盛友，張筱雲，黃雨欣，黃鶴升，高麗娟，林凱瑜，李永華，楊翠屏，穆紫荊，高蓓明，張琴，劉瑛，常暉，呢喃，區曼玲，高關中

　　在本書中，介紹了以下15位歐華作協會員：

　　丘彥明，白嗣宏，顏敏如，熊秉明，陸錦林，鄭伊雯，孟子珠，霍剛，楊玲，方麗娜，朱頌瑜，西楠，岩子，夏青青，青峰（楊岡）。

　　這裡根據協會歷年來出版的11本文集和相關資料，整理出部分尚未介紹的會員38位，簡介如下（按中歐、西歐、南歐、北歐、東歐排列）：

1. 德國

　　于采薇，臺灣北投出生長大。紐約arts studies leadge of New York進修，柏林自由大學藝術史系肄業。柏林職業教育學院觀光系畢業。曾任職旅行社，並兼導遊。1999-2006年為臺灣觀光協會德文翻譯，2003年擔任臺灣故宮博物館在柏林展德文講解。現任柏林佩加蒙博物館中文講解（佩加蒙博物館包括古典收藏，中東博物館，以

及伊斯蘭藝術博物館,是全世界最大的文化史藝術類博物館之一,也是歷年來德國訪客最多的博物館)。國際觀光展(ITB)臺灣觀光協會德文翻譯。作品散見《德國僑報》,《臺灣日報》等報章刊物。並參與協會各文集的寫作。發表作品有《變綠的德國》、《德國綠黨》、小說《小氣財神》、《室友》、《虛偽》、遊記《三會布達佩斯》、《愛爾蘭之旅》和散文《我在德國的第一年》等。在「北美華文作協網站」發表《史密持——我的鄰居新納粹黨》和《無語望蒼天》。

車慧文,原籍黑龍江璦琿,1949年舉家遷臺,1969年移居德國柏林。為德國科隆大學東亞藝術史碩士,柏林自由大學哲學博士。曾任歐華學會會長,發刊《歐華簡訊》。任柏林佛光會督導,創刊並編輯《德國佛光通訊》。

德語造詣精深,有德語專著《中國語言學家王力及其著作》、《中國婦女高等教育創始時期——燕京大學女部之研究》。中、德雙語著作有《中德婚姻家庭初探》。翻譯《心甘情願-星雲大師演講》、《柏林與布蘭登堡地區的普魯士皇宮及庭苑》,主持翻譯並德語出版《源流——臺灣當代短篇小說選》和臺灣文學教授齊邦媛的《巨流河》等等。車慧文除發表過多篇嚴肅論文外,間或也用駿馬、曼青等筆名發表輕鬆散文於報章雜誌,如旅遊文學:《天空很希臘,人間很波蘭》等。回想在那個歐華文學的洪荒時代,車慧文向西方學子推介華文文學的過程,真算得上是開疆拓土者。在2017年舉行的歐華作協華沙年會上,她報告了《字裡行間的回蕩——翻譯有感》,給大家提供了不少饒有興味的文學翻譯知識。

郭名鳳,生於臺灣,為「外省籍」第二代,有深入的治學精神,精湛的外語造詣,為留德文學博士、任教於烏爾姆大學,能說能寫,是位才氣縱橫的年輕女學者。活躍於世界華文文壇,各處出席學術會議。用中外文提交論文,做演講,著作有《柯威登勝的

鏡子》、《二十世界德語文學中的中國》、《微型小說的組架構——以德國為例》、《華文文學在歐洲的發展》、《趙淑俠筆下的女性賽金花與其他》、《臺灣現代詩人林煥彰》、《論微型小說與西洋古典悲劇間的關聯》、《論詩經中的五首詩》、《論佈雷希特（Brecht）「假如鯊魚也是人」和林煥彰的魚「如果魚也是人」》等。曾準備寫一本「歐洲華文文學史」，並已在搜集資料，結果竟是壯志未酬，2001年因癌症去世。

孫步霏，1932年生於上海。畢業於臺灣大學政治系，曾任臺視製作人，並長年隨夫君葉天行因公住在外國，曾旅居泰國、以色列、德國及盧森堡等國家。作家，廣播主持人，也是國際知名的剪紙藝術家。一隻筆擅寫娟秀細柔的散文。駐德期間，曾將其所見所聞與心得按期發表於《中國婦女週刊》時間長達一年，共五十餘篇。後集結成書，是為「駿馬文集」叢書之《萊茵過客》。為歐華作協創會會員。2009年在臺去世。

姚舜，號潤華，1935年生，瀋陽市人。三歲喪父，承寡母撫養。臺南成功大學商學院畢業。1969年僑居德國，從事進出口業務。1980年榮膺僑委會僑務委員，1989年被選為歐洲區立法委員，1993年任期屆滿，再度應僑委會徵召專職「駐德顧問」，直至2000年。曾編印《西德、奧地利、瑞士華僑概況》，1988年由正中書局印行。旅遊雜記、傳記文學等曾在《中央日報》、《歐洲日報》、《海外通訊》等刊物發表。作品有《懷念曾廣順先生》等。

葉凱，德國華僑出版商，目標是想把海外華文文學的傑出作品，有系統地介紹給西方。1978年初，葉凱把翻成德語的趙淑俠短篇小說集《夢痕》（Traumspuren），在西德出版。1996年趙淑俠的長篇小說《我們的歌》德文本也出版。可惜只是上冊，下冊還不及出版，1999年葉凱先生就去世了。葉凱是歐華作協會員，曾傾家蕩產地從事出版事業。他不是最成功的出版人，卻是最投入，最努力

的出版人。

邱玉，德國維爾茨堡大學專任中文講師。業餘愛好：古董瓷器、寫作、繪畫、瓷刻。從1989年起，就一邊教書一邊寫散文。作品《我是誰？》曾入圍《中央日報》文學獎決選；《蝶夢古今系千古》一文獲香港《明報》世界華人報告文學優異獎，收入《世界華人報告文學獎作品集》（明報出版社）。

龔慧珍，德國華文作家，居住南德海德堡一帶。早在1979年3月就在《西德僑報》發表《當我們同在一起》。其他作品有《人蟑之戰》和人物特寫《理想主義的長跑者──車慧文》等。

董碧娟，南京人，自幼酷愛讀書與寫作，癡迷中國文化文學。中學起就開始在報刊雜誌上發表作品。在《揚子晚報》，《金陵晚報》，《江南時報》，《幸福》雜誌等報刊上發表過文章。大學時參加《東方》雜誌舉辦的「城市心情」全國徵文比賽，榮獲一等獎。2006年她來到德國，在卡爾斯魯厄中文學校任教。其間，幾十篇作品刊登在《歐洲新報》、《歐華導報》、《華商報》、《本週刊》上。其文章《城北舊事》獲得「第一屆世界華人有獎徵文大賽」優秀獎。

2. 奧地利

邱秀玉，越南華僑，祖籍廣東省揭陽縣。生於越南堤岸。負笈正規中文學校至高中畢業。1975年南越被吞併，在鐵蹄下偷生。1979年逃離越共魔掌，是年定居德國。1999年開始寫作投稿，喜習詩作。格律詩、現代詩均有造詣，被譽為「詩壇才女」。2004年加入「風笛詩社」網站發表文作。2007年加入歐華作協。曾發表散文《我的難民生涯》、《鹽礦尋古縈秀湖》等作品和大量詩篇。現居奧地利。

常愷，原上海資深記者，1988年遊學日本，1989年起旅居奧地利至今。曾任《歐華雜誌》主編、《多瑙時報》社長。撰寫過大量的報告文學和人物專訪、以及散文、雜文和人物專著等。曾擔任維也納多瑙文化傳媒董事長，奧中文化交流協會會長，歐華學會副理事長。主要從事中西大型文化交流演出活動。先後承辦維也納宋祖英、譚晶、那英等人的金色大廳獨唱音樂會，每年一度的維也納中國新春音樂會等。維也納市政府2014年向他頒發「維也納金質勳章」，以表彰他在中奧文化交流方面所做出的卓越貢獻。

　　王若珠，生於臺北萬華，70年代畢業於輔仁大學德文系後留學德國。80年代起長期參加聯合國維也納分部會議服務工作。王女士為老會長俞力工之妻，雖非歐華作協正式會員，但諸多雜文散見報章雜誌。

3. 瑞士

　　黃世宜，臺灣高雄人。求學高雄師大英語系。瑞士日內瓦大學比較文學碩士。曾獲明報世界華文旅遊文學獎第三名。現任瑞士汝拉區社區大學中文教師，從事寫作和華語教學。醉心閱讀寫作，是個喜歡聽故事也喜歡說故事的人。近年來在歐華作協的幾本專輯裡發表多篇甚具水準的作品。僅在《東張西望，看歐洲家庭教育》中就貢獻了5篇文章。在《對窗六百八十格》中發表6篇小說。此外還發表《綠色家園歡迎您！》等作品。

　　宋婷，地道的北京人，傳播學系畢業。現任瑞士國家廣電公司海外推廣部「瑞士資訊（Swissinfo）」中文記者。擅長報導與紀實文學，散文及微型小說。在《歐洲綠生活》一書中寫有《綠色的尷尬》。在文心社網站開設有文心專輯，發表有《時勢造芒果》、《華人華僑的尷尬》、《以人為本——城市的精髓》等多篇文章。

黃正平，1952年生於上海，1985年華東師範大學中文專業畢業，獲文學學士學位，後在上海大學文學院擔任編輯和教師。90年代赴瑞士留學，2000年獲日內瓦大學文學博士學位。現在瑞士日內瓦一家公司任職。主要作品有《日內瓦與瑞士法語區》，社會科學文獻出版社；2004年，《情迷瑞士》，上海錦繡文章出版社；2014年，譯著《現代藝術》，吉林美術出版社2002；以及法語專著《作為心理現象的詩歌意象》。並參加了《餐桌上的歐遊食光》等文集的寫作。

4. 法國

　　程抱一，1929年生，法國著名華裔作家、詩人、書法家。發表了多部個人詩集和小說，多用法文發表。其中也包括介紹中國文化，翻譯中法兩國文學大師的作品，被法國學術界稱讚為「中國與西方文化之間永遠不疲倦的擺渡人」。他的許多作品已經成為西方學術界研究中國繪畫、詩歌的主要參考材料。2002年，程抱一被選為法蘭西學術院（Académie française）院士。法蘭西學術院僅有40名終身院士，程抱一是其中第一位，也是迄今為止的唯一的一位亞裔院士。

　　趙曼，本名趙曼娟，臺北出生，1983到巴黎。她個性活潑，發展力強，擁有主副業和多種頭銜，典型新時代女性兼儒商。平日從事房地產、股票、科技、繪畫、樣樣精通，亦擅寫作。旅遊30餘國，擅長運用豐富人生閱歷，筆觸幽默奇趣，寫出韻味無窮的文章。文章散見國內外各大報，著有《世界版畫名家金榜》（1986）、《巴黎曼陀羅》（1994）、《古董精品》（1998）、《巴黎心咖啡情》（2006）等；現任昌盛國科技公司董事長。

　　黃德勝，1963年出生於臺北，中山大學電機系畢業，歷任英業

達、唯冠、光群雷射、鴻海等百大企業科技公司經理，擅寫商業企劃大案及國際貿易談判；擁有武術及中醫各兩張執照，與趙曼2002年結婚後居住巴黎，曾參與中法經貿高峰會議、歐華年會、世界作協大會；現任勝歌電腦公司董事長。曾發表遊記《香榭大道與凱旋門》、《吃在歐洲法國》等作品。

高遠，旅法音樂家，藝術評論家。1970年生於河北，畢業於河北省藝術學校，天津音樂學院，留學於烏克蘭國立音樂學院。1998年到法國國立音樂學院求學。發表過散文、隨筆、專業理論及藝術評論等文章。作品曾獲文學獎項。著作有《貝多芬傳》（臺灣三民書局）、《情懷巴黎——走入法國音樂家的情感家園》（上海文匯出版社）、《江山如此多嬌——中國文化年評論集》（北京文化藝術出版社）等。

柯國淳，浙江永嘉人，畢業於北外法語系，曾在中國長期從事新聞工作。1981年赴法，曾在法國國際廣播電臺工作。業餘時間寫詩歌散文，在歐華作協第一本文集《歐羅巴的編鐘協奏》裡發表作品《我選擇了土地》等6篇。他也是法國鄉土文學大師克洛德‧米什萊（Claude Michelet）作品《聖利貝拉爾的人們》的中譯者。並與樓小燕合譯《東歐－共產主義的萬花筒》（美國約翰‧多恩伯格著）。

鄭寶娟，生於雲林，祖籍河南滎陽。畢業於淡江大學英文系，歐華文壇重量級作家。17歲於《時報副刊》發表第一篇短篇小說《某個夏日的午夜》，20歲以長篇小說《望鄉》驚豔文壇，獲得第一屆《聯合報》文學獎。此後又得過《中國時報》、《中央日報》等多項文學獎。她以小說見稱，亦寫散文。著作甚多：《在綠茵與鳥鳴之間》、《遠方的戰爭》、《無苔的花園》，《短命桃花》、《一生中的一周時光》、《再回首》、《極限情況》。長篇小說〔這些人那些人〕〕、《失去的水平線》，《抒情時代》、《樹梢

上的風箏》，科幻長篇小說《桃莉紀元的愛與死》、短篇小說集《無心圓》、散文集《媽媽們的舌頭》等，都是觸目書市的作品。在協會文集《歐羅巴的編鐘協奏》中發表了《在四川吃》、《年年有餘》等作品。現旅居法國巴黎。

5. 比利時

王鎮國，江蘇常熟人，1927年出生，畢業於臺大外文系，原是1960年留學義大利的。由於他第一任夫人是比利時人，他們雖在義大利相識，婚後卻住比。王鎮國在臺灣駐比使館新聞處找到職位。他不僅創作，譯筆亦極勤快而華美流暢，曾對於那時文壇還相當封閉的臺灣，有系統的介紹西方文學名著，功不可沒。曾是歐洲華文作協會員，2001年去世。留有著作《留歐記趣》、《旅歐十二年》，和翻譯作品《伊丹‧傅羅姆》、《耶穌傳》、《希臘羅馬神話集》、《西洋文學欣賞舉隅》等。

蔣曉明，筆名曉星，1964年北一女高中畢業後，隨父母僑居比利時。獲比利時魯汶大學大眾傳播碩士學位後，曾返國進行政院新聞局服務一年。並為《時報週刊》撰稿，曾多年服務於比利時旅遊界，還在銀行任職過。最大嗜好是旅遊各地。遊記有《芬京的夜間太陽》等。

方蓮華，臺灣清華大學中文研究所畢業，曾旅居美國，瑞士等地。現居比利時，2017年加入歐華作家協會。來自臺灣，曾任空服員、記者、國會助理、大學講師，熱愛閱讀與旅遊，視旅行與書寫為人生最快樂的兩件大事。現為文化禮儀暨文化飲食研究所所長，該所屬於中華民國亞洲研究院、為非營利的社會團體，以立基亞洲視野，凝聚全球華人對「三生」──生命、生活、生存──問題的關懷，建立「三術」──學術、技術、藝術──的跨領域論述平

臺，提升臺灣「三生」、「三術」的品質與能量為宗旨。

方蓮華著有《李商隱「不圓滿」詩境探微》，《過境西非小巴黎》，《辨體視野下之諧謔詩研究——以明代為考察對象》。詩歌是作者對生命體驗的後設處理。李商隱的許多詩作中，明顯地出現了某種情調頗為一致的書寫焦點，即專門針對多種殘缺美感的觀照，這也就是方蓮華所稱的「不圓滿」詩境。在討論這種特殊意境的同時，她也嘗試與名家評註進行對話，以釐清許多對詩作的誤解，並企圖讓讀者更貼近歷史上的李商隱與文學中的玉谿生（李商隱的別號）。

6. 英國

林奇梅，臺灣嘉義縣人，銘傳女子商業專科學校畢業，曾任商校教師。1987年留英，在倫敦柏貝克大學研修西洋藝術史。現住倫敦。在銀行工作。1999年加入歐華作協，曾任理事。也是海外華文女作家協會會員，英國依嶺中文學校校長。從事寫作多年，喜做散文，詩和兒童文學小說，筆耕勤奮。在世華出版社出版旅遊散文集《倫敦寄語》、散文集《厝鳥仔遠飛》、故事《稻草人傑克》、詩集《金黃耀眼》、《青草地》。在秀威出版兒童故事選《稻草人迪克》、《稻草人貝克》、《傑克救了朋友》、《兔子的試探》、兒童詩集錦《林奇梅童詩選——女巫、風箏、小溪》、詩歌《老田巷》以及散文集《美的饗宴》等。其詩作以華美的修辭呈現濃厚的對家鄉的思念。散文情感細膩，喜對自然生態進行深刻的描繪，傳達出對生活及記憶的深刻觀察。她從事華語教學的工作與推展多年，其兒童文學作品深諳如何引導兒童進行思考，以生動有趣的方式教導兒童曲折豐富的人生經驗。多項作品榮獲華文著述獎及中小學生評選推介優良課外讀物。

文俊雅，筆名俊雅，祖籍廣東，英國高校應用心理學碩士畢業。曾擔任過10年的電臺及電視節目主持工作，現隨夫旅居倫敦。2010年加入歐華作協。英倫寧靜閒暇的生活氛圍激發著文思，善寫散文。2007年以來，數十篇作品陸續發表於《海外文摘》（大陸）、《國際日報》（印尼）、《英中時報》和《華人文摘》（英）、《世界日報》和《紅衫林》（美）、《本月刊》（德）等。發表了《一些人，一些事》、《一個人遊希臘》系列、《虎頭虎腦的這一年》、《昨夜曾飄雪》、《軼事就在身邊》、《母親》、《倫敦奧運聖火傳遞》、《傷逝》、《我見到了總理》、《隨夫隨任隨筆》等十幾篇文章，並參加了《歐洲不再是傳說》和《餐桌上的歐遊食光》等文集的寫作。

　　潘縵怡，原名石縵儀，出生於湖北，祖籍湖南邵陽。1949年移居臺灣，臺北一女中畢業，1959年臺大歷史系獲學位後供職於石油公司，翌年赴美留學；1962年在印第安那大學取得圖書館員資格證，繼而在紐約布魯克林公立圖書館實習一年。後居英國諾丁漢。曾在《世界日報》、《國語日報》及臺港各報章雜誌發表文章。以兒童文學著稱，於中國兒童出版社（北京）出譯書《小熊溫尼菩》（1980）、《聰明的小傻熊》（1983）。在香港山邊社出版《午夜花園》（1986）。在臺北國語日報出版部出版《小熊阿頓》（1987）和《布穀鳥自鳴鐘》（譯自英國兒童文學家Mary Louisa Molesworth的作品，2002）。

　　郭塋，英籍華人。國際問題評論員。為港臺、新加坡、歐洲，及中國大陸數十家媒體報導西方世界。主要著作為紀實文學。著有剖析歐洲社會、文化的《歐洲如一面鏡子》。環球旅行的紀實作品《相識西風》，記錄西方人中國經驗的紀實作品《老外侃中國》，以及《一家兩制——嫁給老外的酸甜苦辣》。她的文字詼諧生動，讀來有趣，均榮登暢銷書排行榜。曾榮獲世界華文旅遊文學徵文獎

亞軍；上海《新民晚報》「我的第一本書徵文獎」季軍。曾參與鳳凰衛視時事評論節目，並任教香港公開大學碩士生班文學評論課。

眭澔平，1959年生。以文學創作和電視主播雙得名，在臺灣家喻戶曉。1983臺灣大學歷史學系畢業後，前往美國康乃爾大學讀碩士學位，後轉到英國里茲大學繼續深造。1991他正在攻讀博士學位，參加了歐華作協，曾擔任副會長。在協會文集《歐羅巴的編鐘協奏》中發表有《尋夢撒哈拉》等3篇作品。後來回臺灣發展。

眭澔平寫散文、新詩、也寫長篇小說和電影劇本，至今已出版二十餘種作品與十餘種有聲書。1989獲選為臺灣十大報導文學作家，自1990年起以《誰應該與我相遇》、《風雲人物句典》、《美夢成真》、《眭澔平與你談心》等作品，連連上臺灣暢銷書排行榜。1998並獲全臺報導文學獎與臺灣文學獎散文類這兩項寫作殊榮。

7. 西班牙

張淡浪，生於臺灣，祖籍浙江，佛教徒。大學畢業於淡江西班牙語系。1971年來西國留學，之後留在此成家、工作、當僑胞，2015年自職場退休。退休後，也沒有閒著，除了陪老伴，仍然為中華婦聯西班牙分會、馬德里華僑學校及馬德里佛光山道場做義工。中央社駐馬德里特約記者。平日喜歡看好書，看電影，與好友偶爾相聚共餐，覺得生活挺充實愜意。參加了《餐桌上的歐遊食光》等文集的寫作。

李智方，1960年生於淡水鎮。國立藝專西畫組畢業。旅居西班牙，馬德里康普魯登斯大學美術學院繪畫系碩士。現任三石市立文化之家兒童造型藝術班指導老師。極喜寫作，以抒情散文為主。從1993年發表首篇散文《西班牙隨筆》起，散文及詩作散見中央日報

世華週刊、宏觀報、《人間福報》暨《笠》詩刊等。詩集《我多想告訴妳》頃獲2009年海外優秀華文作品文藝創作獎詩歌類第一名。2004年協會出版的《歐洲華文作家文選》由他負責裝幀設計。

　　辜文瑜，臺灣國立藝術專科學校音樂系畢業，西班牙馬德里皇家音樂院小提琴、室內樂畢業，畢爾包（又譯畢爾巴鄂）音樂治療中心碩士研究班畢業。提琴教師，弦樂團指揮。在西班牙的音樂刊物與臺灣國立交響樂刊上著有多篇與音樂教育、音樂治療有關的論述。文學作品多發表於馬德里婦聯會月刊與《陽光雜誌》。

　　王安博，1927年生於安徽安慶，1949年代直接由大陸來西班牙，原修音樂，畢業於西班牙馬德里皇家音樂學院作曲班。後以其西文之精湛，從事翻譯西班牙文學作品，共譯有十餘種，包括諾獎得主希梅內斯（1881-1958）名作《灰毛驢與我》，其譯作大部分由臺北純文學出版社出版。曾任西班牙外交部屬外交學院任中文教授，還做過西班牙全國翻譯獎評審委員及西班牙廣播公司導播。

　　其妻馬慧嫻亦是歐華作協會員，參加過1996年漢堡年會等活動。

8. 挪威

　　程任明，居住在挪威。川大外文系畢業。1985年留學挪威，1993年奧斯陸大學碩士畢業。數碼油畫創始人之一，前澳大利亞作家協會會員，前英國皇家攝影師協會會員。1990年起曾在中國大陸、挪威和香港多家報刊雜誌發表文章，並撰寫電影劇本Winter Night。在協會文集《在歐洲天空下》中發表了《北歐磨難紀實》。

　　郭蕾，畢業於北京師範大學，音樂學碩士，現居挪威。小說作品刊發於文學刊物《太湖》《青海湖》《青春》《民治新城市文學》，美國文學季刊《紅杉林》，挪威《北歐華人通訊》等。散文作品刊發於《光明日報》、《中國藝術報》、《北京青年報》、

《音樂週報》等報刊。作品入選文集《翔鷺：歐洲暨紐澳華文女作家文集》（臺灣商務印書館），《餐桌上的歐游時光》（臺灣秀威出版社），《歐洲綠生活》（臺灣秀威出版社）。2013年獲」我的北歐故事」徵文比賽第一名。2012年加入歐華作協，是歐華作協在北歐為數不多的會員之一。

9. 芬蘭

秦大平，筆名伍石、石村、川冰等。1957年生於北京，父母均為音樂家。70年代曾在四川從軍十年（文藝兵）。1984年赴芬蘭，留學於西貝柳斯音樂學院（Sibilius Academy）。1992年獲作曲碩士學位。1997年和2003年成功地在赫爾辛基舉辦了個人作品音樂會。業餘寫作遊記、雜文等，在大陸、香港、臺灣、美國、法國各類中文報刊上發表數十篇文章。上述月刊報紙包括：北京的《世界華文文學》與《海內與海外》、香港的《南北極》與《地平線》、臺灣的《中央日報》與《自由時報》、美國的《星島週刊》及法國的《歐洲時報》。遊記如《在耶穌的故鄉過年》，既有文采，又富於知識。

10. 匈牙利

李震，1969年生於遼寧北鎮，長在西安，祖籍滿族正黃旗。1992年北京外國語大學東歐語系畢業。1992-1996年在中國社會科學院從事東歐政治經濟研究，1996年移居匈牙利，1997年創辦中文報紙《歐洲中華時報》。2007年榮獲**翻譯獎**。翻譯過《裴多菲愛情詩選》和2011年諾貝爾文學獎獲得者、匈牙利作家凱爾泰斯的作品。曾任歐華作協理事。

11. 俄羅斯

　　李寒曦，生於雲南昆明，老三屆初中生，插隊瑞麗時跑緬甸參加緬共人民軍5年，當衛生員，戰地救護。回國後在醫院當護士三年，上醫學院後，擔任外科醫生十餘年。之後莫斯科人民友誼大學肄業。現在莫斯科做中醫推廣工作。文字功底好，筆頭老練，寫作甚勤。散文，隨想，雜文，小說都能寫。作品除在博客上發表，還發表於歐華作協的多本文集，如遊記《加里寧格勒》。

12. 土耳其

　　蔡文琪，生於臺灣的雨港基隆，長於基隆與臺北。臺灣世新大學電影編導系畢業，美國紐約理工學院藝術傳播碩士，芬蘭赫爾辛基大學博士班。留美時認識了土耳其來的歐默德，相戀，結婚。在紐約時曾任職臺灣外貿協會當地雇員。在安卡拉時曾兼職土耳其之音電臺翻譯，編譯，播音。歐默德曾為中國大使館文化參贊，她作為外交官夫人，使館專員，曾在北京住過幾年。海外華文女作家永久會員。兩屆歐華作協理事。現居土耳其首都安卡拉，為土耳其國立中東理工大學（METU）社會科學院亞洲研究所講師，教授中國現代文學、東亞流行文化及電影。

　　著有《土耳其古文明之路》（2004），

　　為《MOOK自由自在No.15土耳其》（1999）共同作者。

　　其他作品分別收入以下文集：

　　《帕紮爾的早上》收入《歐洲華文作家文選》2004，

　　《土國逛大街》收入《在歐洲天空下》（臺灣九歌出版社，2008），

　　《我在芬蘭的日子》收入《歐洲不再是傳說》（臺灣秀威出版社，2010），

《帕榮爾的早上》、《土耳其女人難為》兩篇文章合稱為《土耳其掠影》收入《翔鷺——歐洲及紐澳華文女作家文集》（臺灣商務出版社，2015），

　　《土耳其茶道》收入《餐桌上的歐游時光》（臺灣釀出版社，2016），

　　《伊斯蘭葬禮》收入《世界美如斯——海外文學織錦》（臺灣聯經出版社，2016），

　　《尋找中國人——在安村的中餐館》收入《我在我城》海外華文女作家協會（臺灣聯經出版社，2018（預計））。

　　曾擔任臺灣《中國時報》、《歐洲日報》的土耳其特約記者。《世足賽土耳其進行曲》刊登於《海外學人》（2002年第12期）後被收入《典藏臺灣》網站。散文《帕榮爾的早上》刊登在《自由時報》副刊，通過集市（Bazaar）逼真地描繪了土耳其的日常生活場景。《土耳其男人的鬍子》及《土國逛大街》登載於《中央日報》。其中《土耳其男人的鬍子》被國內的《青年文摘》轉載（2013年第13期），並收入百度百科。

後記

　　編寫歐華文友小傳系列的想法萌生於2013年10月，在馬來西亞舉行的世華作家代表大會期間。那次大會上我第一次見到了歐華作協的創會會長、著名作家趙淑俠大姐。大姐平易近人，早餐時與幾位文友一起聊天。她語重心長地對大家說，歐華作協成立20多年了，運作得不錯，最好能把這段歷史記錄下來，如寫成歐華文學史，給後人留下一些資料，這是很有意義的。

　　當我聽到趙大姐的這番叮囑時，很有感觸。自己作為會員，應該為協會出力做點什麼，加磚添瓦也好。我自己偏重於史地和人物寫作，可以從寫小傳開始啊！先寫比較熟悉的文友，就這樣，一篇篇寫出來，與傳主討論、修改。用7個月時間完成了30篇作家小傳，整理成書，這就是歐華作家第一本小傳集《寫在旅居歐洲時──三十位歐華作家的生命歷程》，2014年底在秀威出版。

　　這部歐華作家小傳集，一方面留下了歐洲華人的文史演進與發展，特別是歐華作協的成長史，具有文學史料的價值；另一方面勾勒出一幅幅文字耕耘者的畫像，描述出他們的寫作之路，對於文學愛好者也有參考價值。出版後，受到各方面的關注，頗得好評。

　　第一本歐華作家小傳問世後。我就考慮寫續集的問題。這是因為歐華作協老會長趙淑俠大姐和文友們有這樣的希望，也是因為還有不少文友（其中不乏重量級的作家）的成就和事蹟感人，值得繼續寫。

　　如同第一本小傳一樣，我撰寫的時候牢牢把握以下原則：

把個人家庭的命運與歷史的大環境聯繫起來，介紹人生的主要軌跡，文學道路和成就，在歐華文壇的活動，突出每個人的亮點。寫好後一定要經過本人審閱修改，才能發表。

在傳主選擇範圍上，並不侷限於歐華作協的會員，而是擴大到整個歐華文壇，盡可能地把有影響的歐華作家介紹給讀者。為讀者展示整個歐華文壇的全貌。為此筆者盡可能地參加各個文學組織的活動，進行採訪。因此本書前後用了兩年多時間，與第一本書7個月成稿相比，多花不少時間。

就這樣一路走來，完成了30人的小傳，這是大家共同努力合作的結果。試想一下，沒有文友支援提供材料，敞開心扉交流，寫小傳就是無米之炊，不可能做下去。

現將30位作家的傳記編輯成書，每篇平均六七千字，總共約20萬字。其中一半是歐華作協的會員，另一半是其他文學組織的會員或沒有參加文學組織的華文作家。

為了使讀者對歐華文壇的全貌有所瞭解，筆者特意把論文《歐華文學的繁榮》，作為代序。這篇論文是2016年9月5日，在韓國外國語大學龍仁校區舉行的第三屆韓國世華文學研討會上發表的。文中介紹了歐華文壇各個組織和會員以及其他作家的概況。

本書目錄按文學組織排列，歐華作協的會員排在前邊，接著是歐華文學會和中歐跨文化作家協會以及單一國家內的華文作家社團的作家，最後是沒有參加文學組織的華文作家。這樣排列主要是為了對應論文的敘述次序。

本書還有兩個附錄。即附錄1：本書撰稿人高關中訪談錄（方麗娜，高關中），說明作者史地和傳記寫作的歷程和對傳記文學的看法。附錄2：歐華作協會員簡介，補充介紹了38位文友，加上兩書中的45篇會員小傳，共83位，這樣歐華作協的主要會員就基本上搜集齊全了。

這本書實際上是歐華作家們集體創作的，由高關中主編並執筆撰寫了28篇，此外，方麗娜和高蓓明文友各寫了一篇。全書具有史料性，可讀性，也有勵志的作用。希望有益於海外華文研究者和文學愛好者。

　　在此我要感謝歐華文友們的大力支持，特別是感謝歐華作協謝盛友副會長的資助，並感謝方麗娜和高蓓明文友為本書所做的貢獻。

高關中 2018年7月29日於德國漢堡

Do人物75　PG2024

在歐洲呼喚世界
——三十位歐華作家的生命記事

作　　　者／高關中
責任編輯／杜國維
圖文排版／莊皓云
封面設計／楊廣榕

出版策劃／獨立作家
發 行 人／宋政坤
法律顧問／毛國樑　律師
製作發行／秀威資訊科技股份有限公司
　　　　　地址：114 台北市內湖區瑞光路76巷65號1樓
　　　　　電話：+886-2-2796-3638　傳真：+886-2-2796-1377
　　　　　服務信箱：service@showwe.com.tw
展售門市／國家書店【松江門市】
　　　　　地址：104 台北市中山區松江路209號1樓
　　　　　電話：+886-2-2518-0207　傳真：+886-2-2518-0778
網路訂購／秀威網路書店：https://store.showwe.tw
　　　　　國家網路書店：https://www.govbooks.com.tw

出版日期／2018年11月　BOD一版　定價／400元

獨立作家
Independent Author

寫自己的故事，唱自己的歌

在歐洲呼喚世界：三十位歐華作家的生命記事 /
高關中著. -- 一版. -- 臺北市：獨立作家,
2018.11
　　面；　公分. -- (DO人物 ; 75)
BOD版
ISBN 978-986-95918-7-4(平裝)

1. 作家　2. 世界傳記

781.054   107016854

國家圖書館出版品預行編目

讀 者 回 函 卡

感謝您購買本書,為提升服務品質,請填妥以下資料,將讀者回函卡直接寄回或傳真本公司,收到您的寶貴意見後,我們會收藏記錄及檢討,謝謝!
如您需要了解本公司最新出版書目、購書優惠或企劃活動,歡迎您上網查詢或下載相關資料:http:// www.showwe.com.tw

您購買的書名:_____

出生日期:_____年_____月_____日

學歷:□高中 (含) 以下　　□大專　　□研究所 (含) 以上

職業:□製造業　□金融業　□資訊業　□軍警　□傳播業　□自由業
　　　□服務業　□公務員　□教職　　□學生　□家管　　□其它_____

購書地點:□網路書店　□實體書店　□書展　□郵購　□贈閱　□其他

您從何得知本書的消息?

　　□網路書店　□實體書店　□網路搜尋　□電子報　□書訊　□雜誌

　　□傳播媒體　□親友推薦　□網站推薦　□部落格　□其他_____

您對本書的評價:(請填代號　1.非常滿意　2.滿意　3.尚可　4.再改進)

　　封面設計____　版面編排____　內容____　文／譯筆____　價格____

讀完書後您覺得:

　　□很有收穫　□有收穫　□收穫不多　□沒收穫

對我們的建議:_____

_____

_____

_____

11466
台北市內湖區瑞光路 76 巷 65 號 1 樓
獨立作家讀者服務部　　　收

....

（請沿線對折寄回，謝謝！）

姓　　名：＿＿＿＿＿＿＿＿＿　年齡：＿＿＿＿　性別：□女　□男

郵遞區號：□□□□□

地　　址：＿＿＿＿＿＿＿＿＿＿＿＿＿＿＿＿＿＿＿＿＿＿＿＿＿＿

聯絡電話：(日) ＿＿＿＿＿＿＿＿＿＿　(夜) ＿＿＿＿＿＿＿＿＿＿＿＿

E-mail：＿＿＿＿＿＿＿＿＿＿＿＿＿＿＿＿＿＿＿＿＿＿＿＿＿＿＿